专为小微企业量身定制

小微零售企业

会计、纳税、审计一本通

孙蕾蕾 编著

中国宇航出版社
·北京·

图书在版编目(CIP)数据

小微零售企业会计、纳税、审计一本通 / 孙蕾蕾编著. -- 北京 : 中国宇航出版社, 2015. 7
ISBN 978 - 7 - 5159 - 0967 - 7

Ⅰ. ①小…　Ⅱ. ①孙…　Ⅲ. ①零售企业 - 财务管理
Ⅳ. ①F713. 32

中国版本图书馆 CIP 数据核字(2015)第 158572 号

策划编辑　董　琳　　**责任校对**　陈晓敏
责任编辑　董　琳　　**封面设计**　薄　荷

出版发行　**中国宇航出版社**

社　址　北京市阜成路 8 号　邮　编　100830
(010)60286808　(010)68768548
网　址　www.caphbook.com
经　销　新华书店
发行部　(010)60286888　(010)68371900
(010)60286887　(010)60286804(传真)
零售店　读者服务部
(010)68371105
承　印　北京中新伟业印刷有限公司

版　次　2015 年 7 月第 1 版
2015 年 7 月第 1 次印刷
规　格　787 × 1092
开　本　1/16
印　张　16
字　数　370 千字
书　号　ISBN 978 - 7 - 5159 - 0967 - 7
定　价　35.00 元

前言

对于刚跨入职场的会计新人来说，什么最重要呢？答案是经验。那么，如何快速积累经验，胜任工作呢？

会计新人遇到的最大难题就是缺乏工作常识，不了解会计处理方法，在小问题上犯低级错误。对此，方法之一是向前辈请教，但前辈的经验传授很多时候缺乏系统性，比较零碎；方法之二便是自己积累经验，但这种经验来得慢且往往是从教训中学习；方法之三便是向书中求捷径，通过学习怎样正确地做事而积累经验。本书便是这样一本向您提供捷径的书。

或许，您正在为新发生的一笔业务不知如何处理而烦恼；

或许，您对于所负责的工作"只见树木不见森林"而困惑；

或许，您因无法理解会计法律法规而对账务处理感到心里没底；

或许，您想快速提升自己却找不着方向、找不到手段而倍感迷茫……

本书聚焦《小企业会计准则》下的零售企业，与其他工业企业、建筑业企业以及房地产企业会计核算相比，零售企业会计以商品流通活动为中心，对商品资金的筹集、投放、运用进行核算和管理，其核算重点和管理方法显然与其他企业不尽相同。零售企业经营品种多、规格复杂，直接为消费者服务，交易次数频繁、数量零星，交易方式主要是一手交钱、一手交货的现金交易，成交时间短。除集团购买或贵重商品外，一般不需填制销货凭证。针对零售企业的以上特点，本书将为您讲解相关的会计知识与处理方法。

本书本着紧密结合实战的原则，用凝练的语言，配以清晰明了的插图，深入浅出地向您展示零售企业会计核算的各个方面。针对工作中可能出现的各种情景，一步一步讲解应对和处理流程，轻松扫除那些难解的小障碍，为初涉会计职场的新人提供轻松易懂的学习载体。

攻克了零售企业会计核算的难关后，您的会计业务处理能力便能迈上一个台阶，您的职业发展也向前迈进了一大步。

对于本书的编写尽管我们已经殚精竭虑，但是由于水平有限、时间紧迫，不周之处在所难免，希望大家谅解。

最后，对一贯支持我们的广大读者朋友和对本书的出版做出努力的朋友一并表示感谢。

作　者

2015 年 6 月

目录

第一章　会计入门
——零售企业会计基础知识

第一节　零售企业会计概述

一、零售及零售业的特点

零售流通处于商品流通的终点，所谓零售是指零售企业从批发企业或生产企业购进商品，销售给个人消费或销售给企事业单位等用于生产和非生产消费，是将商品直接传递到最终消费者手中的商品流通环节。

（一）零售企业

零售企业是指向批发企业或生产企业购进商品，再将商品直接出售给最终消费者的企业。

零售企业具有以下特征，如图1－1所示。

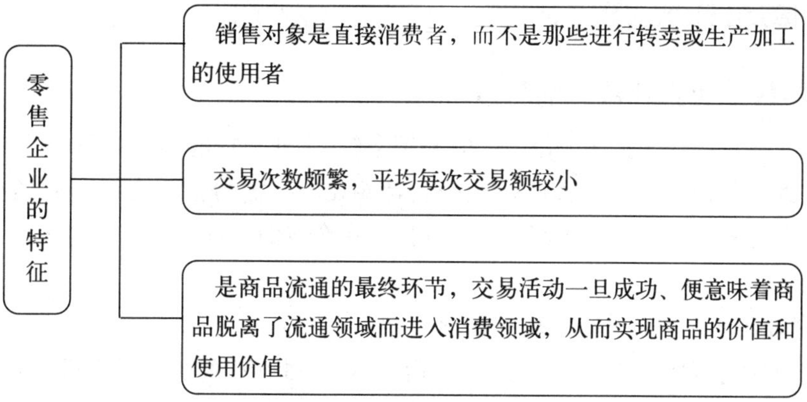

图1－1　零售企业的特征

零售企业的具体经营形态也比较多，如便利店、专业（专卖）店、折扣商店、杂货店、网上店铺、邮购商店等。

（二）零售企业的业务特征

零售商品的供应对象主要是广大消费者。零售企业的业务特征如图 1－2 所示。

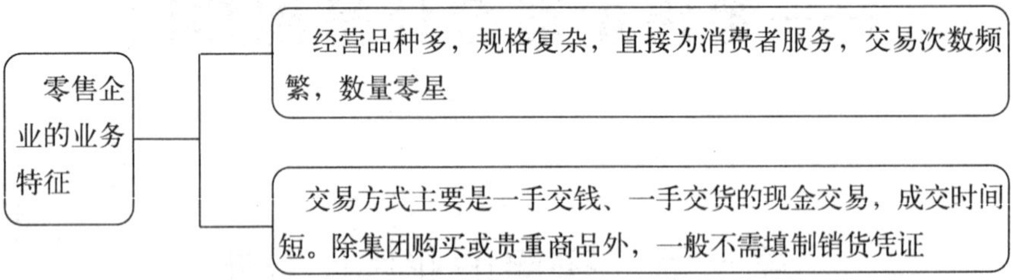

图 1－2　零售企业的业务特征

据此，零售企业一般采用售价金额核算，又称“拨货计价、实物负责制”，这是一种售价记账与实物负责相结合的核算制度。因此，零售商品按售价金额核算，不仅是一种核算方法，也是一种商品管理制度。

二、零售企业会计的概念

（一）什么是会计

在日常生活中，“会计”这个名词至少包含两重含义：第一种，会计是指在各种经济组织中从事会计工作的人员，即会计工作人员；第二种，会计是指对经济活动进行确认、计量、记录、核算的管理行为，即会计行为。在本书中，如没有特殊说明，会计则是指各类经济组织中的会计行为。

（二）零售企业会计核算的特点

零售企业会计在会计实务工作中，既要符合《小企业会计准则》的要求，同时又要满足零售企业业务经营的特点。与其他行业的会计相比较，零售企业会计具有四个方面的特征。深刻了解这些特征，对于我们更好地掌握零售企业的会计规则与核算方法，有着很强的指导作用。

1. 以资金运动为中心进行核算和管理

零售企业通过商品、货币关系形成“货币—商品—货币”的资金循环运动形式：在购货过程中，通过商品购买，支付货款及费用，使货币资金转化为商品资金；在销售过程中，通过商品销售，取得收入和盈余，使商品资金又转化为货币资金，并获得增值。零售企业会计以商品流通活动为中心，对商品资金的筹集、投放、运用和循环进行核算和管理，其核算重点和管理方法显然与其他企业不尽相同。

2. 存货的会计核算是日常最繁重的工作

存货主要是指库存商品，是零售企业最主要的资产，同时也是影响零售企业盈利水平和资产使用效率的重要因素。这些资产不仅数量大、种类多，而且处于频繁的流动之中。

如商品的采购、存储、销售、退换货等。出于管理的需要，财务人员要对这些商品的价值和数量进行及时、系统、准确地反映，这些都使存货的会计核算成为零售企业中最为繁重的一块工作。

3. 存货入账价值的特殊性

零售企业外购的实际成本一般包括入库前的包装费、运杂费、挑选整理费等附带成本；在零售企业，由于商品品种规格繁多、流转频率快，很难将一笔购货附带成本合理且精确地分配至特定的一批购货，因此附带成本一般作为发生期间的管理费用处理。

4. 存货日常核算的特殊性

零售企业的存货，为了便于销售，一般在购进时就要确定其销售价格，因而存货的日常核算可以采用“售价金额核算法”，即在“库存商品”账户核算商品的售价，商品售价与进价之间的差额通过“进销差价”账户核算，期末再将进销差价在已销商品与期末结存商品之间进行分配，以确定本期销售商品成本与期末结存商品的成本。

三、零售企业会计的职能

会计的职能是指会计在经济管理过程中所具有的内在功能，而会计的作用则是在会计运行过程中会计职能的外在表现。现代会计具有会计核算与会计监督两大职能，如图 1－3 所示。

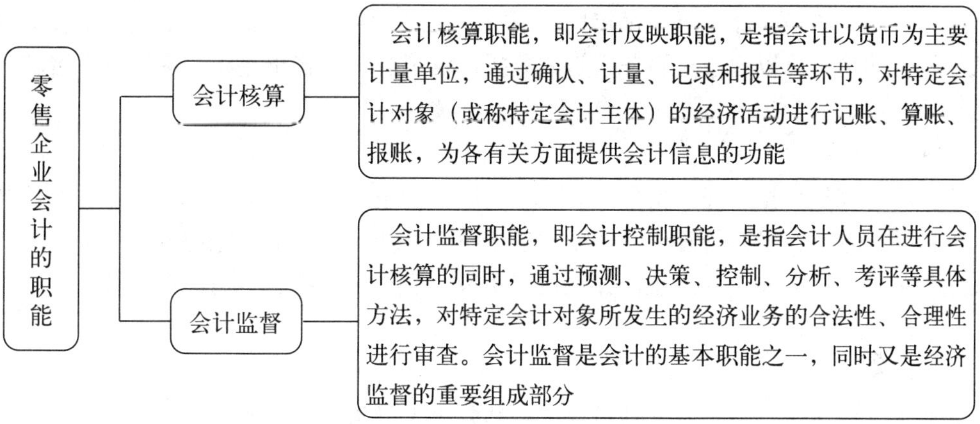

图 1－3　零售企业会计的职能

四、零售企业会计的作用

会计作用是会计职能的外在化，它是会计的内在职能在一定条件下的外在转化。

（一）反映经济活动

会计信息系统所提供的信息具有连续、系统、全面、综合的特点，不仅能反映出一个会计主体的财务状况、财务状况的变化及其经营成果，而且能够以货币形式再现企业的生产经营活动，为经济管理提供了很大的方便。

（二）控制经济活动

会计对经济活动的控制，具体表现在以下三个方面，如图 1－4 所示。

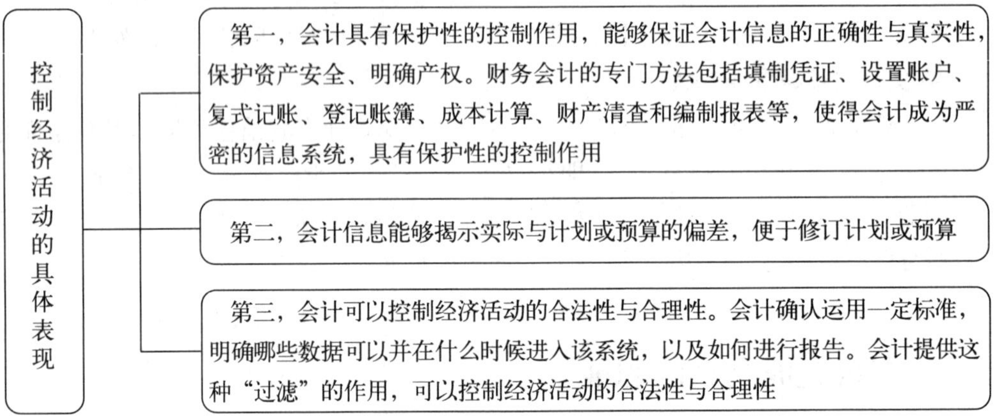

图 1－4　控制经济活动的具体表现

（三）评价企业经营业绩

具体来说，财务会计可以通过定期编制财务报表，揭示一个企业的财务及其变动情况和最终经营业绩，可以通过对财务报告的分析，肯定成绩、找出差距、提出改进措施。

（四）参与经济决策

会计具有收集数据、提供信息的职能，可以帮助企业经营者从多种方案中选择最优方案。据估计，企业在经营管理中所需要的信息 70% 以上来自会计信息系统。当然，在整个决策过程中，会计只能支持决策而无法代替决策，会计所起的是“参谋”作用。

（五）预测经济前景

企业为了确定恰当的经营管理目标，必须收集大量历史信息和当前信息。通过会计报告中具有预测价值的历史信息，能够预测企业的经营前景。

第二节　《小企业会计准则》简介

一、《小企业会计准则》的主要内容

《小企业会计准则》主要由以下十部分构成，如图 1－5 所示。

第一部分：总则	主要规定了该准则的依据和适用范围、应该遵循的会计准则的基本原则和基本要求等
第二部分：资产	主要规定了资产的定义、分类及具体内容，包括流动资产、长期投资、固定资产和生产性生物资产、无形资产和长期待摊费用
第三部分：负债	主要规定了负债的定义、分类及具体内容，包括流动负债、非流动负债
第四部分：所有者权益	主要规定了所有者权益的定义、分类及具体内容，包括实收资本（或股本）、资本公积、盈余公积、未分配利润
第五部分：收入	主要规定了收入的定义、分类及具体内容，包括销售商品收入和提供劳务收入
第六部分：费用	主要规定了费用的定义、分类及具体内容，包括营业成本、营业税金及附加、销售费用、管理费用、财务费用等
第七部分：利润及利润分配	主要规定了利润及利润分配的具体内容，包括利润的计算过程及所得税的计算
第八部分：外币业务	主要规定了外币业务的具体内容，包括外币交易和外币财务报表折算的相关介绍
第九部分：财务报表	主要规定了财务报表的定义及组成部分，包括资产负债表、利润表、现金流量表及附注的相关介绍
第十部分：附则	主要介绍本准则开始施行的时间及微型企业可参照执行的相关规定

图 1－5　《小企业会计准则》的主要内容

二、《小企业会计准则》的主要特征

《小企业会计准则》的主要特征是在遵循一般会计核算原则的条件下，借鉴国际惯例，结合我国小企业的实际情况，以《企业会计准则》为基础，根据通俗易懂、简便易行、充分体现小企业自身及其会计信息使用者的需求和特点等要求加以制定的。《小企业会计准则》与《企业会计准则》相比，具有以下特点，如表 1－1 所示。

表 1－1 《小企业会计准则》的特点

项目	特点
长期资产减值准备的计提	考虑到长期资产的金额较难确定及计提长期资产减值准备过程中需要较多的职业判断等情况，《小企业会计准则》不要求对长期资产、固定资产、无形资产等长期资产计提减值准备，发生损失时直接冲减资产，不计提减值准备
长期投资的核算	长期投资应当采用成本法进行会计处理
借款费用的核算	小企业为购建固定资产在竣工决算前发生的借款费用，应当计入固定资产的成本
融资租入的固定资产	由于在计算最低租赁付款额过程中，涉及职业判断及对未来现金流量折现预计等困难，《小企业会计准则》对于符合融资租赁条件的固定资产，依据租赁合同约定的付款总额和在签订租赁合同过程中发生的相关税费等确定
所得税	《小企业会计准则》结合小企业实际，选择了其中比较符合小企业特点的方法，如要求小企业采用应付税款法核算所得税，不要求采用纳税影响会计法核算所得税
会计报表体系的编制	考虑到小企业及会计信息使用者的需求，《小企业会计准则》仅要求小企业提供资产负债表和利润表两种基本报表；有需要编制现金流量表的，也仅限于用直接法编制表内项目，不要求编制补充资料，等等

三、《小企业会计准则》的适用范围

《小企业会计准则》总则第二条规定，本准则适用于在中华人民共和国境内依法设立的、符合《中小企业划型标准规定》所规定的小型企业标准的企业。

下列三类小企业除外：

(1)股票或债券在市场上公开交易的小企业。

(2)金融机构或其他具有金融性质的小企业。

(3)企业集团内的母公司和子公司。

前面所称企业集团、母公司和子公司的定义与《企业会计准则》的规定相同。

《小企业会计准则》的适用范围应注意的问题

- 执行本准则的小企业，发生的交易或者事项本准则未作规范的，可以参照《企业会计准则》中的相关规定进行处理
- 执行《企业会计准则》的小企业，不得在执行《企业会计准则》的同时，选择执行本准则的相关规定》
- 执行本准则的小企业公开发行股票或债券的，应当转为执行《企业会计准则》；因经营规模或企业性质变化导致不符合本准则第二条规定而成为大中型企业或金融企业的，应当从次年1月1日起转为执行《企业会计准则》
- 已执行《企业会计准则》的上市公司、大中型企业和小企业，不得转为执行本准则

图1－6　《小企业会计准则》适用范围应注意的问题

第三节　会计核算的基本前提和一般原则

一、会计核算的基本前提

会计核算的基本前提，即会计假设，是指组织会计核算工作应当具备的前提条件。面对变化不定的经济环境和复杂多变的经营活动，只有明确会计核算的基本前提(合理假设)，才能运用科学的方法对企业的经营活动进行正确的、合乎规范的确认、计量、记录和报告，以掌握企业经营活动的完整、真实情况，并对其经营活动进行有效管理和控制。因此，企业会计的基本前提既是企业会计核算的基本依据，也是制定会计准则的重要指导思想。会计核算的基本前提包括四个方面，即：会计主体、持续经营、会计分期和货币计量。会计核算的基本前提及《小企业会计准则》规定的会计核算基本前提分别如表1－2和图1－7所示。

表1－2　会计核算的基本前提

项目	内容
会计主体	会计主体亦称会计实体，是指会计工作为其服务的特定单位或组织。会计主体具有实体性、独立性、整体性的特点
持续经营	持续经营是指在正常情况下，企业能够按照既定的经营方针、目标、形式，无限期地经营下去，即在可预见的未来，该会计主体不会停业或破产清算

（续表）

项目	内容
会计分期	根据持续经营前提，企业的生产经营活动将持续不断地经营下去。为了及时地获得会计信息，充分发挥会计的反映和监督职能，应当合理地划分会计期间，即进行会计分期。通过会计分期，能够确认某个会计期间的经营成果及某个会计期末的财务状况
货币计量	企业的经济活动千差万别，财产物资种类繁多，选择合理、实用又简化的计量单位，对于提高会计信息质量具有至关重要的作用。货币计量是指用币值稳定的货币作为会计的计量手段，将反映会计主体的经济活动和财务状况的数据转化为按统一货币单位反映的会计信息

《小企业会计准则》规定的会计核算的基本前提

- 《小企业会计准则》核算的会计主体，是指在中华人民共和国境内设立的，在可预计的时期内持续经营，不对外筹集资金、经营规模较小的法人企业
- 《小企业会计准则》规定，小企业的会计核算应当以持续、正常的生产经营活动为前提
- 《小企业会计准则》规定，会计核算应当划分会计期间，分期结算账目和编制财务会计报告。会计期间通常为 1 年，1 年称为一个会计年度。会计期间既可以与日历年度一致（我国采用），也可以不一致。月份、季度也是一种会计期间
- 《小企业会计准则》规定，小企业的会计核算以人民币为记账本位币。业务收支以人民币以外的货币为主的小企业，可以选定其中一种货币作为记账本位币，但编报的财务会计报告应当折算为人民币。小企业发生外币业务时，应当将有关外币金额折合为记账本位币金额记账。除法律法规另有规定外，所有与外币业务有关的账户，应当采用业务发生时的汇率或业务发生当期期初的汇率折合。期末，小企业的各种外币账户的外币余额应当按照期末汇率折合为记账本位币

图 1－7 《小企业会计准则》规定的会计核算的基本前提

上述四项基本前提，具有相互依存、相互补充的关系。会计主体确立了会计核算的空间范围，持续经营与会计分期确立了会计核算的时间长度，而货币计量则为会计核算提供了必要的、可能的计量手段。

二、会计核算的一般原则

会计核算的一般原则又称一般准则或一般要求，是进行会计账务处理、编制会计报表所依据的一般规则和准绳，是进行会计核算的基本要求。根据《小企业会计准则》的规定，

企业会计一般原则共13项，按两大类划分。

（一）会计信息质量要求的一般原则

会计信息质量要求的一般原则，如表1－3所示。

表1－3　会计信息质量要求的一般原则

项目	内容
可靠性原则	又称真实性原则、客观性原则，是指企业的会计核算应当以实际发生的交易或事项以及证明经济业务发生的合法凭证为依据，如实反映其财务状况和经营成果，做到内容真实、数字准确、手续齐备、资料可靠
实质重于形式原则	是指企业应当按照交易或事项的经济实质进行会计核算，而不应仅以法律形式作为会计核算的依据。在会计实务中，交易或事项的实质，与其法律形式或人为形式的明显表象并不总是一致的。当两者出现不一致时，应当依据实质重于形式的原则进行判断，以确保会计信息质量。例如，企业以融资租赁的方式从出租方租入的固定资产，虽然不是承租方购入的资产，但由于租期长，租金超过或接近固定资产购买价，承租方承担了该项资产的主要风险，所以应将融资租赁资产作为承租方的资产，并按一定的折旧方法提取折旧
相关性原则	又称有用性原则，是指企业提供的会计信息应当能够反映企业的财务状况、经营成果和现金流量，以满足有关利益各方了解企业财务状况和经营成果的需要。相关性有预测价值和反馈价值两个基本质量标志。相关性原则属于历史范畴，它随着企业内外环境的变化而变化
谨慎性原则	谨慎性要求企业对交易或者事项进行会计确认、计量和报告时，应当保持应有的谨慎，不应高估资产或者收益、低估负债或者费用
可比性原则	是指企业的会计核算应当按照会计准则规定，提供口径一致、相互可比的会计信息，为国家进行宏观调控、投资者进行投资、债权人进行财务和风险分析等提供依据
及时性原则	是指会计事项必须于经济业务发生时及时进行会计处理，不得提前或延后。具体而言，要求会计人员做到：及时收集会计信息，本期会计事项的应在本期内进行，会计报告应在规定时间及时编制送报
可理解性原则	又称清晰性、可辨认性、明晰性原则，是指企业的会计核算和编制的财务会计报告应当清晰明了，便于理解和运用。明晰性有两层意思：一是会计信息简单、扼要；二是会计信息明了、准确。坚持明晰性原则，有利于会计信息的使用者准确、完整地把握会计信息所要说明的内容，也有利于审计人员查账和验证工作的开展

（续表）

项目	内容
重要性原则	是指企业的会计核算应当遵循重要性原则，在会计核算过程中对交易或事项应当区别其重要性程度，采用不同的核算方法，有简有详、繁简适当、区别对待。对资产、负债、损益等有重大影响，且会影响财务会计报告使用者做出合理判断的重大会计事项，必须按照国家有关规定在财务会计报告中予以充分、准确的披露。对不影响会计信息真实性和不至于误导财务会计报告使用者做出错误判断的会计事项，则可适当简化，不必详细报告

（二）会计确认、计量的一般原则

会计确认、计量的一般原则，如表 1 -4 所示。

表 1 -4　会计确认、计量的一般原则

项目	内容
权责发生制原则	是指企业的会计核算应当以权责发生制为基础，凡在当期已经实现的收入和已经发生或应当负担的费用，不论款项是否收付，都应作为当期的收入和费用；凡是不属于当期的收入和费用，即使款项已在当期收付，也不应作为当期的收入和费用。权责发生制是与收付实现制相对应的一种记账原则，它适用于企业会计，能够真实地反映企业某一特定会计期间的财务状况和经营成果
配比原则	是指企业在进行会计核算时，收入与其成本、费用应当相互配比，同一会计期间内的各项收入与其相关的成本、费用，应当在该会计期间内确认。配比原则与权责发生制原则既有联系又有区别。两者都是为了正确计算收益和成本，但权责发生制是为了正确地确认收入和费用；而配比原则是为了正确地确认收益，它是在正确确认收入和费用的基础上，进一步确认收益，两者不能相互代替
历史成本原则	又称实际成本原则，是指企业的各项资产在取得或购建时应当按照实际成本计量。其后，各项资产账面价值的调整应按照《小企业会计准则》的规定执行。除法律、法规和国家统一会计准则另有规定外，企业不得自行调整其账面价值。历史成本计量数据真实可靠，具有客观性和可验证性
划分收益性支出与资本性支出的原则	是指企业的会计核算应当合理划分收益性支出与资本性支出的界限。凡支出的效益仅于本年度(或一个营业周期)的，应当作为收益性支出；凡支出的效益及于几个会计年度(或几个营业周期)的，应当作为资本性支出
谨慎性原则	又称稳健性、审慎性原则，是指在资产、负债的计价及损益确认时，如果有两种或两种以上的方法或金额可供选择时，应选择不高估资产或收益，不少计负债或费用的方法。不预计任何可能的收益，但应合理预计可能发生的损失和费用

三、会计要素

会计要素是建立会计系统理论和实务的重要基础，是会计报表的基本构成内容。我国《小企业会计准则》将会计要素划分为资产、负债、所有者权益、收入、费用与利润六大要素。资产、负债和所有者权益是反映企业财务状况的会计要素，也称为静态会计要素，构成资产负债表的基本框架。收入、费用及利润是反映企业经营成果的会计要素，也称为动态会计要素，构成利润表的基本框架。

(一)资产

资产，是指企业过去的交易或者事项形成的、由企业拥有或者控制的、预期会给企业带来经济利益的资源。

资产具有三个基本特征，如图 1 –8 所示。

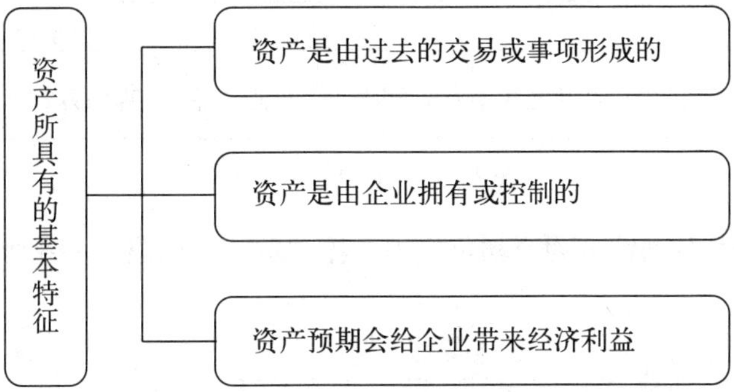

图 1 –8　资产的基本特征

按照我国《小企业会计准则》的规定，企业的资产按照流动性，可分为流动资产和非流动资产。其中非流动资产包括：长期债券投资、长期股权投资、固定资产、生产性生物资产、无形资产、长期待摊费用等。

(1)流动资产：是指预计在一年内(含一年)或超过一年的一个正常营业周期内变现、出售或耗用的资产。主要包括货币资金、短期投资、应收及预付款项、存货等。

(2)长期投资：是指不准备在一年内变现的投资，包括股票投资、债券投资等。

(3)固定资产：是指企业为生产产品、提供劳务、出租或经营管理而持有的，使用寿命超过 1 年的有形资产。包括房屋、建筑物、机器、机械、运输工具、设备、器具、工具等。

(4)无形资产：是指企业为生产产品、提供劳务、出租或经营管理而持有的、没有实物形态的、可辨认的非货币性资产。包括土地使用权、专利权、商标权、著作权、非专利技术等。

(5)长期待摊费用：是指企业已经支出，但摊销期限在一年以上(不含一年)的各项费用。包括已提足折旧的固定资产的改建支出、经营租入固定资产的改建支出、固定资产的大修理支出和其他长期待摊费用等。

（二）负债

负债是指企业过去的交易或者事项形成的，预期会导致经济利益流出企业的现时义务。

负债具有四个基本特征，如图 1－9 所示。

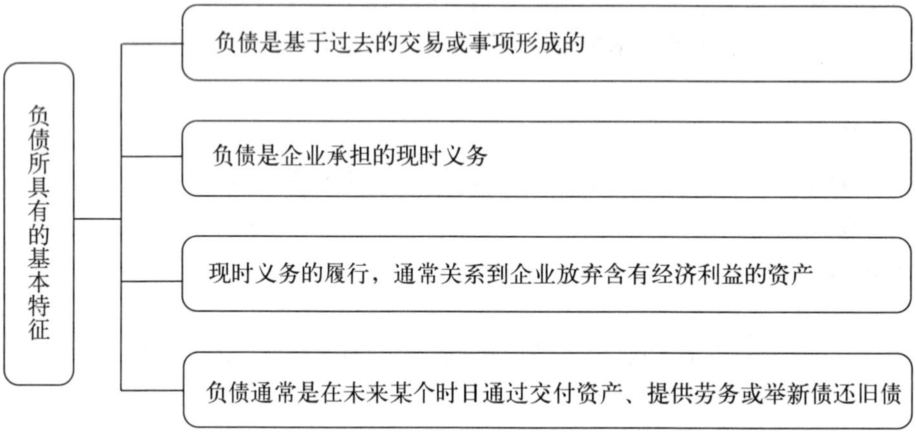

图 1－9　负债的基本特征

企业的负债按其流动性分为流动负债和非流动负债，如图 1－10 所示。

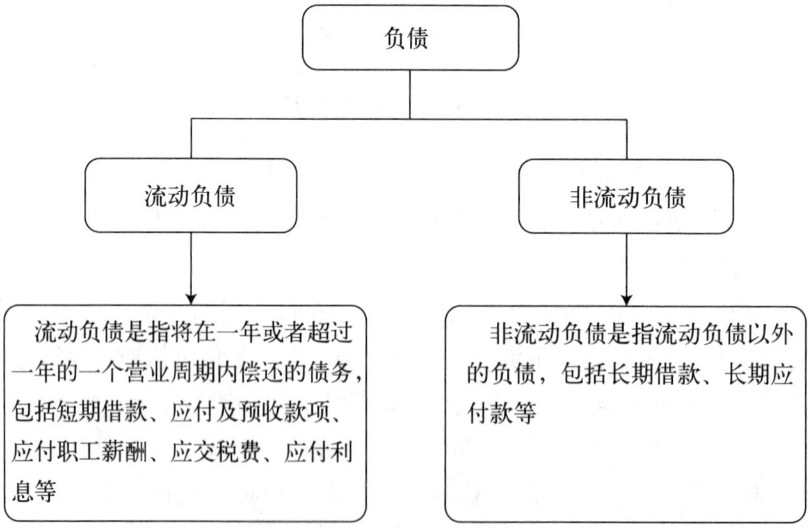

图 1－10　负债的分类及定义

（三）所有者权益

所有者权益，是指企业资产扣除负债后由所有者享有的剩余权益。企业的所有者权益包括：实收资本（或股本，下同）、资本公积、盈余公积和未分配利润。

（四）收入

收入是指企业在日常生产经营活动中形成的、会导致所有者权益增加、与所有者投入资本无关的经济利益的总流入。包括销售商品收入和提供劳务收入，如图 1－11 所示。

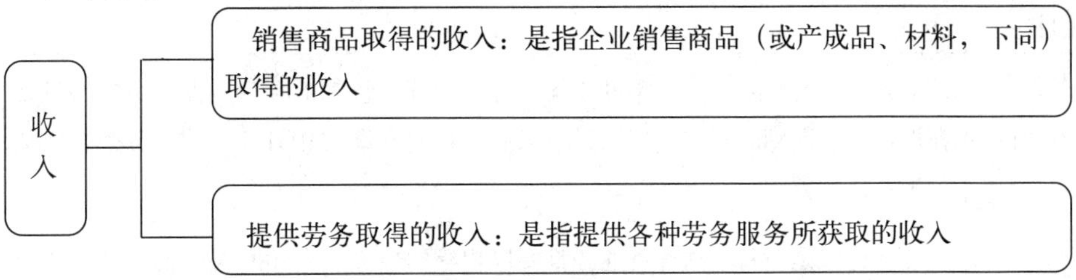

图 1－11　收入的构成

（五）费用

费用是指企业在日常生产经营活动中发生的、会导致所有者权益减少、与向所有者分配利润无关的经济利益的总流出。费用有两个特点，如图 1－12 所示。

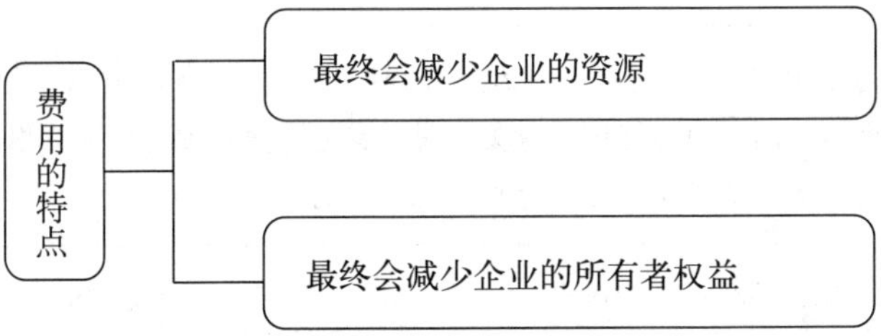

图 1－12　费用的特点

企业的费用包括营业成本、营业税金及附加、销售费用、管理费用、财务费用等。费用产生于过去的交易或事项，它可表现为资产的减少或负债的增加。

（六）利润

利润，是指企业在一定会计期间的经营成果。包括营业利润、利润总额和净利润。营业利润是指营业收入减去营业成本、营业税金及附加、销售费用、管理费用、财务费用，加上投资收益（或减去投资损失）后的金额；利润总额是指营业利润加上营业外收入，减去营业外支出后的金额；净利润，是指利润总额减去所得税费用后的净额。

四、会计核算方法

会计核算方法是对企业已发生的经济活动，进行完整的、连续的、系统的核算和监督所应用的方法。

（一）会计核算的具体方法

会计核算的具体方法如表1－5所示。

表1－5　会计核算的具体方法

项目	内容
设置会计科目	会计科目就是对会计对象的具体内容进行分类核算的项目。设置会计科目就是事先在设计会计准则时规定这些项目，然后根据它在账簿中开立账户，分类、连续地记录各项经济业务
复式记账	复式记账是对每一项经济业务都要以相等的金额，在相互关联的两个或两个以上账户中进行记录的记账方法。这种记账方法能够全面、清晰地反映出经济业务的来龙去脉，可以检查有关业务的记录是否正确
填制和审核凭证	会计凭证是记录经济业务、明确经济责任的书面证明，是登记账簿的重要依据。所有凭证都要经过会计部门和有关部门的审核，只有经过审核无误的会计凭证，才能作为记账的依据。填制和审核会计凭证可以为经济管理提供真实可信的数据资料，也是实行会计监督职能的一个重要方面
登记账簿	账簿是用来全面、连续、系统地记录各项经济业务的簿籍。登记账簿就是将发生的经济业务序时、分类地记入有关账簿。登记账簿必须以凭证为根据，并定期进行结账、对账，为编制会计报表提供完整而又系统的会计数据
成本计算	成本计算是指在生产经营过程中，按照一定对象归集和分配发生的各种费用支出，以确定该对象的总成本和单位成本的一种专门方法。通过成本计算，可以反映和监督各项费用的发生是否符合节约原则，了解成本水平，并为成本分析提供资料
财产清查	财产清查，就是通过对实物、现金的实地盘点和对银行存款、债权债务的查对，来确定财产物资、货币资金和债权债务的实存数，并查明账面结存与实存数是否相符的一种专门方法。若发现账实不符，查明原因，经过批准手续调整账目，使账实相符
编制会计报表	会计报表是根据账簿记录定期编制的、总括反映企业在一定时期财务状况和经营成果的书面文件。会计报表为人们了解和观察企业的生产经营情况，衡量和评价企业的财务状况和经营成果提供必要的依据

（二）会计核算方法之间的相互关系

上述七种方法密切结合，形成完整的会计方法体系。经济业务发生后，经办人员要填制或取得凭证，经会计人员审核整理后，按照设置的会计科目，运用复式记账法编制记账凭证，并据以登记账簿，计算成本，进行财产清查，在账实相符的基础上编制会计报表。

第四节　企业报税须知和审计方法

一、报税须知

企业必须依照法律、行政法规规定或者税务机关依照法律、行政法规规定的申报期限、申报内容如实办理纳税申报。在纳税期内没有应纳税款的，也应当按照规定办理纳税申报。因此，企业在没有收入的情况下，也应该进行申报。是否零申报视纳税机关核定的税（费）中的相关规定办理，不一定与是否有收入存在必然的联系。各税种的申报流程与正常申报流程相同，社保费的零申报需要税收专管员和所长的签字同意才能办理。

（一）地税申报的税金

地税申报的税金有：营业税、城市维护建设税、教育费附加、个人所得税、印花税、房产税、土地使用税、车船税。

（1）每月 7 号前，申报个人所得税。

（2）每月 15 号前，申报营业税、城建税、教育费附加、地方教育费附加。

（3）印花税，年底时申报一次（全年的）。

（4）房产税、土地使用税，每年 4 月 15 号前、10 月 15 号前申报。但是，各地税务要求不一样，按照单位主管税务局要求的期限进行申报。

（5）车船税，每年 4 月份申报缴纳。各地税务要求也不一样，按照单位主管税务局要求的期限进行申报。

（6）如果没有发生税金，也要按时进行零申报。

（7）纳税申报方式：网上申报和上门申报。如果是网上申报，直接登录当地地税局网站，进入纳税申报系统，输入税务代码、密码后进行申报就行了。如果是上门申报，需要在税务机关购买纳税申报表并填写，报送主管税务机关即可。

（二）国税申报的税金

国税申报的税金主要有：增值税、所得税。

（1）每月 15 号前申报增值税。

（2）每月或每季度末后下月的 15 号以及年度终了之日起 5 个月内，申报企业所得税。

（3）国税纳税申报比较复杂，需要安装网上纳税申报系统，一般国税都要对申报单位进行培训。

二、审计方法

正确地选用审计方法则是保证有效发挥审计监督的职能作用、实现审计目标的重要条件。要做到选用正确，必须遵循和掌握一定的原则和方法。

（一）审计应注意的问题

1. 必须依据审计对象、审计方式和审计目标的实际情况选用适当的审计方法

审计方法种类繁多，不同的方法适用于不同的审计对象、方式和目标，但方法的运用并不是孤立的，而是相互结合综合运用。如进行全面审计时，则一般可以采用逆查法和抽查法；如进行的是专项审计，则一般要用详查法、顺查法等。

2. 必须依据不同的审计类型合理运用审计方法

不同类型的审计或同一类型的不同审计项目，或是同一审计项目，可能都需要经过不同途径获取多种证据。不同证据要用不同方法才能获得。如实物证据的获得必须运用盘点法、第三方的外来证据要运用函证法或询问法等。

3. 选择合适的抽样比例

审计结论的要求程度不同，审计选择的抽样比例也就不同。如果要求全面审计，保证检查结果100%可靠，则必须进行详查，如果只是要求一定的检查比例，则可根据实际情况采取抽查审计。

4. 根据业务能力合理分配审计人员工作

审计工作技术性强，对审计人员的要求也比较高，既要有会计、税务和审计方面的专业知识，又要对其他学科的专门知识有所了解，同时还要具备丰富的实践经验、敏锐的观察力和职业判断能力。但任何人都不是通才，因此，在选用审计方法时必须考虑审计人员是素质，充分利用每个审计人员的业务能力，保证与运用该方法时所需具备的能力相适应。

5. 抓住问题本质，善于运用非技术方法

运用某些审计方法，可能看到的仅仅是事物的表面现象。因此，要注意不能孤立地看待问题，要注意事项之间的关联，揭示其本质。此外，由于广大职工对被审计单位的情况相当熟悉，还可以适当运用举报、约谈等非技术方法，充分发挥群众的智慧，有时可达到事半功倍的效果。

此外，审计时还要注意审计成本的限度，综合考虑审计成本对审计结论产生的影响。

（二）审计的具体方法

审计的具体方法，主要是收集审计证据，大体可分为审查书面资料的方法和证实客观事物的方法，此外还包括审计调查方法。

1. 审查书面资料的方法

按审查书面资料的技术，可分为核对法、审阅法、复算法、比较法、分析法；按审查资料的顺序分为逆查法和顺查法；按审查资料的范围，分为详查法和抽查法。

(1)核对法。

核对法是将会计记录及相关资料中两处以上的同一数值或相关数据相互对照，用以验明内容是否一致、计算是否正确的审计方法，其目的是查明证、账、表之间是否相符，证实被审单位财务状况和财务成果的真实、正确、合法。

(2)审阅法。

审阅法是对凭证、账簿和报表，以及经营决策、计划、预算、合同等文件和资料的内容详细阅读和审查，以检查经济业务是否符合法规，经济资料是否真实正确、是否符合会计准则的要求。审阅法主要是查证、账、表等会计资料。

(3)复算法。

复算法就是对凭证、账簿和报表以及预算、计划、分析等书面资料重新复核、验算的一种方法。

(4)比较法。

比较法就是通过相同被审项目的实际与计划、本期与前期、本企业与同类企业的数额进行对比分析，检查有无异常情况和可疑问题，以便跟踪追查提供线索，取得审计证据。

(5)分析法。

分析法就是通过分解被审项目的内容，以揭示其本质和了解其构成要素的相互关系。包括：比率分析法、账户分析法和趋势分析法等。检查有无异常情况，或判断被审计单位的经济活动是否经济、合理。

(6)逆查法。

按照经济活动进行的相反顺序，从终点查到起点的审计方法。具体做法是：按照会计核算程序的相反次序，先审查财务报表，从中发现错误和问题，然后有针对性地依次审查和分析报表、账簿和凭证。

(7)顺查法。

顺查法就是按照经济活动发生的先后顺序，依次从起点查到终点的审计方法。对会计资料的审查就按照会计核算程序的先后顺序，依次审核和分析凭证、账簿和报表。具体做法是：首先审查原始凭证及记账凭证，然后进一步结合凭证查账簿，最后根据账簿审阅财务报表。

(8)详查法。

详查法就是对被审计单位被审期内的全部证、账、表或某一重要(或可疑)项目所包括的全部账项进行全面、详细的审查。早期的财务审计通常就是采用这种方法。

(9)抽查法。

抽查法就是从被审单位被审计对象中抽取其中一部分进行审查；根据审查结果，借以推断审计对象总体有无错误和弊端。现代审计多用此法，抽查法可分为任意抽样法、判断抽样法和统计抽样法三种。

2. 证实客观事物的方法

除了收集书面资料方面的信息，审计工作还必须取得实物存在方面的资料，即证明落实客观实物的形态、性质、存在地点、数量、价值等，以审核账目是否相符，有无错误和弊端。这种方法主要包括盘点法、调节法和鉴定法。

（1）盘点法。

这是审计人员通过对各项财产物资的实地盘存，检查实物的数量、品种、规格、金额等实际情况，借以验证经济资料和经济活动的真实正确，经济资料与实物是否一致的审计方法。盘点法分为直接盘点法和监督盘点法两种：直接盘点法是由审计人员亲自到场盘点，监督盘点法是审计人员亲临现场观察检查。

（2）调节法。

如果现成的数据和需要证实的数据在表面不一致，为了证实数据的真实性，就要运用调节法。调节法就是从一定出发点上的数据着手，对已发生的正常业务而出现的数据进行必要的增减调查的一种方法。例如，通常运用调解法编制银行存款余额调节表。

（3）鉴定法。

鉴定法是指需邀请有关专业人员运用专门技术对书面资料、实物和经济活动进行确定和识别的方法。

3. 审计调查方法

审计调查是审计方法中不可缺少的一个重要组成部分，主要目的是对经济活动及其获得活动资料以内或以外的某些客观事实进行内查外调，以判断真相、查找新的线索或取得审计证据。审计调查方法包括观察法、查询法、函证法。

（1）观察法。

这是审计人员亲临现场进行实地观察检查，借以查明事实真相，取得审计证据的一种调查方法。

（2）查询法。

这是对审计过程中发现的疑点和问题，通过口头询问或质疑的方式弄清事实真相并取得口头或书面证据的一种调查方法。

（3）函证法。

函证法实际上也是一种查询法，它是指审计人员通过给有关单位和个人发函，以了解情况取得证据的一种调查方法。这种方法多用于往来款项的查证。

最后需要明确的是，实际工作中各种方法的使用不是单一的，要注意各种方法的综合利用。

第二章　流动性决定了安全性——零售企业货币资金的会计核算

第一节　现金

企业的现金是指由财务或会计部门的出纳人员保管的货币。现金是流动性最强的资产，企业应严格遵守国家有关现金管理准则，正确进行现金收支的核算，监督现金使用的合法性与合理性，防止现金管理中各种违法乱纪行为的发生。

一、现金管理准则

根据国务院发布的《现金管理暂行条例》的规定，现金管理准则主要包括以下内容。

（一）现金的使用范围

与个人进行交易的，可用现金结算；与企业、单位进行交易时，在结算起点以下的可以用现金结算，超过结算起点的应用银行转账支付。

如图 2－1 所示，在企业中，下列款项支出可用现金来支付。除以下情况可以用现金支付外，其他款项的支付应通过银行转账结算。

可用现金来支付的款项：

- 职工工资、各种工资性津贴
- 个人劳务报酬
- 根据国家规定颁发给个人的科学技术、文化艺术、体育等各种奖金
- 各种劳保、福利费用以及国家规定的对个人的其他支出
- 收购单位向个人收购农副产品和其他物资支付的价款
- 出差人员必须随身携带的差旅费
- 结算起点1 000 元以下的零星支出
- 中国人民银行规定需要支付现金的其他支出

图 2－1　可用现金来支付的款项

（二）库存现金的限额

库存现金的限额是指为了保证日常零星开支的需要，允许企业留存现金的最高数额。各企业现金库存限额应根据企业规模、业务量、日常零星开支现金需要量以及企业距离开户银行远近等条件予以核定。开户银行根据企业的实际情况，一般按照3～5天日常零星开支的需要确定。边远地区和交通不便地区企业的库存现金限额，可多于5天，但不得超过15天的日常零星开支。核定后的库存现金限额，企业必须严格遵守，超过部分应于当日终了前存入银行。需要增加或减少库存现金限额的企业，应向开户银行提出申请，由开户银行核定。

（三）现金收支的规定

企业收到现金，应于当日送存开户银行，当日送存确有困难的，由开户银行确定送存时间；企业支付现金，可以从本单位库存现金中支付或从开户银行提取，不得从本单位的现金收入中直接支付，即不得“坐支”。因特殊情况需要“坐支”现金的单位，应事先报经开户银行审查批准，由开户银行核定坐支范围和限额，坐支单位应按月向开户银行报送坐支金额及其使用情况。企业从开户银行提取现金时，应如实写明提取现金的用途，由本单位财会部门负责人签字盖章，并经开户银行审查批准后予以支付。此外，不准用不符合财务准则的凭证顶替库存现金，即不得“白条顶库”；不准谎报用途套取现金；不准用银行账户代其他单位和个人存入或支取现金；不准用单位收入的现金以个人名义存入储蓄，不准保留账外公款，即不得“公款私存”，不得设置“小金库”等。银行对于违反上述规定的单位，将按照违规金额的一定比例予以处罚。

二、现金的总分类核算

企业为了从总体上反映现金的收入、支出和结存情况，应设置“库存现金”总分类科目，借方登记现金的增加，贷方登记现金的减少，借方余额表示期末库存现金的金额。企业内部各部门周转使用的备用金，可通过“其他应收款”或“备用金”科目核算，不在“库存现金”科目中核算。

三、现金的明细分类核算

为了系统、全面、连续、详细地反映有关现金的收支情况，应设置“现金日记账”。出纳人员根据审核无误的收款凭证、付款凭证，按照业务发生的先后顺序逐日逐笔登记现金日记账。每日终了，计算现金收入合计、现金支出合计及结余数，并同库存现金数核对，保证账款相符。

现金日记账必须是订本账，一般采用三栏式账页格式，借方栏根据现金收款凭证登记，贷方栏根据现金付款凭证登记，但对于从银行提取现金的业务因为只编制银行存款付款凭证，故此应根据银行存款付款凭证登记现金日记账的借方栏。每次办理完收付款业务应及时结出账面余额。每日终了，将账面余额与库存现金数核对，月末与现金总账核对，做到账款相符、账账相符。

四、现金溢余与短缺的账务处理

企业应当按规定进行现金清查，一般采用实地盘点法，对于清查的结果应当编制现金盘点报告单。

对于现金清查中发现的账实不符，即现金溢缺情况，首先应通过“待处理财产损溢”科目进行核算。现金清查中发现溢余的现金，应按溢余的金额，借记“库存现金”科目，贷记“待处理财产损溢”科目；在现金清查中发现短缺的现金，应按短缺的金额，借记“待处理财产损溢”科目，贷记“库存现金”科目，待查明原因后按如下要求进行处理。

（一）现金溢余

属于应支付给有关人员或单位的，应借记“待处理财产损溢”科目，贷记“其他应付款——×××”科目；属于无法查明原因的现金溢余，经批准后，借记“待处理财产损溢”科目，贷记“营业外收入——现金溢余”科目。

【例2-1】某零售企业在盘点现金时，发现库存现金比账面余额多出300元，无法查明原因。会计处理如下：

借：库存现金	300	
贷：待处理财产损溢		300
借：待处理财产损溢	300	
贷：营业外收入——现金溢余		300

（二）现金短缺

属于应由责任人赔偿的部分，借记“其他应收款——×××”或“库存现金”等科目，贷记“待处理财产损溢”科目；属于应由保险公司赔偿的部分，借记“其他应收款——应收保险赔款”科目，贷记“待处理财产损溢”科目；属于无法查明的其他原因，根据管理权限，经批准后处理，借记“管理费用——现金短缺”科目，贷记“待处理财产损溢”科目。

【例2-2】某零售企业现金清查后，发现库存现金比账面余额短缺400元，经查明，应由该出纳员赔偿金额150元，另外250元属于无法查明的其他原因。

借：待处理财产损溢	400	
贷：库存现金		400

借：其他应收款——出纳员××× 150
　　管理费用——现金短缺 250
　　贷：待处理财产损溢 400

【例2-3】接【例2-2】，该企业收到上述出纳人员的赔款150元。

借：库存现金 150
　　贷：其他应收款——出纳员××× 150

第二节　银行存款

一、银行结算准则

银行存款是指企业存放于银行或其他金融机构的货币资金。按国家规定，企业除了留存少量库存现金以供日常零星开支需要外，其余现金都应存入银行。目前，企业可使用的支付结算方式主要有票据、信用卡、汇兑、托收承付、委托收款等。其中，票据主要有银行汇票、商业汇票、银行本票和支票等。

上述内容中，商业汇票的核算将分别在应收票据和应付票据的核算中介绍，银行汇票、银行本票和信用卡的核算则将在其他货币资金的核算中说明。下面先就支票和汇兑、托收承付、委托收款等结算方式的核算予以重点介绍。

二、银行存款的总分类核算

为了总括反映银行存款的收付及其结存情况，应设置“银行存款”科目，向银行存入款项时借记本科目，贷记有关科目；从银行支出款项时借记有关科目，贷记“银行存款”科目。银行结算方式如表2-1所示。

表2-1　银行结算方式介绍

方式	内容
支票	支票是出票人签发的，委托办理支票存款业务的银行在见票时无条件支付确定的金额给收款人或持票人的票据。支票分为现金支票、转账支票、普通支票和画线支票。企业开出支票时，根据支票存根，借记有关科目，贷记“银行存款”科目；收到支票并填制进账单到银行办理收款手续后，借记“银行存款”科目，贷记有关科目

（续表）

方式	内容
汇兑	汇兑是汇款人委托银行将其款项支付给收款人的结算方式。单位和个人各种款项的结算均可使用汇兑结算方式。汇兑分为信汇、电汇两种，汇款人可自行选择。付款单位根据银行签发的汇款回单，借记有关科目，贷记“银行存款”科目；收款单位根据银行转来的收款通知，借记“银行存款”科目，贷记有关科目
托收承付	托收承付是根据购销合同由收款人发货后委托银行向异地付款人收取款项，由付款人向银行承认付款的结算方式。采用托收承付结算时，收款单位对于托收款项，根据银行的收账通知和有关的原始凭证，据以编制收款凭证；付款单位对于承付的款项，应于承付时根据托收承付结算凭证的承付支款通知和有关发票账单等原始凭证，据以编制付款凭证。付款企业承认付款后，根据有关凭证，借记“在途物资”“应交税费——应交增值税”科目，贷记“银行存款”科目。销货企业收到银行转来的收款通知和有关托收结算凭证，借记“银行存款”科目，贷记“应收账款”等科目
委托收款	委托收款是收款人委托银行向付款人收取款项的结算方式。单位和个人凭已承兑商业汇票、债券、存单等付款人债务证明办理款项的结算，均可以使用委托收款结算方式。委托收款在同城、异地均可使用。委托收款结算款项的划回方式有邮寄和电报两种。付款单位接到银行付款通知、审查债务凭证后付出款项时，借记“应付账款”等科目，贷记“银行存款”科目。收款单位收到银行收款通知后，根据有关凭证借记“银行存款”科目，贷记“应收账款”等科目

三、银行存款的明细分类核算

为了全面、系统、连续、详细地反映有关银行存款收支的情况，企业应设置“银行存款日记账”，由出纳人员根据审核无误的银行存款收付款凭证，按照业务发生的先后顺序逐日逐笔登记。银行存款日记账必须是订本账，一般采用三栏式账页，借方栏根据银行存款收款凭证登记，贷方栏根据银行存款付款凭证登记。每日终了时，应计算银行存款收入合计、银行存款支出合计及结余数，定期与银行转来的对账单核对相符。

【例2－4】某零售企业用银行存款购入货品一批，价款60 000元，增值税10 200元，已通过银行付款，货品已验收入库。会计分录如下：

借：库存商品　　60 000

　　应交税费——应交增值税(进项税额)　　10 200

　　贷：银行存款　　70 200

【例2-5】某零售企业购置一台售价为50 000元的送货用微型汽车。会计分录如下：

借：固定资产　50 000
　应交税费——应交增值税(进项税额)　8 500
　贷：银行存款　58 500

【例2-6】某零售企业收到某购货方归还以前所欠货款20 000元。会计分录如下：

借：银行存款　20 000
　贷：应收账款　20 000

【例2-7】某零售企业向银行借款200 000元，已存入银行。会计分录如下：

借：银行存款　200 000
　贷：短期借款　200 000

【例2-8】某零售企业接到开户银行通知，收到上级国家资产管理部门投入资金500 000元。会计分录如下：

借：银行存款　500 000
　贷：实收资本　500 000

四、银行存款的清查

银行存款的清查是指企业银行存款日记账的账面余额与其开户银行转来的对账单的余额进行核对。双方余额不一致的原因除记账错误外，还因为存在未达账项。所谓未达账项，是指由于企业与银行取得有关凭证的时间不同，而发生的一方已经取得凭证登记入账，另一方由于未取得凭证尚未入账的款项。具体有以下四种情况，如图2-2所示。

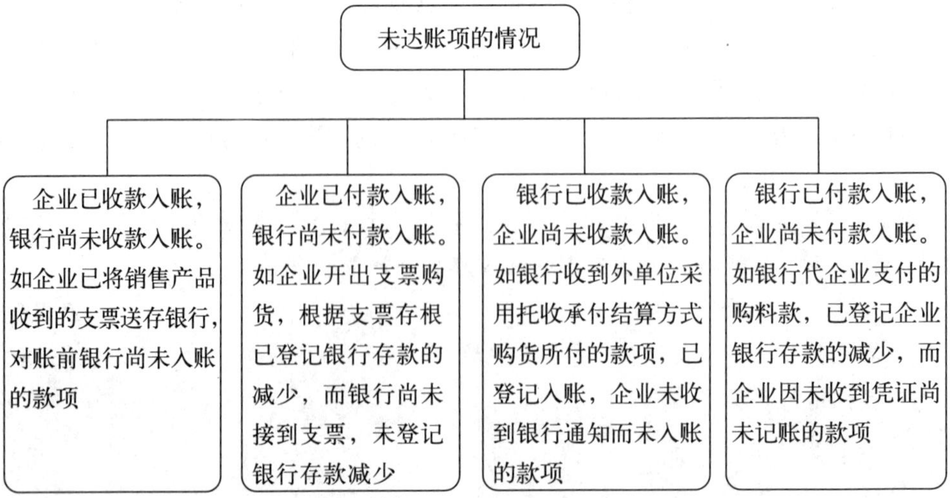

图2-2　未达账项的情况

对上述未达账项应通过编制“银行存款余额调节表”进行检查核对，如没有记账错误，调节后的双方余额应相等。

【例2-9】某企业2014年12月31日银行存款日记账的余额为35 250元，银行转来对账单的余额为63 750元。经逐笔核对，发现以下未达账项：

(1)企业送存转账支票30 000元，并已登记银行存款增加，但银行尚未记账。

(2)企业开出转账支票22 500元，但持票单位尚未到银行办理转账，银行尚未记账。

(3)企业委托银行代收某公司购货款37 500元，银行已收妥并登记入账，但企业尚未收到收款通知，尚未记账。

(4)银行代企业支付电话费1 500元，银行已登记企业银行存款减少，但企业未收到银行付款通知，尚未记账。

根据上述资料编制“银行存款余额调节表”，如表2-2所示。

表2-2　银行存款余额调节表

项目	金额	项目	金额
企业银行存款日记账余额	35 250	银行对账单余额	63 750
加：银行已收、企业未收款	37 500	加：企业已收、银行未收款	30 000
减：银行已付、企业未付款	1 500	减：企业已付、银行未付款	22 500
调节后的存款余额	71 250	调节后的存款余额	71 250

第三节　其他货币资金

其他货币资金是指企业除现金、银行存款以外的各种货币资金，主要包括外埠存款、银行本票存款、银行汇票存款、信用证保证金存款、信用卡存款和存出投资款等。为了反映和监督企业其他货币资金的结余情况，应设置“其他货币资金”账户，借方登记增加数，贷方登记减少数，期末借方余额反映企业实际持有的其他货币资金。同时，在“其他货币资金”总账下，应设置“外埠存款”“银行汇票”“银行本票”等明细科目，并按外埠存款的开户银行、银行汇票或本票的收款单位等设置明细账。

一、外埠存款

外埠存款是指企业为了到外地进行临时或零星采购，汇往采购地所开立的采购专户的款项。企业将款项委托当地银行汇往采购地开立专户时，借记“其他货币资金”科目，贷记“银行存款”科目。收到采购人员交来供应单位发票等报销凭证时，借记“在途物资”“原材料”“库存商品”“应交税费——应交增值税(进项税额)”等科目，贷记“其他货币资金”科目。将多余的外埠存款转回当地银行时，根据银行的收账通知，借记“银行存款”科目，贷记“其他货币资金”科目。

【例2-10】某零售企业到外地某市采购货品，汇往该市某银行办事处资金78 000元，采购员赴该市采购各种物资共70 200元，支取差旅费5 000元，采购结束，银行将余款转回采购企业开户银行。会计分录如下(一般纳税企业增值税税率为17%)：

(1)汇出采购资金时：

借：其他货币资金——外埠存款	78 000	
贷：银行存款		78 000

(2)收到采购员交来的发票账单：

借：在途物资	60 000	
应交税费——应交增值税(进项税额)	10 200	
其他应收款——某采购员	5 000	
贷：其他货币资金——外埠存款		75 200

(3)收到银行转账通知，余款已转回：

借：银行存款	2 800	
贷：其他货币资金——外埠存款		2 800

(4)采购员回来，报销差旅费：

借：管理费用	5 000	
贷：其他应收款——某采购员		5 000

二、银行汇票存款

银行汇票存款是指企业为取得银行汇票按规定存入银行的款项。企业向银行申请办理银行汇票时，应填写“银行汇票委托书”，将款项交存出票银行。其会计处理如图2-3所示。

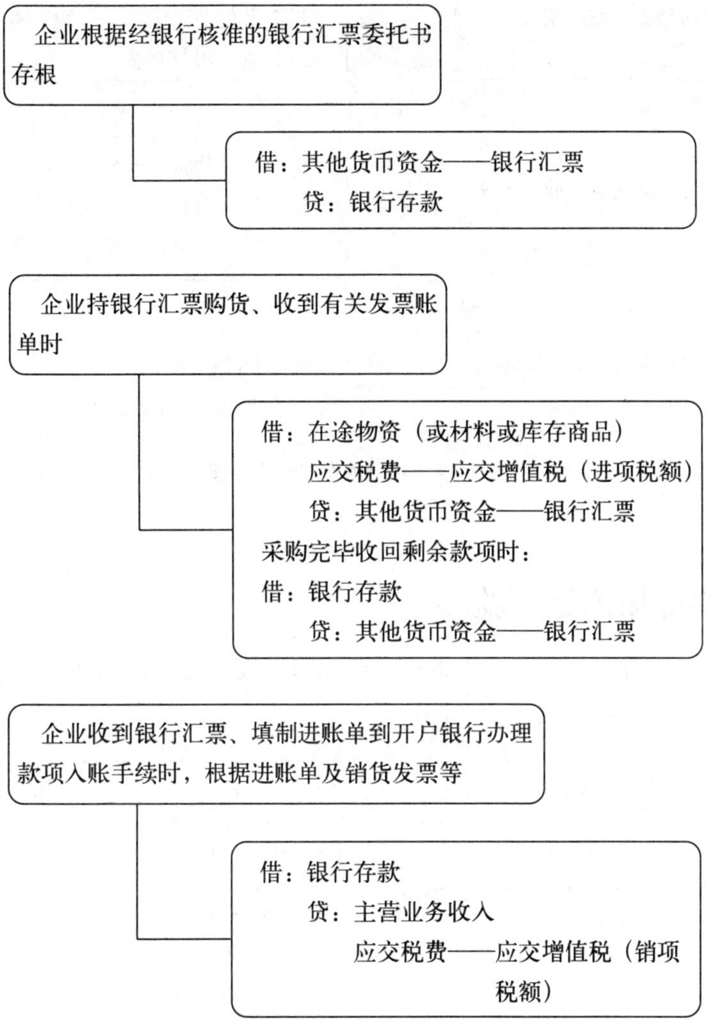

图 2－3　银行汇票的会计处理

三、银行本票存款

银行本票存款是指企业为取得银行本票按规定存入银行的款项。银行本票分为不定额本票和定额本票两种。采用银行本票进行结算时，企业应填写“银行本票委托书”，将款项交存银行。其会计处理如图 2－4 所示。

企业应根据经银行核准后银行本票委托书存根	借：其他货币资金——银行本票 贷：银行存款
企业持银行本票购货、收到有关发票账单时	借：在途物资（或材料或库存商品） 应交税费——应交增值税（进项税额） 贷：其他货币资金——银行本票
企业收到银行本票、填制进账单到开户银行办理款项入账手续时	借：银行存款 贷：主营业务收入

图 2－4　银行本票的会计处理

四、信用证保证金存款

信用证保证金存款是指购货方或进出口公司申请银行开立信用证时，按银行规定交存的一笔押金。其会计处理如图 2－5 所示。

企业应根据银行盖章退回的“信用证委托书”回单	借：其他货币资金——信用证保证金 贷：银行存款
企业接到开证行付款通知后，应根据供货单位信用证结算凭证及所附发票账单	借：在途物资（或材料或库存商品） 应交税费——应交增值税（进项税额） 贷：其他货币资金——信用证保证金
企业将未用完的信用证存款余额转回开户银行时	借：银行存款 贷：其他货币资金——信用证保证金

图 2－5　信用证保证金存款的会计处理

五、信用卡存款

信用卡存款是指企业为取得信用卡而存入银行信用卡专户的款项。企业应填制“信用卡申请表”，连同支票和有关资料一并送存发卡银行，领取信用卡。其会计处理如图 2－6 所示。

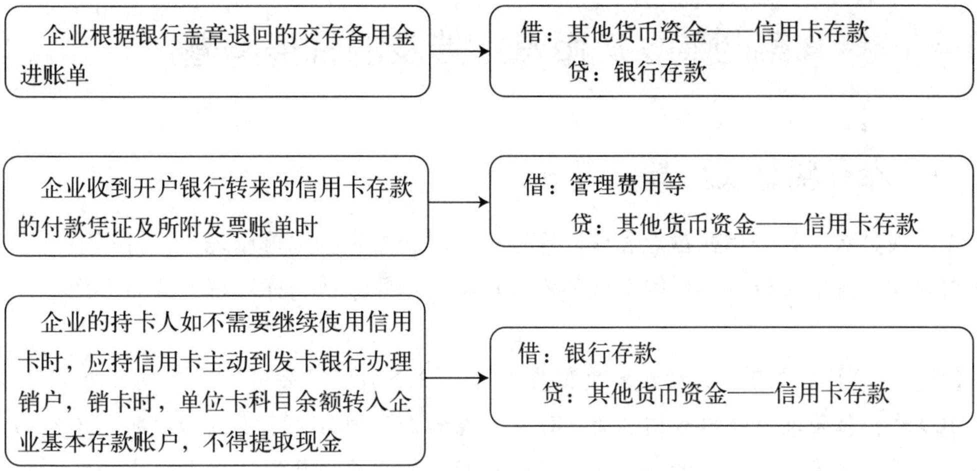

图 2－6　信用卡存款的会计处理

六、存出投资款

存出投资款是指企业已存入证券公司但尚未进行短期证券投资的资金，其会计处理如图 2－7 所示。

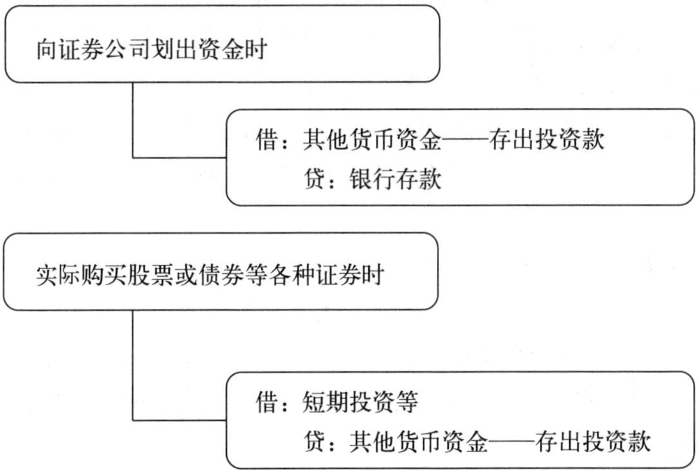

图 2－7　存出投资款的会计处理

第四节　货币资金涉及的税务问题

一、库存现金长短款问题

库存现金长短款是指在盘点和核对库存现金时，发现的除挪用现金、“白条”抵库、超限额留存现金等情况以外的原因造成的库存现金日记账余额与库存现金数额不符。

【例 2 –11】某零售企业的出纳员张某在两天中分别发现公司的库存现金短缺 30 元和溢余 100 元，但是没有找出原因。为了保全自身的面子同时又考虑到两次账实不符的金额非常小，于是决定采取下列的办法进行处理：短缺的库存现金自掏腰包；溢余的库存现金则自己暂时收起来。

分析：该公司出纳员张某的处理方法是错误的，其直接的后果可能会掩盖公司在库存现金管理与核算中存在的许多问题，现金的短缺和溢余可能表明该公司存在重大经济问题，可能表明该公司存在逃税、漏税等税务问题。

二、不开发票、截留现金的问题

“偷税”是指纳税单位和个人故意违反税收法规，用欺骗、隐瞒等手法逃避纳税的行为。“漏税”是指纳税人因无意而发生的漏缴或少缴税款的行为。两者的区别是性质不同：“偷税”是故意违反税收法规的行为，“漏税”则是无意发生的漏缴行为。处罚也不同：对于“漏税”的纳税人，除限期追补漏缴税款外，还可处以不缴或者少缴的税款 5 倍以下的罚款；而对于“偷税”的纳税人，除由税务机关追缴其税款外，还要追究刑事责任。

【例 2 –12】某超市销售的对象有企业也有个人，个人采购经常采用现金的方式，超市于是对销售的这部分产品实行了开发票和不开发票两个价格，如果客户不要发票就给予一定的优惠。由于个人客户对于发票索取不是很积极，超市就利用这一点将不开发票的现金收入累计 10 万元进行截留，不在会计账簿上进行反映，导致少计提增值税销项税，少反映营业收入和所得税。

分析：在零售企业经营过程中，现金的收支要求是比较严格的，但由于部分企业的业务性质比较特殊，导致现金业务频繁，这就给部分企业偷逃税款造成了极大空间。与零售企业有业务往来的个人客户有不索要发票的习惯，而有些公司为了躲避税务机关的监控，达到偷逃税款的目的，也会以各种方法拒绝为客户开具发票或开具假发票；有些公司为了“节省”发票，甚至推出了不开发票打折、送礼物、抽奖等多种“优惠”，造成部分现金收入不纳入账务核算。由于税务部门对于营业收入主要是对发票进行核查，通过对比开具发票的金额和账务上反映的金额，确定当期收入金额，因此某些零售企业抱着能少开就少开的目的，偷逃税款。

三、偷逃税款、套开发票的问题

在发票的开具上存在一种“大头小尾”的现象，即发票的发票联数额大而存根联数额小。开票方目无法纪，利用税务机关监管不严的漏洞，为所欲为，达到双方不可告人的目的。根据我国《税收征收管理法》的规定，纳税人开具大头小尾发票，隐匿经营收入，造成不缴或少缴税款的，属于偷税行为。

【例2－13】某超市经常在甲公司采购物品，数量较大，涉及的金额也较多。双方同为增值税一般纳税人，甲公司由于经营利润较高，想隐瞒部分收入，少计增值税，而超市方面也想减少增值税销项税额，同时抵减部分利润。于是双方私下决定由甲公司在开具增值税专用发票时，采用联次分开套写的方式，在发票联上多开具销售费用，而存根联与记账联少开具销售费用，以达到双方少缴税的目的。

分析：以上发票的套写行为就是典型的“大头小尾”的做法，这种做法更常见于手写的发票，部分企业就利用这个漏洞，分开填写发票联和存根联、记账联金额。现在虽然已经逐步普及计算机开票，但未能杜绝这种造假方式，部分企业利用一定的技术手段，仍然还是可以一票两开。此外，由于普通发票的使用现在还不需要通过金税工程进行认证，普通发票偷税比较隐秘，难以发现。上述两个公司都应该受到处罚，不仅需要补缴税款、接受罚款，情节严重的还要受到法律的制裁。

四、蒙混过关、索取回扣的问题

“其他货币资金”账户下的有关明细账，应有特定的、正当的业务需要。但在实际工作中存在着将货币资金从银行存款转入上述其他有关专户而未有合理、正当业务需要的问题。对于此类问题，检查人员可以在审阅“其他货币资金”账户下有关存款专户的借方内容发现线索或疑点，然后调阅会计凭证进行账证核对，检查分析设置这种存款专户有无正当合理的业务需要，在此基础上采用查询的方法查证问题。

【例2－14】某超市在“其他货币资金”账户下设置“外埠存款”明细账核算外埠采购的银行结算业务，经税务检查人员询问，所采购的是A产品。根据税务检查人员了解，该种产品本市也有生产且质量可靠。那么，为什么采购人员要舍近求远，花费大量运费呢？对此，检查人员会同该超市内部审计人员赴采购地联合进行深入调查，结果显示，是采购员为了索取可观的回扣，蒙骗有关领导，在财会部门未加严格审查的情况下设置了这种存款专户，仅回扣一项已达数万元，由此虚增了库存商品成本，也偷逃了企业所得税。

分析：有些企业的采购人员为了游山玩水或向销售方收取大额的回扣，对能在本地购进的物资，故意到外埠采购，要求会计部门设置外埠存款或银行汇票存款。其一旦得逞，不仅给企业造成损失浪费，也必然影响了税收。

第五节　货币资金涉及的审计问题

一、贪污现金

贪污现金，主要表现为六种形式：一是隐瞒收入，主要采取的方法是收到现金后撕毁票据不入账或收到现金后不开票据不入账；二是利用单位财务管理上的漏洞或工作上的便利采用篡改、刮擦和消退等手段涂改凭证金额，将收入数额改小或将支出数额改大；三是一证多报，将已入账的支出原始凭证抽出重复报销，多发生在财务部门内部；四是索取大头小尾票据，利用假复写的办法使得发票联的金额超过存根记账联的金额，多发生在费用报销环节；五是向对方出具空白发票或收据，将收入据为己有；六是冒充领导签字，在原始凭单上冒充领导签字进行费用报销。

【例 2－15】某零售企业的会计王某因为粗心在某月记账汇总时，漏记了一笔收到现金的往来款 2 000 元，因为漏记这笔业务并不影响汇总科目表的平衡(资产科目一增一减)，致使库存现金总账和明细账产生了差额。出纳陈某发现了这个错误，没有提醒王某，而是将库存现金明细账比总账中长出的 2 000 元现金据为己有。税务人员在审计时发现库存现金总账和明细账不符，在追问之下才发现了陈某贪污长款的事实。

分析：在实际工作中，一旦会计人员粗心大意就会导致记账发生错误，造成总账和明细账不符；若出纳人员素质不高，将长款据为己有，就会给企业带来损失。

无论是发生现金的盘亏还是盘盈，都应当通过调查分析确定其原因。对于盘亏，尤其要提高警惕，应进一步检查收付款凭证与总账，以确定现金盘亏是出纳员挪用公款或贪污公款所致，还是工作差错所致。

对于盘亏，如果是大额盘亏，则可定性为挪用或贪污并应对出纳员进行检查，促使其进一步交代问题，最终确定盘亏的原因；如果是小额盘亏，在发现其他可疑线索的情况下，由出纳员说明情况，并责令其即刻补交盘亏款项，应对其工作做出相应的行政处分。

对于盘盈，就应通过调查分析出纳员有无替代他人代管库存现金的情况(事实上，在盘点前，都应要求出纳事先声明)。如果盘盈的金额较小，一般可确定为出纳员在收付款时由于多收或少付造成的；如果金额较大，应考虑其是否为被查单位的“小金库”或其他舞弊问题，还需要进一步的综合调查分析来确定。

最后，特别是要责令出纳员交代问题，以便查清问题的真相。

二、违规出借账号

【例 2－16】 审计人员在进行审计时，发现某超市公司的银行对账单上借方和贷方各有同样的一笔数字，但是该公司的银行日记账上并没有反映这两笔收支。审计人员立即对其开户银行进行函证，最终发现该公司违反银行账户管理规定，出借银行存款账号的事实。

分析： 出借银行存款账号的情况多见于小企业和特殊行业的企业，这种情况一般是在对账单上先有一笔资金收入，在相近日期又有一笔资金支出，金额相等，常以整数出现。对于这种情况，要进一步追查资金的来源和去向，必要时可以进行函证，最后核对有关的销售合同，查明是属于出借账号还是收入没有入账。

三、利用未达账项

企业与银行之间，对同一项经济业务由于凭证传递上的时间差会形成一方已登记入账，而另一方因未收到相关凭证、尚未登记入账的情况，即发生未达账项。在一些企业中，会出现利用未达账项而谋取利益的情况。

【例 2－17】 某超市的出纳人员私自占用企业的资金，为了怕事情败露，在期末时做了一笔企业已收银行未收的未达账项进行调节。

分析： 一般来说银行对账单和企业的银行日记账是对不上的，原因是有未达账项，比如银行已收企业未收、企业未收银行已收等。审计人员一定要查看未达账项的期后情况，可以查看未达账项在后期是否入账了。

四、虚列开支、以权谋私的问题

【例 2－18】 某超市办公室人员频繁报销办公用品和劳保服装费用，经审计人员统计发票，日期相隔 3 个月的某大型商场发票居然连号，且出现日期顺序与发票号码顺序颠倒。为了进一步落实票据的真实性，审计人员利用盘点机会找员工了解是否曾发放劳保服装，员工告知从未发放过。这样，问题逐渐明朗化，后经总经理交代，该公司是利用报销办公用品和劳保用品的名义给领导人员购买商场购物卡用于私人消费，以权谋私。

分析： 该案例是通过抽查现场报销或者银行转账支票支付的费用票据，查找一些有疑点的报销单据，从而深入查处套取公款的非法行为。

在查账具体操作中，首先，要看发票是否按规定填写，注意发票号码有无在单位经济活动中短期内出现相连或相近，有无使用发票种类不符合经济业务的要求，大小写金额是否相符，字迹有无涂改、擦、补或颜色笔迹不相同现象，报销手续是否齐全。其次，一定额度以上的支付货款都应通过银行结算，若发现未通过银行结算支付货款时，应查明不通过银行结算的原因。然后，对付款另给收据或发票的应特别注意有无重复报销现象。最后，对专用收款收据（“三联单”）要特别注意详细认真审计。

第三章　收账权力的体现
——零售企业应收款项的会计核算

第一节　应收票据

一、应收票据的概念与类别

应收票据是指企业持有的、尚未到期的商业汇票。商业汇票是债务人所做的书面承诺，具有较强的法律效力。同时，应收票据可以背书转让或用于贴现等融资活动，具有较强的流动性。在我国，除商业汇票外大部分票据都是即期票据，可以即刻收款或存入银行成为货币资金，不需要作为应收票据核算。因此，在我国应收票据即指商业汇票。商业汇票的分类如图3-1所示。

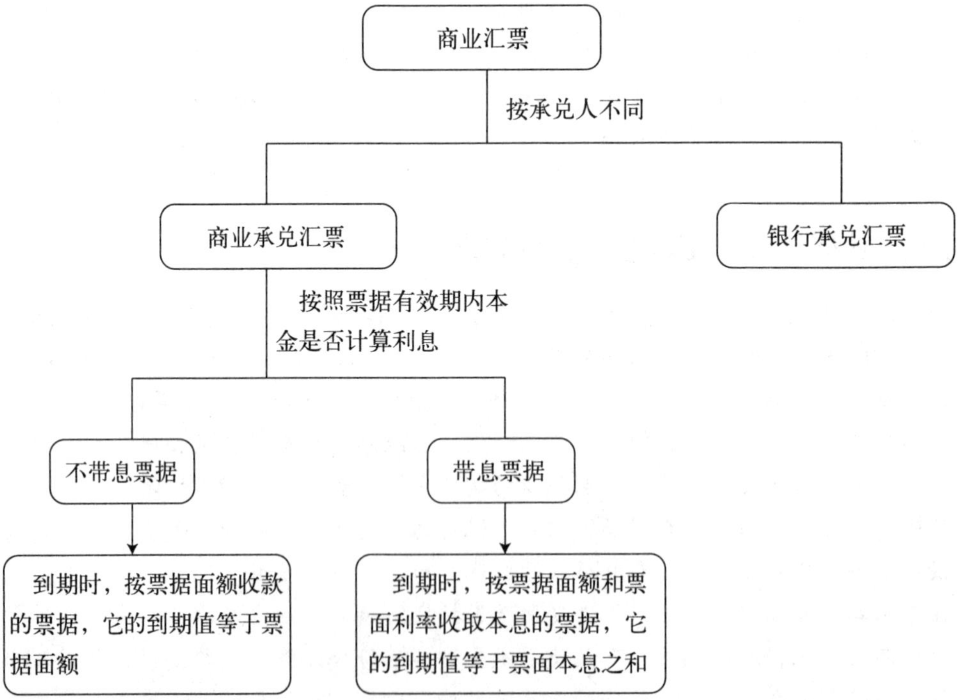

图3-1　商业汇票的分类

二、应收票据的会计核算

为了反映和监督企业应收票据的取得和回收情况，企业应当设置“应收票据”科目，该科目核算企业因销售商品、产品、提供劳务等而收到的商业汇票。“应收票据”的借方登记收到的应收票据面值及计提的利息，贷方登记到期收回、到期前向银行贴现或转入应收账款的票据面值及利息。科目期末借方余额，反映企业持有的商业汇票的票面价值和应计利息。

企业应当按照商业汇票的种类设置明细科目，并设置“应收票据备查簿”，逐笔登记每一张应收票据的种类、号数和出票日期、票面金额、票面利率、交易合同号和付款人、承兑人、背书人的姓名或单位名称、到期日、背书转让日、贴现日期、贴现率和贴现净额、未计提的利息，以及收款日期和收回金额、退票情况等资料，应收票据到期结清票款或退票后，应当在备查簿内逐笔注销。

应收票据的会计核算包括以下几方面的内容。

（一）应收票据的取得

按应收票据取得的不同原因，应作不同的会计处理。因债务人以票据抵偿前欠货款而取得的应收票据，借记“应收票据”科目，贷记“应收账款”科目；因企业销售商品、产品、提供劳务等而收到开出、承兑的商业汇票，应按应收票据的面值借记“应收票据”科目，按实现的营业收入贷记“主营业务收入”等科目，按专用发票上注明的增值税额贷记“应交税费——应交增值税（销项税额）”等科目。

【例3-1】某零售企业（一般纳税企业）销售一批产品给A公司，货已发出，货款50 000元，增值税为8 500元。按合同规定，3个月以后付款。A公司交给该企业一张不带息3个月到期的商业承兑汇票，面额58 500元。该企业的会计分录如下。

（1）收到商业承兑汇票时：

借：应收票据　　58 500

　　贷：主营业务收入　　50 000

　　　　应交税费——应交增值税（销项税额）　　8 500

（2）3个月后，票据到期，该企业收回款项58 500元，存入银行：

借：银行存款　　58 500

　　贷：应收票据　　58 500

（3）若到期时A公司无力偿还票款，应将到期票据的面额转入“应收账款”科目：

借：应收账款　　58 500

　　贷：应收票据　　58 500

（二）应收票据的计息

收到带息应收票据，除按上述原则进行处理外，还应于期末按应收票据的票面价值和确定的利率计提利息，计提的利息将会增加应收票据的余额，借记“应收票据”科目，贷记“财务费用”科目。到期不能收回的带息应收票据，应转入“应收账款”科目，期末不再计提利息，待实际收到账款时再将计提的利息冲减财务费用。票据利息计算公式如下：

应收票据利息 = 应收票据面额 × 票面利率 × 期限

【例3-2】接【例3-1】，若A公司交给该企业的商业承兑汇票的票面利率为5%，则每月月末作以下会计处理：

票据利息 = 58 500 × 5% ÷ 12 = 243.75（元）。

借：应收票据　　243.75

　　贷：财务费用　　243.75

（三）应收票据的贴现

应收票据的贴现是指票据的持有人因急需资金，将未到期的商业汇票背书后转让给银行，银行受理后，从票面金额中扣除按银行的贴现率计算确定的贴现息后，将余额付给企业的业务。票据贴现实质上是企业融通资金的一种方式。

票据贴现的有关计算公式如下：

不带息票据：

贴现净额 = 票据面值 − 贴现利息

贴现利息 = 票据面值 × 贴现率 × 贴现期

贴现期 = 票据期限 − 企业已持有的票据期限

带息票据：

贴现净额 = 票据到期值 − 贴现利息

贴现利息 = 票据到期值 × 贴现率 × 贴现期

贴现期 = 票据期限 − 企业已持有的票据期限

票据到期值 = 票据面值 + 票据利息 = 票据面值 ×（1 + 票面利率 × 票据期限）

按照中国人民银行《支付结算办法》的规定，实付贴现金额按到期价值扣除贴现日至票据到期前一日利息计算。承兑人在异地的，贴现利息的计算期应另加3天的划款期。

企业持未到期的不带息汇票向银行贴现，应根据银行盖章退回的贴现凭证第四联收账通知，按实际收到的金额（即减去贴现息后的净额），借记“银行存款（贴现净额）”“财务费用（贴现息）”科目，贷记“应收票据（账面余额）”科目。

若企业持未到期的带息票据向银行贴现，应按实际收到的金额，借记“银行存款（贴现净额）”科目，贷记“应收票据（账面余额）”科目。

【例3-3】某零售企业于2013年6月10日将一张3月10日签发，5个月期限，票面价值100 000元的不带息商业汇票向银行贴现，银行贴现率为9%。会计分录如下：

贴现期为2个月。

到期值=100 000(元)。

贴现利息=100 000×9%×2/12=1 500(元)。

贴现净额=100 000-1 500=98 500(元)。

借：银行存款	98 500	
财务费用	1 500	
贷：应收票据		100 000

【例3-4】若【例3-3】中，贴现的票据为带息票据，票面利率为8%，其他条件不变。则会计分录如下：

到期值=100 000×(1+8%×5/12)=103 333(元)。

贴现利息=103 333×9%×2/12=1 550(元)。

贴现净额=103 333-1 550=101 783(元)。

借：银行存款	101 783	
贷：应收票据		100 000
财务费用		1 783

贴现的商业承兑汇票到期，因承兑人的银行账户不足支付，申请贴现的企业收到银行退回的应收票据、支款通知和拒绝付款理由书或付款人未付票款通知书时，按所付本息，借记“应收账款”科目，贷记“银行存款”科目；如果申请贴现企业的银行存款账户余额不足，银行作逾期贷款处理时，应按转作贷款的本息，借记“应收账款”科目，贷记“短期借款”科目。

(四)应收票据的转让

企业需采购物资或抵偿债务，但无足够的货币资金时，可以将持有的未到期的应收票据背书转让，即在应收票据的背面签字后转让给收款人。但在票据到期时，如果票据的签发人无力支付票款，则背书人应负连带责任。

企业将持有的应收票据背书转让取得所需物资时，按应计入取得物资成本的价值，借记“原材料”“库存商品”等科目；按专用发票上注明的增值税税额，借记“应交税费——应交增值税(进项税额)”科目；按应收票据的账面余额，贷记“应收票据”科目；按实际收到或支付的金额，借记或贷记“银行存款”等科目。

如为带息应收票据，将持有的应收票据背书转让取得所需物资时，按应计入取得物资成本的价值，借记“原材料”“库存商品”等科目；按专用发票上注明的增值税税额，借记“应交税费——应交增值税(进项税额)”科目；按应收票据的账面余额，贷记“应收票据”

科目；按尚未计提的利息，贷记“财务费用”科目；按实际收到或支付的金额，借记或贷记“银行存款”等科目。

企业应当设置“应收票据备查簿”，逐笔登记每一应收票据的种类、号数和出票日期、面值、利率、承兑人、贴现率和贴现净额、未计提的利息以及收款日期和收回额、退票情况等资料，应收票据到期结清票款或退票后，应当在备查簿中注销。

（五）应收票据到期

应收票据到期，应根据以下不同情况作相应会计处理：

（1）收回应收票据，按实际收到的金额，借记“银行存款”科目；按应收票据的账面余额，贷记“应收票据”科目；按其差额，贷记“财务费用”科目。

【例3－5】某零售企业持有的不带息、面额为50 000元、期限6个月的商业汇票到期，收到货款50 000元，作会计分录如下：

借：银行存款　　50 000

　　贷：应收票据　　50 000

（2）因付款人无力支付票款，收到银行退回的商业承兑汇票、委托收款凭证、未付票款通知书或拒绝付款证明等，按应收票据的账面余额，借记“应收账款”科目，贷记“应收票据”科目。

【例3－6】某零售企业持有的一张面值为50 000元、6个月期限的商业承兑汇票，到期未能收到票款。作会计分录如下：

借：应收账款　　50 000

　　贷：应收票据　　50 000

（3）到期不能收回的带息应收票据，转入“应收账款”科目核算后，期末不再计提利息，其应计提的利息在有关备查簿中进行登记，待实际收到时冲减收到当期的财务费用。

【例3－7】某零售企业持有的一张面值为50 000元、6个月期限、利率8%的商业承兑汇票，到期未能收到票款。作会计分录如下：

借：应收账款　　52 000

　　贷：应收票据　　52 000

需要说明的是，企业持有的应收票据，不得计提坏账准备，实际发生损失时直接冲减应收票据即可。

第二节　应收账款

一、应收账款的确认与核算

应收账款是指企业在正常经营活动中，因销售商品、产品、提供劳务等，应向购货单位或接受劳务单位收取的款项，包括向客户收取的货款、增值税税款和为客户代垫的运杂费。在资产负债表上，应收账款列为流动资产，其范围是指那些预计在一年或超过一年的一个营业周期内收回的应收款项。

核算应收账款，应确定入账时间和入账价值，即应收账款应于销售收入实现时按销售收入的实际发生额计价入账，以保证正确反映应收账款的形成、收回情况，合理地确认、计量坏账损失。在发生商业折扣时，应当考虑有关的折扣和折让因素。

企业应设置“应收账款”科目，核算应收账款的增减变动及结果。不单独设置“预收账款”科目的企业，预收的款项也在“应收账款”科目核算。该科目借方登记企业因销售商品、产品、提供劳务等而应收取的款项，企业代购货方垫付的包装费、运杂费等代垫的费用；贷方登记应收账款的收回及确认的坏账损失。科目期末借方余额，反映企业尚未收回的应收账款；期末如为贷方余额，反映企业预收的款项。“应收账款”科目应按不同的债务人设置明细账，进行明细核算。

企业发生应收账款时，按应收金额，借记“应收账款”科目；按实现的销售收入，贷记“主营业务收入”“其他业务收入”等科目；按专用发票上注明的增值税税额，贷记“应交税费——应交增值税(销项税额)科目。收回应收账款时，借记“银行存款”等科目，贷记“应收账款”科目。

企业代购货单位垫付的包装费、运杂费等，借记“应收账款”科目，贷记“银行存款”等科目；收回代垫费用时，借记“银行存款”科目，贷记“应收账款”科目。

企业应收款项改用商业汇票结算，在收到承兑的商业汇票时，按票面价值，借记“应收票据”科目，贷记“应收账款”科目。

【例3-8】某零售企业于2014年1月15日赊销给A公司一批货品，货款为2 000 000元，应收取增值税税额340 000元，以银行存款代垫运杂费10 000元。会计分录如下：

借：应收账款——A公司	2 350 000	
贷：主营业务收入		2 000 000
应交税费——应交增值税(销项税额)		340 000
银行存款		10 000

1月20日，A公司签发了一张面值为2 350 000元、期限为3个月的不带息票据。则某公司应作会计分录如下：

借：应收票据　2 350 000
　　贷：应收账款——A 公司　2 350 000

二、应收账款的融资

应收账款融资是以应收账款作为担保品来筹措资金的一种方法，具体分为应收账款抵押和应收账款让售。应收账款抵押融资的做法是指由借款企业(即有应收账款的企业)与经办这项业务的银行或公司订立合同，企业以应收账款作为担保，在规定期限内(通常为一年)企业向银行借款融资。应收账款让售是指企业将应收账款出让给专门以购买应收款为业的应收款托收售贷公司，以筹集资金。

应收债权融资是企业为尽快收回现金，以应收债权转移给银行等金融机构，实现提早变现的融资方式。应收债权融资主要有以下两种形式。

(一)应收账款抵押融资

在这种方式下，应按照实际收到的款项，借记"银行存款"科目；按实际支付的手续费，借记"财务费用"科目；按银行借款本金并考虑借款期限，贷记"短期借款"等科目。

【例3－9】某零售企业将一笔1 000 000元的应收账款作为质押向银行借款，银行根据应收账款的质量同意提供1年期借款750 000元，并要求企业按质押的应收账款总额的1%支付手续费，手续费在放款时提前扣除，这项经济业务的会计分录如下：

借：银行存款　740 000
　　财务费用　10 000
　　贷：短期借款　750 000

(二)应收账款让售

应收账款让售就是出售应收账款，即指企业通过向金融机构出售自己拥有的应收账款筹措资金的一种筹资方式。目前在我国，应收账款让售这种融资方式还没有得以广泛应用。不过，随着市场经济的深入发展，相信这种筹资方式将在我国得到很大的发展。一般来说，应收账款让售可分为无追索权让售和有追索权让售两种情况。

1. 无追索权让售

无追索权让售是指应收账款购买方即金融机构要承担收取应收账款的风险，即承担应收账款的坏账损失，而出售方则承担销售折扣、销售折让或销售退回的损失。为此，金融机构在购买应收账款时，一般要按一定比例预留一部分余款，以备抵让售方应承担的销售折扣、折让或退回的损失，待实际发生销售折扣、折让或退回时，再予以冲销。因此，在会计处理上，出售方企业应按实际收到的款项增加货币资金，支付的手续费计入财务费用，金融机构预留的款项计入其他应收款，并冲减应收账款的账面价值，待金融机构实际收到应收账款时，再根据实际发生销售折扣、折让或退回的具体情况，同出售方企业进行最后结算。

【例3－10】某零售企业于2013年1月1日将500 000元的应收账款以无追索权方式出售给当地某家银行，该银行按应收账款面值的4%收取手续费，并按应收账款面值的5%预留账款，以备抵可能发生的销售折扣、折让或退回；2013年5月10日，该银行实收账款480 000元，发生销售折扣、折让和销售退回17 550元(含税金额，增值税率为17%)，实际发生坏账损失2 450元；2013年6月1日该企业与银行进行最后结算。根据上述资料，该企业会计处理如下。

(1)2013年1月1日出售应收账款：

借：银行存款	455 000	
其他应收款	25 000	
财务费用	20 000	
贷：应收账款		500 000

(2)2013年5月10日收到款项，实际发生销售折扣、折让和销售退回：

借：主营业务收入	15 000	
应交税费——应交增值税(销项税额)	2 550	
贷：其他应收款		17 550

(3)2013年6月1日与银行进行最后结算：

银行应补付的资金＝25 000－17 550＝7 450(元)。

借：银行存款	7 450	
贷：其他应收款		7 450

2. 有追索权让售

有追索权让售应收账款的会计处理如图3－2所示。

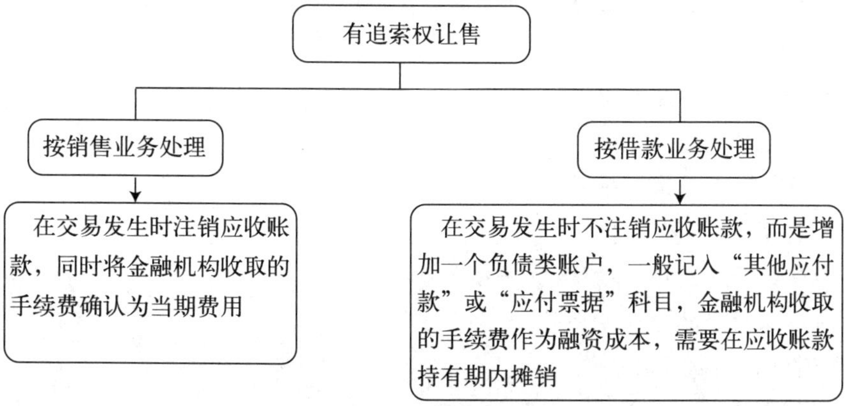

图3－2　有追索权让售应收账款的会计处理

第三节 预付账款与其他应收款

一、预付账款

预付账款是指企业按照购货合同或劳务合同的规定，预先付给供应单位的款项。企业为在建工程预付的工程价款，也通过“预付账款”核算。

根据《小企业会计准则》规定，预付款项较多的企业，也可设置“预付账款”科目。企业因购货而预付的款项，借记“预付账款”，贷记“银行存款”等科目。收到所购物资，按照应计入购入物资成本的金额，借记“在途物资”“原材料”“库存商品”等科目；按照应交增值税进项税额，借记“应交税费——应交增值税(进项税额)”科目；按照应支付的金额，贷记“预付账款”科目。补付的款项，借记“预付账款”，贷记“银行存款”等科目；退回多付的款项，做相反的会计分录。预付款项情况不多的企业，也可以将预付的款项直接记入“应付账款”科目的借方，不设置本科目。

“应付账款”和“预付账款”科目的期末借方余额反映企业实际预付的款项，属于资产，在编制会计报表时，应列示在“预付账款”项目；“应付账款”和“预付账款”科目的期末贷方余额反映企业尚欠支付的金额，属于负债，在编制会计报表时，应列示在“应付账款”项目。“预付账款”科目应按供应单位设置明细账，进行明细核算。

按照《小企业会计准则》的规定，确认预付账款实际发生的坏账损失时，应当按照可收回的金额，借记“银行存款”等科目，按照其账面余额，贷记“预付账款”科目，按照其差额，借记“营业外支出”科目。

【例3-11】某零售企业2015年4月10日根据购货合同向A公司预付货款20 000元。5月10日收到所购商品，增值税专用发票上注明商品的价款为30 000元，增值税额为5 100元。5月10日，向A公司支付剩余货款15 100元。会计分录如下：

(1)预付货款时：

借：预付账款——A公司　　20 000

　　贷：银行存款　　20 000

(2)收到商品时：

借：库存商品　　30 000

　　应交税费——应交增值税(进项税额)　　5 100

　　贷：预付账款——A公司　　35 100

(3)支付其余的款项时：

借：预付账款——A公司　　15 100

　　贷：银行存款　　15 100

二、其他应收款

其他应收款是指企业除应收票据、应收账款、应收股息以外的其他各种应收、暂付款项，包括不设置“备用金”科目的企业拨出的备用金、应收的各种赔款、罚款，应向职工收取的各种垫付款项等。

其他应收、暂付款主要包括的内容如图 3－3 所示。

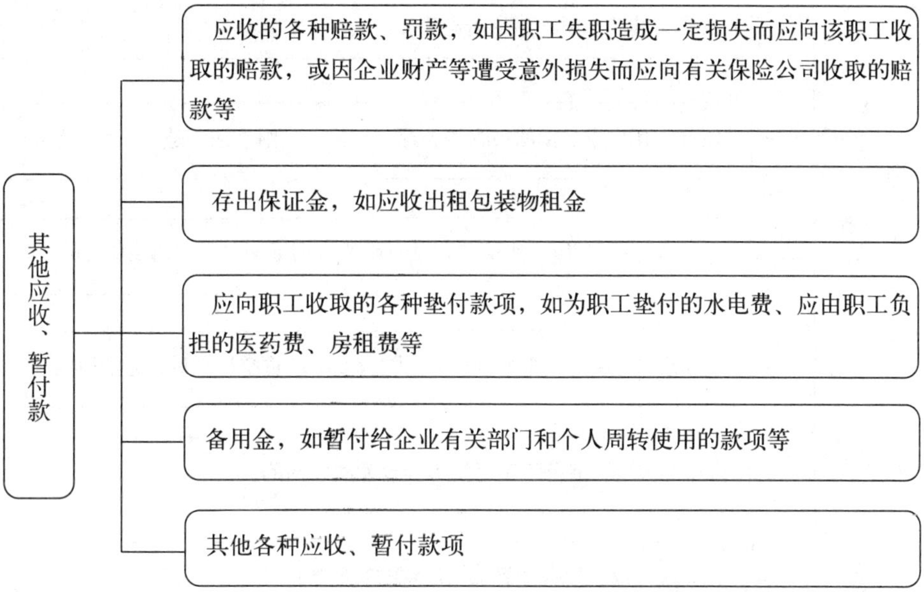

图 3－3　其他应收、暂付款的主要内容

企业应设置“其他应收款”科目对上述内容进行核算。在发生各种其他应收款项时，借记“其他应收款”科目，贷记有关科目。收回各种款项时，借记有关科目，贷记“其他应收款”科目。

“其他应收款”中所包括的内容是相当繁杂的。在实际生活中，由于一些企业内部管理不严，其他应收款长期得不到清理，致使其他应收款金额巨大，这应当引起高度重视。

第四节　坏账及其核算

在市场经济条件下，由于广泛采用商业信用，企业在赊销产品或提供劳务时，可能会因顾客没有能力或不愿支付(具体是购货人拒付、破产、死亡等原因)导致应收账款无法收回的款项，在会计上称为坏账。由于坏账而产生的损失，称为坏账损失。

一、坏账损失的确认

确认坏账损失要有完整的程序。企业确认坏账损失的条件比较特殊，必须取得充分、确凿的证据才能予以确认。企业应收、预付款项符合下列条件之一的，减除可收回金额后确认的无法收回的应收及预付款项，可以作为坏账损失。确认坏账的条件如图 3－4 所示。

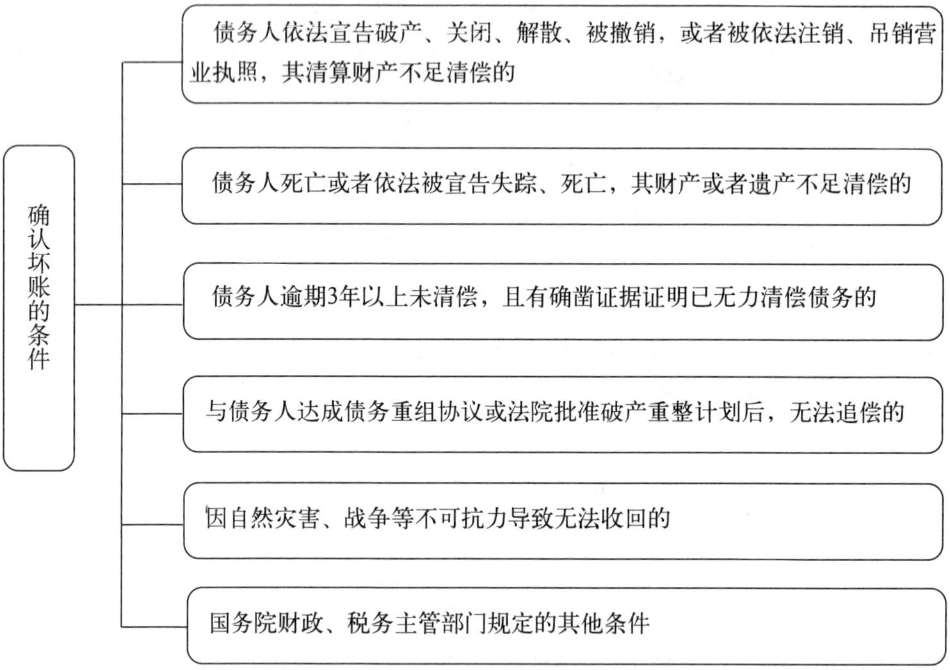

图 3－4　确认坏账的条件

二、坏账损失的会计核算

应收及预付款项实际发生坏账时，应当作为损失计入当期管理费用，同时冲销应收及预付款项。

第五节　应收款项涉及的税务问题

应收款项是零售企业经常使用的科目，是零售企业在经营过程中形成的各种债权。企业提供的主要是各种商品，如果客户不是立即结账，而是赊购或无法支付货款，就形成应收款项。在会计核算中，涉及应收账款核算的税务问题主要表现在零售企业利用应收及预付款账户调整产品成本，影响当期损益，以达到规避税费的目的。

一、利用往来科目隐瞒收入的问题

【例3-12】某超市向某公司销售产品，结算后却不确认收入，而是首先按相同金额用资金支付一笔款项作为预付账款核算，即借记“预付账款”，贷记“银行存款”或“库存现金”，让人误以为是购买物品所支付的预付款，之后某个时间再将此收入的资金编制相反的会计分录，即借记“银行存款”或“库存现金”，贷记“预付账款”，视同退款。

分析：该账务处理违反了税法的相关规定。预付账款是企业按照购货合同规定预付给供应单位的款项，一般按实际付出的金额入账。但在有些企业中，预付账款却不是真正意义上的预付资金，而是发挥着隐瞒收入的作用。该案例中采取的方式，就是在取得收入时，借记“银行存款”科目、贷记“预付账款”科目，以后再借记“预付账款”科目、贷记“库存现金”科目进行销账，其目的就是隐匿收入、偷逃税金。

二、隐瞒购销业务

【例3-13】A超市是B企业的长期客户，该超市主要采用赊购的方式购买B企业的产品。B企业相应的账务处理为借记“应收账款”，贷记“主营业务收入”。年底收到欠款进行结算时，B企业的账务处理本应该为借记“银行存款”或“库存现金”，贷记“应收账款”，但是由于B企业需要向超市购买管理用品，于是双方达成私下协议，A超市可以用所欠账项抵销B公司购买管理用品的价款，双发都不再反映“应收账款”“主营业务收入”等科目。

分析：该账务处理违反了税法的相关规定。应收账款是核算企业因销售商品、材料、提供劳务等，应向购货单位收取的款项，以及代垫运杂费。B企业向A超市提供产品而产生的应收账款，应该按时反映、及时收回，不能因为B企业向A超市购买物品，往来款项就不在账面上反映。双方这么做是因为要达到收入支出账外核算，以此规避相关税费。

第六节　应收款项涉及的审计问题

一、为达成销售任务虚增收入

【例3-14】ABC会计师事务所审计人员A在审计B超市时发现其12月份利润表中的利润比其他几个月份高出好几倍，通过详细的审查发现该公司的一笔销售收入未结转成本，且对应的应收账款款项户名经函证查无此单位。经过审查财务人员，才知道是超市经理为完成销售任务而在年底虚增了一笔收入。

分析：一般情况下企业都倾向于隐匿收入，但是有些零售企业经营方式比较特殊，采取承包制，承包人为了体现经营业绩或是为了完成承包任务就会利用年底结账的机会，人为地虚列销售收入、挂往来账、虚增利润。待下一年年初再用红字将此笔虚列的往来账冲销掉。这种问题需要关注该企业的经营是否以业绩作为考核目标，承包人是否有作假的动机，利润的变化是否有异常。

二、利用应收款项放贷，利息未计收入

【例3-15】某零售企业收到外单位还来的欠款时，不在银行日记账反映，而是同时签发相同金额的转账支票，有偿转借给另一个单位，对付出银行存款也不反映在银行日记账中，将两笔业务合并记作：借记“应收账款——甲公司”，贷记“应收账款——乙公司”。收取利息后不记收入，而是转入“小金库”。审计人员在对该公司审计时，发现这笔相反借贷关系的账务处理违反常规，立即进行核实，利用应收账款违规放贷事实最终浮出水面。

分析：根据国家有关规定，企业间可以互相拆借资金，但是有些企业却采取不正当的方式违规放贷，逃避利息收入，上述案例就是零售企业利用应收账款放贷，将利息收入转入“小金库”。查找此类问题，最主要的是要弄清该单位应收账款的性质，是由于正常的经营业务形成的，还是没有任何实质内容的虚构业务。向银行和对方单位的取证非常重要，可以看到整个资金的走向。对方单位支付的款项(实质是利息)如果没有在企业的账上反映，就可以认定为“小金库”。

三、存在关联关系

【例3-16】A公司和B零售企业没有任何业务上的往来，A公司也从未收到过B企业的任何资金，但是A公司的负责人与B企业的财务主管是夫妻关系，于是A公司负责人就以收取一定使用费为条件，在审计人员的函证中证明该公司收到A公司的预付款，给审计人员的工作制造了很大的障碍，使两个公司的会计核算失去了真实性。

分析：企业的预付款业务必须以有效合法的供应合同为基础，而实际工作中有的企业的预付款业务根本无对应的合同，而是利用预付款这一中转站往来搭桥，为他人进行非法结算，将所得回扣或佣金据为己有；或利用该项业务转移资金、隐匿收入、私设“小金库”或私分。查找此类问题的关键点在于除了函证外，还要对资金的去向作必要的追踪，这样才能找出隐藏的问题。

四、核销坏账、据为己有的问题

【例3-17】A公司2010年曾购买B超市的商品，共计50 000元，但由于A公司经营绩效不好，虽然超市多方催促仍未归还货款。B超市几经人事变动，负责此事的人都早已离职，由于其他人员都不过问此事，2013年B超市会计王某将长期挂账、多年的应收未收回款项，做坏账处理。2014年当王某得知A公司按规定还要继续偿还以前的债务时，

就到 A 公司索要原欠款 50 000 元现金并据为己有。

分析：审计人员在对该企业应收账款进行函证时，发现了这起会计人员违规事实。零售企业会计对尚能收回的货款作为坏账转销，然后到对方要回全部欠款，将其据为己有，一切账务处理看似“天衣无缝”。对于这种情况，其实只要通过函证的形式进一步追查应收款项的对方单位，必要时甚至可以去对方单位核对相关账务、落实资金去向，便可以水落石出。

第四章　小也有价值——零售企业周转材料的会计核算

第一节　低值易耗品

零售企业为了开展正常的业务经营活动，必须备有一定数量的办公用具等物品，这些物品称为低值易耗品。低值易耗品是指单位价值比较低，使用期限比较短的劳动资料，如柜台、货架、桌椅、衡器和一些简易设备。按现行准则规定，低值易耗品是指不属于主要生产经营设备，其使用年限不超过两年并且单位价值不超过 2 000 元的物品。

一、低值易耗品的核算特点

从经营过程来看，低值易耗品可以在若干个经营周期中发挥作用而不改变原有实物形态，其价值不是一次或全部转移，而是随着实物损失而转移，报废时往往有一定残余价值。低值易耗品的性质与固定资产相同，同是属于劳动资料，都是可以多次使用而不改变其形态的，有一定残值，在使用中需要修理等。但两者之间也有一些不同之处，固定资产单位价值高、使用时间长，以折旧形式补偿价值损耗，提取折旧时间较长；而低值易耗品单位价值低、使用时间短，其价值损耗以摊销方法摊入费用，摊销期较短。因此，为了便于管理，将低值易耗品列为流动资产范围进行核算。

低值易耗品一般分为以下几大类，如图 4－1 所示。

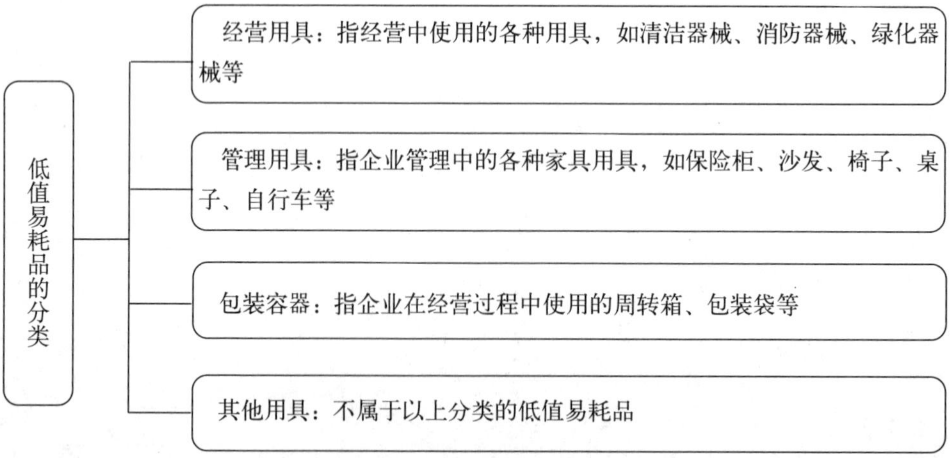

图 4－1　低值易耗品的分类

低值易耗品的核算是通过“低值易耗品”账户进行的，它是资产类账户，用来核算企业所有低值易耗品的原始进价，加上可以直接认定的运费作为其成本。如数额较小、品种难以划分，也可列入“管理费用——低值易耗品摊销”账户：借方登记购入及其他原因引起的增加数，贷方登记摊销、废弃、出售及其他原因引起的减少数，其借方余额表示所有在库低值易耗品的实际成本和在用低值易耗品的摊余价值。为了正确反映低值易耗品的在库、在用及摊销情况，应在“低值易耗品”账户下设置“库存低值易耗品”“在用低值易耗品”和“低值易耗品摊销”三个明细账户。

二、低值易耗品购进的会计核算

低值易耗品购进的会计核算与材料购进的会计核算基本相同，即对企业购入并已验收入库的低值易耗品，按实际成本，借记“低值易耗品”科目；按专用发票注明的增值税税额，借记“应交税费——应交增值税(进项税额)”科目，贷记“银行存款”“应付账款”等科目。对购入尚未验收入库的低值易耗品，按实际成本，借记“在途物资”科目；按专用发票上注明的增值税税额，借记“应交税费——应交增值税(进项税额)”科目，贷记“银行存款”“应付账款”等科目。待验收入库时，借记“低值易耗品”科目，贷记“在途物资”科目。

三、低值易耗品摊销的会计核算

在编制资产负债表时，我国会计准则将低值易耗品纳入存货范围，但日常会计核算既不同于存货，也不同于固定资产。生产、施工领用低值易耗品，通常采用一次转销法，按照其成本，借记“生产成本”“管理费用”“工程施工”等科目，贷记“低值易耗品”科目。

金额较大的低值易耗品，也可以采用分次摊销法，领用时应按照其成本，借记“低值易耗品——在用”，贷记“低值易耗品——在库”；按照使用次数摊销时，应按照其摊销额，借记“生产成本”“管理费用”“工程施工”等科目，贷记“低值易耗品——摊销”。

(一)一次摊销法

一次摊销法是指在领用低值易耗品、出租出借包装物等时，将其实际成本一次计入有关费用科目的一种方法。低值易耗品、包装物虽都归属材料一类，但它们都与一般消耗材料不同，能使用较长时期，理应将其损耗价值分次摊作费用。但对价值较低、使用期较短、容易损坏的低值易耗品和包装物，为了简化核算手续，往往采用一次转销方法，按其实际成本在领用时从“低值易耗品”“包装物”等科目一次转入有关费用科目，并不在账上反映其在用价值。采用这一方法时，虽对在用低值易耗品和包装物价值在账上不加核算，仍应加强实物管理，对领用实物数量在领用表等进行登记或采用以旧换新等办法，以防止丢失或挪用。

一次摊销法核算简便，适用于一次领用低值易耗品价值比较小的情况下。如果一次领用低值易耗品的价值较大，采用该法将会造成领用月份成本、费用负担过多，从而影响到产品成本或利润的准确性。此外，一次转销法会造成账外资产，不利于对账外资产的实物管理，为了弥补这一缺陷，应对账外资产设置“备查登记簿”，以便进行实物监督。

【例4-1】2013年4月2日，某零售企业销售部门领用塑料包装袋一批，成本2 300元，采用一次摊销法。企业的账务处理如下：

借：销售费用　　2 300

　　贷：低值易耗品　　2 300

(二)分次摊销法

分次摊销法是指根据低值易耗品的原价和预计使用期限，将低值易耗品分次摊入成本、费用的方法，适用于使用时间较长、单位价值较高或一次领用数量较大的低值易耗品的摊销。采用分次摊销法时，应加强实物管理，并在备查簿上进行登记。

分次摊销法虽然能使各月负担的低值易耗品价值比较均衡，但核算工作量较大。因而，这种方法一般适用于单位价值较高，使用期限较长的低值易耗品，或一次领用数量较多，累计价值较大的低值易耗品。该法也同样会造成账外资产的实物管理问题，同样可设备查簿进行实物监督。

【例4-2】2013年6月，某零售企业的销售部门领用低值易耗品80件，其实际成本共计6 000元，使用期限6个月，期末无残值。根据上述资料，编制有关会计分录如下。

(1)领用时：

借：低值易耗品——在用　　6 000

　　贷：低值易耗品——在库　　6 000

(2)每月摊销 = 6 000 ÷ 6 = 1 000(元)。

借：销售费用　　1 000

　　贷：低值易耗品——在用　　1 000

其余月份摊销分录同上。

四、低值易耗品修理和报废的核算

(一)低值易耗品的修理

低值易耗品在使用过程中会发生损坏，为了延长其寿命，充分发挥其使用效能，必须做好在用低值易耗品的日常维修工作。所发生的修理费用，在“管理费用——修理费”科目列支。

（二）低值易耗品的报废

对于不能继续使用的低值易耗品，应填制“低值易耗品报废单”办理报废手续。报废时应按不同的摊销方法进行账务处理。如图 4－2 所示。

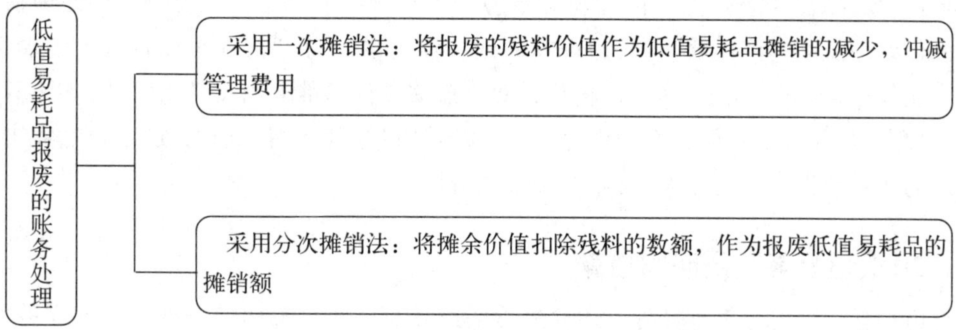

图 4－2　低值易耗品报废的账务处理

五、低值易耗品出售的会计核算

企业有多余或不需用的低值易耗品，可以出售给其他单位，按质论价进行结算。新的低值易耗品出售，可直接减少“低值易耗品——在库”科目数额；如属在用的，要减少“低值易耗品——在用”科目及摊销明细科目的数额。

【例 4－3】某零售企业出售在用电子秤 2 只，每只实际成本为 500 元，已摊销 50%，按账面摊余价值出售。款已收到，存入银行，其会计分录如下：

借：银行存款　500
　　低值易耗品——低值易耗品摊销　500
　　贷：低值易耗品——在用电子秤　1 000

如果出售的价格大于或小于账面摊余价值，其差额应调整低值易耗品的摊销额，或增加“管理费用——低值易耗品摊销”账户数额。

如果按质论价，该种电子秤每只 300 元，其会计分录如下：

借：银行存款　300
　　低值易耗品——低值易耗品摊销　500
　　管理费用——低值易耗品摊销　200
　　贷：低值易耗品——在用电子秤　1 000

六、低值易耗品的清查盘点与明细核算

（一）低值易耗品的清查盘点

低值易耗品在清查盘点中的盘盈和盘亏要及时调整账面数字，转入“待处理财产损溢——待处理流动资产损溢”科目，查明原因，经批准后分别情况予以转账。属于溢余，作为企业收益，记入“营业外收入”科目；属于短缺责任事故，由责任人赔偿，以“其他应收款”处理；属于原因不明，作为企业损失，以增加“管理费用”处理；属于自然灾害等原因造成的非常损失，应当计入“营业外支出”科目。

（二）低值易耗品的明细核算

低值易耗品除总分类核算外，还要进行明细核算。财会部门应按低值易耗品的类别、品种分户设置明细分类账，进行数量金额双重核算。物资保管部门也要按类别、品名设置保管账，使用部门或个人设置保管卡，进行数量核算，各部门之间的账账、账卡要定期进行核对，以保证账账、账物相符。

第二节　包装物

一、包装物概述

零售企业的包装物是组织商品流通过程中用于盛装和包扎商品的物资。包装物的种类很多，使用情况也较复杂，有的专为储存商品之用，不随商品流通，如油柜、糖柜、酒坛等；有的供包扎商品被一次性消耗，如纸袋、纸盒、纸绳、铁丝、铁皮、塑料袋等；有的是作为企业经营而购进的包装物；有的随商品流通而多次周转使用，如麻袋、木桶、铁桶、木箱等。按《小企业会计准则》规定，专为储存商品用的容器，应按价值大小与使用年限长短，分别以固定资产或低值易耗品核算；使用一次就消耗掉的包装物品，购进时作为材料物资核算，使用时列入费用开支；作为商品经营而购进的包装物，包括回收企业收进的包装物应在“库存商品”科目核算；只有随商品流通多次周转使用的自有包装物才属于包装物的核算范围。

包装物的核算是在“包装物”账户进行的。“包装物”账户是资产类账户，用来核算企业库存的各种包装物的实际成本（包括进价和运杂费等）：借方登记包装物的购进、盘盈等增加数，贷方登记包装物出售、盘亏、摊销、废弃等减少数，借方余额表示结存包装物的实际成本。如果核算企业的包装物金额比较大，且涉及包装物的业务比较多，也可以设立“包装物”一级科目，进行会计核算。

“包装物”账户核算范围如图 4－3 所示。

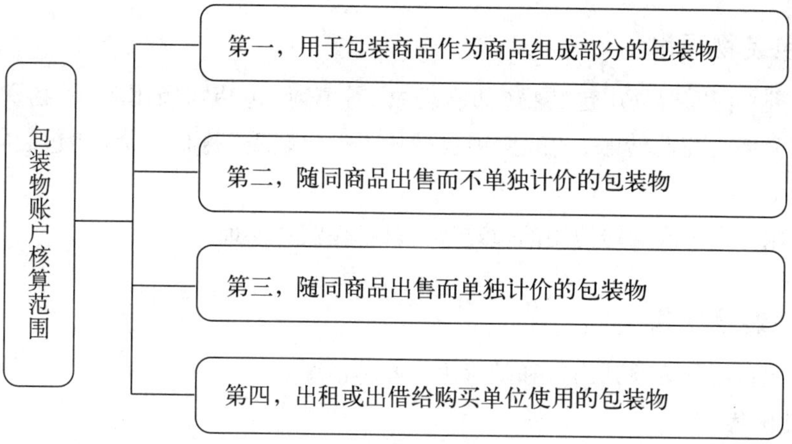

图 4－3　“包装物”账户核算范围

“包装物”账户应分库存包装物、出租包装物、出借包装物、摊销包装物设置明细账户。

二、包装物的会计核算

（一）购进包装物

企业购入并已验收入库的包装物，按照实际成本，借记“包装物”科目，贷记“在途物资”“应付账款”等科目。涉及按照税法规定可抵扣的增值税进项税额的，还应当借记“应交税费——应交增值税(进项税额)”科目。

购入的包装物已经到达并已验收入库，但在月末尚未办理结算手续的，可按照暂估价值入账，借记“包装物”科目，贷记“应付账款——暂估应付账款”科目；下月初用红字做同样的会计分录予以冲回，以便下月收到发票账单等结算凭证时，按照正常程序进行账务处理。

自制并已验收入库的材料，按照实际成本，借记“包装物”科目，贷记“生产成本”科目。

【例 4－4】某零售企业购进商品一批，计货款 11 800 元，随货购进包装纸箱 40 只，每只计价 5 元，共 200 元，进项税额 2 040 元，支付运费 100 元，商品已验收入库，货款及运费以银行存款支付。

借：库存商品——××	11 800
包装物——纸箱	200
应交税费——应交增值税(进项税额)	2 040
销售费用——进货运费	100
贷：银行存款	14 140

（二）包装物领用

企业业务部门需要领用包装物（如麻袋），需填列“包装物领用单”，物资保管部门凭此发出，财会部门凭此转账，借记“销售费用——包装费”科目，贷记“包装物——麻袋”科目。

如属领用可供多次周转使用的包装物，可不作账务处理。

（三）包装物出售

包装物出售可分为单独出售和随货出售两种情况。

1. 单独出售

零售企业的包装物一般自用，不对外单独出售。如有多余或不需用时，也可出售。包装物单独出售时，可将收入价款直接冲减“包装物”账户。如发生售价与账面价值不一致时，可将其差额列入“其他业务收入”和“其他业务支出”账户处理。如出售的为旧包装，可视同包装物的摊销，将其摊销额与实际售价的差额列入或冲减“销售费用——包装费”处理。

【例4－5】某零售企业出售不需用包装物一批，售价为200元，应交增值税税率17%，计34元，该批包装物的账面价值为180元，作会计分录如下：

（1）收到价款，存入银行。

借：银行存款	234	
贷：其他业务收入		200
应交税费——应交增值税（销项税额）		34

（2）结转包装物成本。

借：其他业务支出	180	
贷：包装物——××		180

如属旧包装物，则会计分录如下：

借：银行存款	200	
贷：销售费用——包装费		20
包装物——××		180

如售价为200元，包装物账面价值为220元，则其会计分录如下：

借：银行存款	200	
销售费用——包装费	20	
贷：包装物——××		220

2. 随货出售

随货出售包装物，可分为单独计价和不单独计价两种。

随货出售单独计价的包装物，在出售时，应在发货票上分别列出商品和包装物的售价，同时计算应交纳的增值税，其核算与包装物单独出售相同。

【例4-6】某零售企业售往外地一批商品，售价计20 000元，随货出售包装木箱20只，每只50元，计价1 000元。应交增值税税率17%，计3 570元。该批包装木箱账面价值为每只45元，商品已发运，货款及包装物价款已办妥委托银行收款手续，会计分录如下：

(1)办妥托收货款手续时：

借：应收账款——××单位　　24 570

　贷：主营业务收入　　20 000

　　其他业务收入　　1 000

　　应交税费——应交增值税(销项税额)　　3 570

(2)按账面价值结转包装木箱成本时：

借：其他业务支出　　900

　贷：包装物——木箱　　900

随货出售不单独计价的包装物，在出售时如属购进时单独计价的，以“销售费用——包装费”列支；如属购进时不单独计价的，则不需要进行单独核算。

(四)包装物摊销

领用包装物时，通常采用一次转销法，按照其成本，借记“管理费用”等科目，贷记“包装物”科目。

金额较大的包装物，也可以采用分次摊销法，领用时应按照其成本，借记“包装物——在用”，贷记“包装物——在库”；按照使用次数摊销时，应按照其摊销额，借记“管理费用”等科目，贷记“包装物——摊销”。

1. 一次摊销法

一次摊销法是在领用包装物时，将其全部价值一次计入费用的方法，即借记“管理费用——包装费”账户，贷记”包装物”账户。这种方法手续简便但费用负担不均衡，一般适用于包装物使用时间短、领用数量不多、价值又较低的品种。

2. 分期分次摊销法

分期分次摊销法是根据包装物的使用情况，考虑其残值及预计使用期限或次数，计算摊销额的一种方法。其计算公式如下：

某种包装物每月(次)摊销额=(该种包装物原值-预计残值)/预计使用月(次)数

【例4-7】某零售企业有包装木箱200只，每只20元，预计每只木箱残值为0.40元，使用次数为20次，则：

每次摊销额=[200×(20-0.4)]/20=196(元)。

根据计算结果，摊销时编制会计分录如下：

借：管理费用——包装费　196

　贷：包装物——木箱(摊销)　196

采用分期分次摊销法时，可以按照包装物的使用时间或次数，平均摊销其损耗价值，有利于均衡计算各期的包装费用，但由于各个时期包装物的实际使用和磨损情况不尽相同，这种平均分摊的方法会造成账面价值与实际损耗不相符合的情况，而且要按每种包装物计算摊销额，工作量较大。因此，这种方法适用于使用期限较长、单位价值较高、使用情况较为稳定的包装物。对于包装物种类繁多、数量较大、周转频繁的企业，为简化手续，可根据历年资料确定一个综合摊销率，与上月末包装物的账面数相乘，计算出当月包装物的摊销额。其计算公式如下：

包装物月综合摊销率=∑各种包装物月摊销额/∑各种包装物原值×100%

(五)包装物修理与废弃

1. 包装物修理

包装物在使用过程中会由于磨损而影响其使用效能，为了节约开支、延长包装物的使用寿命，对于能修理的包装物，应做好修旧利废工作。修理包装物所发生的费用，皆以“管理费用——包装费”列支。

【例4-8】某零售企业修理木箱10只，领用修理用材料15元，同时以现金支付临时修理工人工资10元，会计分录如下：

借：管理费用——包装费　25

　贷：库存现金　10

　　原材料——修理用品　15

2. 包装物废弃

对于不能修复继续使用的包装物，应由有关部门按规定办理报废手续，经批准后，财务部门将报废的包装物按其账面净值转入“管理费用——包装费”账户处理。对于废弃包装物残料的变价收入，大于账面净值的，冲减“管理费用——包装费”账户数额；小于账面净值的，则增加“管理费用——包装费”账户数额。

【例4-9】某零售企业报废麻袋一批，账面净值为80元，残料出售收入现金60元，作会计分录如下：

借：管理费用——包装费　20
　　库存现金　60
　　贷：包装物　80

如果残料出售的现金收入为100元，则会计分录如下：

借：库存现金　100
　　贷：管理费用——包装费　20
　　　　包装物——麻袋　80

如果包装物残料暂不处理，报废时，应先按账面净值全数转入“管理费用——包装费”账户，待处理后再冲减“管理费用——包装费”账户数额。

（六）包装物的明细核算与清查盘点

零售企业包装物品种繁多，为加强管理，应设置包装物的总分类账和分品种、规格的明细分类账，采用数量、进价金额进行明细核算。实物保管部门要设置数量保管账，定期盘点并与财会部门进行核对，以保证账账、账实相符。

在盘点过程中，对于包装物的盘盈、盘亏，要及时调整账目，先转入“待处理财产损溢——待处理流动资产损溢”账户，然后查明原因，报经批准后分别不同情况进行处理，处理方法与商品溢缺处理方法基本相同。

（七）包装物的租入和出租、出借

零售企业与其他单位因业务需要可以互相租用或借用包装物。出租或出借时一般要向租入单位收取一定押金，归还时要退还押金并收取一定租金。

1. 包装物租入

企业向其他单位租入或借入包装物时，因所有权不属于企业，故应在备查簿中按租入或借入包装物的品名、数量进行登记，归还时应予注销。所支付的押金在“其他应收款——存出保证金”账户核算；支付的租金在“管理费用——包装费”账户列支。

【例4-10】某零售企业购进商品一批，价款5 000元，进项税税额850元，随货租入包装袋10只，押金400元，货款及押金皆以银行存款支付。包装物按规定期限归还，支付租金40元。除在备查簿中进行登记外，编制会计分录如下：

（1）支付货款及押金。

借：库存商品——××　5 000
　　应交税费——应交增值税（进项税额）　850
　　其他应收款——存出保证金　400
　　贷：银行存款　6 250

(2)归还包装物，收回押金，支付租金。

借：银行存款　360

　管理费用——包装费　40

　　贷：其他应收款——存出保证金　400

2. 包装物出租、出借

企业出租、出借包装物，所有权仍属于企业的，应在"包装物——出租/出借包装物"明细账户中进行核算。

包装物出租、出借时，应根据"包装物移库单"，将包装物由"库存包装物"转至"出租包装物"或"出借包装物"专户。出租、出借包装物所收取的押金，原则上应大于账面价值，在"其他应付款"账户核算。如果包装物逾期未还，原先收取的押金作为营业外收入处理。

(1)包装物出租。包装物的出租业务，是属于商品经营以外的其他业务。因此，对包装物出租所收取的租金应以"其他业务收入"处理，而为包装物出租所耗费的修理费摊销额则在"其他业务支出"账户列支。出租的包装物按期收回时，如仍能继续使用，应由"包装物——出租包装物"账户转回"包装物——库存包装物"账户；如果收回的包装物不能继续使用，则办理报废手续。报废包装物的摊余价值(净值)与残料价值的差额，应视同包装物的摊销额，在"其他业务支出"账户核算。同时，将包装物残料价值记入"原材料"账户，报废包装物的实际成本减去残料价值后的差额与已提摊销对转，借记"包装物摊销"账户，贷记"出租包装物"账户。

【例4－11】某零售企业出租包装物一批，账面价值为900元，向租户收取押金1 200元，租期为6个月，每月租金收入200元，摊销额150元。6个月后，包装物收回已不能继续使用，作报废处理，残料估价80元，作物料入账。其会计分录如下：

(1)包装物出租时，根据"移库单"转账。

借：包装物——出租包装物　900

　　贷：包装物——库存包装物　900

(2)收取包装物押金时。

借：银行存款　1 200

　　贷：其他应付款——存入保证金　1 200

(3)每月收取租金时。

借：银行存款　200

　　贷：其他业务收入——出租包装物　200

(4)每月摊销时。

借：其他业务支出　150

　　贷：包装物——包装物摊销　150

(5)6个月期满，收回包装物退还押金时。

借：其他应付款——存入保证金　　1 200

　　贷：银行存款　　1 200

(6)收回的包装物不能继续使用，作报废处理，残料估价入账。

借：材料物资　　80

　　贷：包装物——出租包装物　　80

(7)将包装物摊余价值扣减残料价值后的差额作为报废包装物的摊销额(设包装物摊余价值为150元)。

借：其他业务支出——出租包装物　　70

　　贷：包装物——包装物摊销　　70

(8)同时，将报废包装物的实际成本扣减残料后的差额(900－80)与已提摊销额(150×5＋70)对转。

借：包装物——包装物摊销　　820

　　贷：包装物——出租包装物　　820

(9)如收回的包装物能继续使用。

借：包装物——库存包装物　　900

　　贷：包装物——出租包装物　　900

(10)如逾期未退还包装物，则将加收的押金没收。没收时，扣除增值税(税率17%)后作营业外收入。

借：其他应付款——存入保证金　　1 200.00

　　贷：营业外收入　　1 025.64

　　　　应交税费——应交增值税(销项税额)　　174.36

(2)包装物出借。包装物出借的核算与包装物出租基本相同，所不同的是要将“出租包装物”明细账户改为“出借包装物”账户进行核算。另外，企业出借的包装物不属于其他业务性质，一般不向借用单位收取费用。在借用期间的包装物损耗及修理费用，皆作为企业“管理费用——包装费”支出，不作其他业务支出。

第三节　周转材料涉及的税务问题

一、周转材料损失赔款不入账的问题

【例4－12】某超市由于管理不善发生火灾损失了一批周转材料，损失金额多达50万元。对于这次火灾造成的损失，公司可以获得保险公司30万元的赔偿。公司将损失的50多万元全部记入“营业外支出”科目，而将保险公司的赔偿30万元直接购买了损失后需增

添的各项周转材料，没有进行任何账务处理。公司年底进行所得税申报时，没有进行任何纳税调整。

分析：该超市发生火灾是因为管理不善造成的，属于非正常损失。按照有关规定，存货的非正常损失分两种情况从利润中直接扣除：对自然灾害造成的损失，在扣除保险公司赔偿后记入“营业外支出”科目；对因管理不善造成的货物被盗、发生霉变等损失，扣除有关责任人员的赔偿后记入“管理费用”科目。

周转材料损失的会计处理涉及两个税种：

(1)根据国家税务总局印发的《企业财产损失税前扣除管理办法》的规定，“因自然灾害、战争等政治事件等不可抗力或者人为管理责任”导致的周转材料损失，需经税务机关审批才能在企业所得税前扣除。

(2)根据《中华人民共和国增值税条例》以及《中华人民共和国增值税条例实施细则》的规定，企业发生的非正常损失的购进货物，其进项税额不得扣除。如果企业在发生非正常损失之前，已将该购进存货的增值税进项税额实际申报抵扣，则应当在该批货物发生非正常损失的当期将该批存货的进项税额予以转出。

因此，该超市首先应将损失扣除保险公司的赔偿后再记入“营业外支出”科目，然后再将损失向税务机关申请，经审批才能在企业所得税前扣除，在未经税务机关批准之前，必须先调增应纳税所得额进行补税。

二、周转材料账实不符的问题

【例4－13】某零售企业2013年年底既没有货架的实物，在账务上也没有反映。2014年，该公司购进50个货架共计40万元；实际使用40个，共计32万元。但该公司在账面上“周转材料——货架”科目年末余额结余却是红字8万元，税务机关发现其“货架”库存单显示尚结余10个，经实地盘存，确定其账实不符。

分析：关于“周转材料”账上出现“红字”的问题，可能产生的情况有：

(1)记账错误。这可能是财务人员的业务水平问题或是企业管理问题造成的，如企业商品间串号形成“红字”。

(2)偷逃税款。为了达到逃税的目的，部分企业采用销售不开票或是少开票的方式，而商品成本采用多次或一次结转的方式，这样就可以偷逃企业所得税。

存货账面出现红字的种类：

(1)数量为零或者正数，金额红字。原因是存货发出计价不规范或中途变更计价方法，发出价高于账面成本价，多转成本，减少利润，少缴所得税。

(2)数量为红字，金额为正数。原因是未入库就发出，且发出计价长期低于账面成本价，少转成本，虚增利润。

(3)数量和金额都为红字。

存货账面出现红字的原因：

(1)在单价正常的情况下，存货发票未到，存货已入库未作估价入账，就领用发出。

(2)在单价不正常的情况下，也有可能是存货发出计价不规范，高于账面成本价。

《中华人民共和国会计法》规定，公司、企业进行会计核算不得有下列行为：随意改变费用、成本确认标准或者计量方法，虚列、多列、不列或者少列费用成本。因此，该公司的行为违反了相关法规，不仅要补缴相应的税款，还要受到罚款的处罚。

第四节　周转材料涉及的审计问题

【例4－14】某零售企业2013年选用加权平均的计价方法计算发出存货的成本，但是在2014年上半年由于受众多因素的影响，该存货购进价格开始上扬，为确保利润保持合理的水平，从3月份开始该公司开始改用加权平均法和先进先出法交替使用，致使2014年存货销售成本上升了将近200万元，公司该年度的应纳税所得额也相应减少了200万元，少缴纳企业所得税50万元。对于该公司未经税务机关批准擅自改变存货计价方法，致使当年度的销售成本升高，从而减少应纳税所得额的行为，税务机关要求公司按原适用的存货计价方法调整已结转存货的成本，相应减少该部分存货的成本并补缴所欠税款。

分析：根据《小企业会计准则》的规定，企业可以根据自身的需要选用制度所规定的存货计价方法，但选用的方法一经确定，年度内不能随意变更，如确实需要变更则必须在财务报表中说明变更原因及对财务状况的影响。

但在实际工作中存在随意变更计价方法的问题，违反了会计的一致性、可比性原则，造成会计指标前后各期口径不一致，缺乏可比性。

有些企业甚至人为地通过变更计价方法来调节生产或销售成本，调节当期利润。对此类问题，审查人员应查阅有关财务指标，分析对比各个会计期间财务指标有无异常变化，并查阅有关存货明细账，核查各期采用的计价方法是否一致，发现线索后，通过询问当事人等形式查证问题。

第五章　体验以钱生钱
——零售企业对外投资的会计核算

第一节　投资概述

一、投资的概念

财务会计中的投资有广义和狭义之分，广义的投资包括对外投资和对内投资：对外投资是企业将企业内部资产让渡给企业外部以谋求经济利益的投资，包括权益性投资、债权性投资、期货投资、房地产投资等；对内投资是企业资产投资，包括固定资产投资、无形资产投资、存货投资等。狭义投资一般仅包括对外投资，不包括对内投资。本章所称的投资是狭义的投资中的权益性投资和债权性投资。

投资是指企业为了通过分配来增加财富或为谋求其他利益，而将资产让渡给其他单位所获得的另一项资产。投资具有的特点如图 5 - 1 所示。

投资所具有的特点

- 投资是将资产让渡给其他单位所产生的。如企业可以用现金购买其他企业发行的股票、债券，也可以用固定资产、无形资产让渡给其他单位使用，以获取投资利益
- 投资为企业带来间接的经济利益。投资所增加的经济利益是通过分配获取的。投资所增加的经济利益不是企业自身经营产生的，而是将资产让渡给其他单位使用，通过其他单位使用该项资产创造的收益后分配取得的。此外，投资企业也可以通过投资来改善贸易关系，如提供稳定的原料供应、良好的销售网点等来获取利益

图 5 - 1　投资所具有的特点

二、投资会计处理的问题

（一）投资的确认

投资的确认主要解决投资入账的时间问题，即企业取得的某项投资，在符合何种条件时才能作为投资入账。

（二）投资的核算

投资的核算如表 5－1 所示。

表 5－1　投资的核算

项目	内容
初始投资成本的确定	初始投资成本的确定主要解决为取得一项投资发生的支出有多少可以计入投资账户，确认为企业的一项资产，并在资产负债表资产方列示的问题。遵循历史成本原则，投资的初始成本是指取得投资时所付出的全部代价，包括买价和其他相关费用。以非货币性资产或通过债务重组方式取得的投资，则应按照相关准则规定的方法确定投资成本
投资持有期间的计量	投资持有期间的计量主要解决是否要调整投资账面价值以及期末按什么价值在报表上反映的问题
投资的期末计价	投资的期末计价主要解决报告期期末投资以什么价值在资产负债表上揭示的问题。根据历史成本原则，投资在资产负债表上应按其账面价值反映

（三）投资损益的确认与计量

投资损益的确认与计量主要解决企业从被投资单位分配的股利和利息，债券溢折价返销以投资处理或收回所产生的净收入与投资账面价值的差额等，是否计入投资损益、是否全额计入投资收益的问题。

企业投资按投资目的可以分为短期投资和长期投资，这是投资的基本分类。

第二节　短期投资

《小企业会计准则》规定：短期投资是指小企业购入的能随时变现并且持有时间不准备超过 1 年（含 1 年）的投资，如小企业以赚取差价为目的从二级市场购入的股票、债券、基金等。

一、短期投资的概念

短期投资通常易于变现且持有时间较短，不以控制被投资单位等为目的。短期投资应当具备的两个条件如图 5－2 所示。

短期投资应当具备的条件：

- 能够在公开市场交易并且有明确市价，例如各种上市的股票、债券和基金等
- 持有投资作为剩余资金的存放形式，并应保持其流动性和获利性

图 5－2　短期投资应当具备的条件

二、短期投资应设置的账户

短期投资账户的设置如表 5－2 所示。

表 5－2　短期投资账户的设置

项目	内容
“短期投资”账户	借方登记取得短期投资的实际投资成本，贷方登记短期投资处置的成本，期末余额在借方，反映企业持有的各种短期投资的实际成本。“短期投资”账户应按短期投资种类设置明细账，进行明细核算
“应收股利/利息”账户	核算企业因进行股权投资应收取的现金股利、利润及进行债权投资应收取的股利、利润或利息，期末余额在借方，反映企业尚未收回的现金股利、利润或债权投资利息。“应收股利/利息”账户应按被投资单位、债券种类设置明细账，进行明细核算
“投资收益”账户	核算企业对外投资所取得的收益或发生的损失。该账户为损益类账户，贷方登记企业投资收益，借方登记投资损失。期末，企业应将本账户的余额转入“本年利润”账户，结转后应无余额。“投资收益”账户应按投资收益种类设置明细账，进行明细核算

三、短期投资的计量

短期投资的计量包括短期投资取得时初始投资成本的计量、持有期间新投资成本的计量和期末成本计量。

（一）初始投资成本的计量

根据《小企业会计准则》的规定，短期投资应当按照取得时的实际成本入账。实际成本是指取得各种股票、债券时实际支付的价款。购入的各种股票、债券、基金等，实际支付的价款中包含已宣告发放但尚未领取的现金股利或已到付息期但尚未领取的债券利息，应

单独核算，不构成实际成本。短期投资的实际成本按以下方法确定，如图5－3所示。

短期投资实际成本的确定

- 以现金购入的短期投资，按实际支付的全部价款，包括税金、手续费等相关费用，扣除已宣告但尚未领取的现金股利或已到付息期但尚未领取的债券利息后的金额，作为实际成本
- 投资者投入的短期投资，按投资各方确认的价值作为短期投资的实际成本

图5－3　短期投资实际成本的确定

（二）新投资成本的计量

新投资成本是指企业在投资持有期间调整其初始投资成本后产生的金额。短期投资持有期间所收到的股利、利息等，除取得时已记入应收项目的现金股利或利息外，不确认投资收益，作为冲减投资成本处理，从而形成新投资成本。

（三）期末账面价值的计量

期末账面价值是指期末投资在资产负债表上反映的价值。企业应定期或至少于每年年度终了对短期投资进行全面检查，并根据谨慎性原则的要求，合理预计持有的短期投资可能发生的损失。在资产负债表上反映的短期投资应为“短期投资”账户期末余额与“短期投资跌价准备”账户期末余额的差额，即期末账面价值。

【例5－1】某零售企业于2013年2月以银行存款购入下列公司的股票作为短期投资（见表5－3），并编制相关的会计分录如下。

表5－3　短期投资表

单位：元

项目	股数（股）	每股单价（元）	税费（元）	投资成本（元）
股票A	20 000	6.50	800	130 800
股票B	5 000	10.00	780	50 780
股票C	40 000	5.60	1 000	225 000
合计				406 580

借：短期投资——股票A　　130 800

——股票B　　50 780

——股票C　　225 000

贷：银行存款　　406 580

四、短期投资损益的确认及短期投资的处置

（一）短期投资损益的确认

短期投资取得的股利、利息及持有期间的损益分别按下列方法处理：

（1）短期投资取得时实际支付的价款中包含的已宣告但尚未领取的现金股利，或已到付息期但尚未领取的债券的利息，属于在购买时暂时垫付的资金，是在投资时所取得的一项债权，因此，企业应当在实际收到时冲减已记录的应收股息，不确认为投资收益。

（2）企业短期投资的损益，只能在短期投资处置时确认。确认的投资收益为处置短期投资所获得的净收入与短期投资账户余额的差额。这里的"净收入"指处置短期投资时所获得的价款减去发生的相关费用后的余额。

【例5-2】A公司是一家零售企业，2013年9月12日以银行存款购入B股份有限公司已宣告但尚未分派现金股利的股票20 000股，作为短期投资进行管理；每股成交价10.5元，其中，0.5元为已宣告但尚未分派的现金股利，股权截止日为9月20日；另支付相关税费10 000元。A公司的账务处理如下：

借：短期投资——B股票　　210 000

　　应收股利——B股票　　10 000

　　贷：银行存款　　220 000

其中，短期投资成本计算如下：

成交价(20 000×10.5)210 000元

加：支付的相关税费10 000元

减：已宣告尚未分派的现金股利(20 000×0.5)10 000元

短期投资成本210 000元

承上，如2013年9月20日，A公司收到原已计入"应收股利"的现金股利10 000元，则：

借：银行存款　　10 000

　　贷：应收股利——B股票　　10 000

【例5-3】A公司是一家零售企业，于2014年2月1日收到B公司以其持有的C公司债券作价的投资。该债券面值为60 000元，年利率为3.3%，期限为3年，到期一次还本付息。B公司已持有2年零4个月，双方确认的价值为65 200元。A公司编制会计分录如下：

借：短期投资——债券投资(C公司)　　65 200

　　贷：实收资本　　65 200

【例5－4】A公司是一家零售企业，2014年5月10日销售给B公司一批产品，价税共计117 000元，由于B公司发生资金周转困难，到期不能偿还欠货款。双方达成债务重组协议，A公司同意B公司将其持有的C公司的普通股票100 000股清偿债务，该股票每股面值1元，每股市价1.3元。A公司将C公司的股票作为短期投资，编制会计分录如下：

借：短期投资——股票投资(C公司)　　117 000

　　贷：应收账款——B公司　　117 000

(二)短期投资的处置

短期投资的处置，主要指短期投资的出售、转让等情形。处置短期投资，除确认相应的处置损益外，还需注意以下几个问题，如图5－4所示。

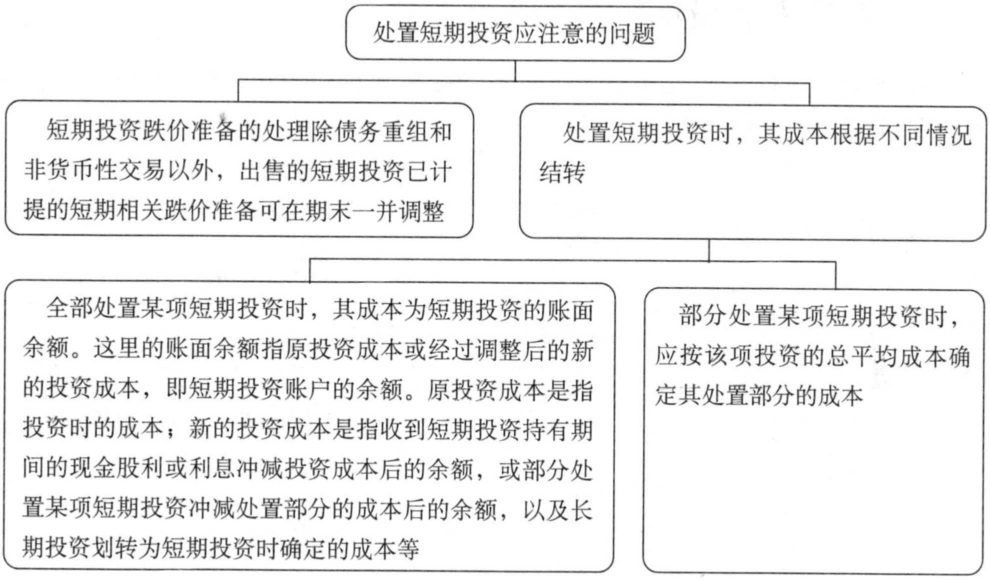

图5－4　处置短期投资应注意的问题

【例5－5】A公司是一家零售企业，2013年12月31日出售其所持有的B股份有限公司的股票20 000股，实际收回金额252 000元，款项已存入银行；该批股票的账面成本为185 000元，公司已计提短期投资跌价准备5 600元。A公司的账务处理如下：

借：银行存款　　252 000

　　短期投资跌价准备　　5 600

　　贷：短期投资——B股票　　185 000

　　　　投资收益　　72 600

（三）短期投资的期末计价

《小企业会计准则》对短期投资的期末计价采取了简计的方式，一般不再计提减值准备，期末“短期投资”科目的余额反映了小企业持有的短期投资的成本。

第三节　长期股权投资

长期资产是企业除流动资产以外的其他资产，主要包括长期投资、固定资产、无形资产及其他资产。长期资产是企业的资本性支出，其核算的正确与否会影响若干年度的会计期间有关财务状况和经营成果的会计信息质量，这一点对经营规模较小的企业同样重要。

一、长期股权投资的定义及分类

长期股权投资就是长期（至少在一年以上）持有一个公司的股票或长期投资一个公司。长期股权投资依据对被投资单位产生的影响分为以下四种类型，如图 5 –5 所示。

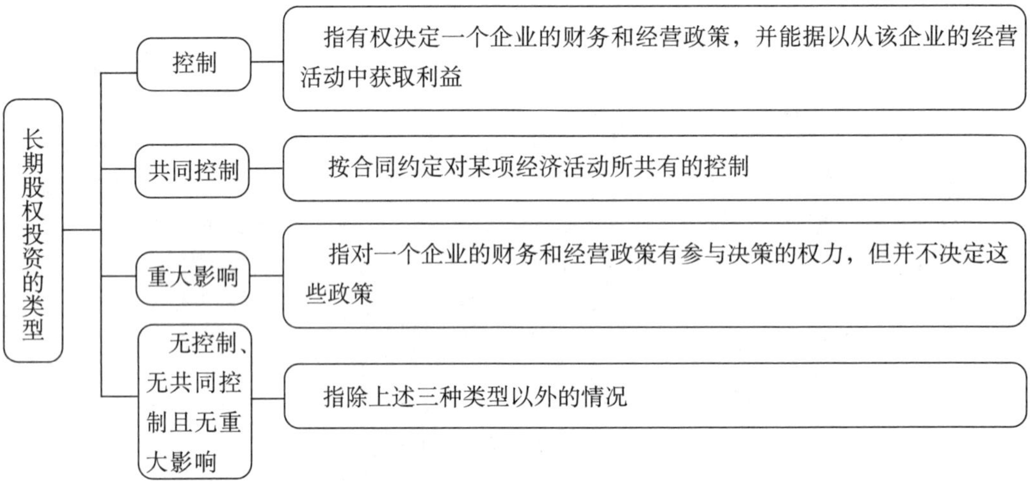

图 5 –5　长期股权投资的类型

企业长期股权投资核算的内容包括：长期股权投资取得时，初始投资成本的确定；长期股权投资的成本法和权益法；长期股权投资的处置等。为此，企业应设置“长期股权投资”总账科目。

二、长期股权投资初始成本的确定

长期股权投资初始投资成本应当分情况确定：

（1）以现金购入的长期股权投资，按实际支付的全部价款（包括支付的税金、手续费等相关费用)作为初始投资成本；实际支付的价款中含有已宣告但尚未领取的现金股利的，在计算初始投资成本时应予以扣除。

【例 5-6】零售企业 A 于 2014 年 1 月 6 日购买甲公司发行的股票 20 000 股准备长期持有，该股票市价为 12 元。购买时，另支付相关税费 2 000 元。款项已通过银行存款支付，编制会计分录如下：

借：长期股权投资　　242 000

　　贷：银行存款　　242 000

【例 5-7】A 公司是一家零售企业，于 2014 年 1 月 6 日购买甲公司发行的股票 20 000 股准备长期持有，包含已宣告但未发放的股利 0.2 元，该股票市价为 12.2 元。购买时，另支付相关税费 2 000 元。款项已通过银行存款支付，编制会计分录如下：

借：长期股权投资　　242 000

　　应收股利　　4 000

　　贷：银行存款　　246 000

(2)企业接受债务人以非现金资产抵偿债务方式取得的长期股权投资，或以应收款项换入的长期股权投资，按应收债权的账面价值加上应支付的相关税费，作为初始投资成本。如涉及补价的，按以下规定确定受让的长期股权投资的初始投资成本：

①收到补价的，按应收债权的账面价值减去补价加上应支付的相关税费，作为初始投资成本；

②支付补价的，按应收债权的账面价值加上支付的补价和应支付的相关税费，作为初始投资成本。

(3)以非货币性交易换入的长期股权投资(包括股权投资与股权投资的交换)，按换出资产的账面价值加上应支付的相关税费，作为初始投资成本。如涉及补价的，应按以下规定确定换入长期股权投资的初始投资成本：

①收到补价的，按换出资产的账面价值加上应确认的收益和应支付的相关税费减去补价后的余额，作为初始投资成本。

②支付补价的，按换出资产的账面价值加上应支付的相关税费和补价，作为初始投资成本。

以材料换入的长期股权投资，如该项材料的进项税额不可抵扣，长期股权投资的入账价值还应加上不可抵扣的增值税进项税额。

【例5-8】A公司是一家零售企业，以固定资产对其他单位投资，投出资产的账面原价为2 250 000元，已提折旧为250 000元，已提减值准备为零。另外，支付固定资产清理费用20 000元，该企业应作如下会计处理：

借：固定资产清理　　2 000 000
　　累计折旧　　250 000
　　贷：固定资产　　2 250 000
借：固定资产清理　　20 000
　　贷：银行存款　　20 000

长期股权投资初始投资成本=2 250 000-250 000+20 000=2 020 000(元)。

借：长期股权投资　　2 020 000
　　贷：固定资产清理　　2 020 000

三、长期股权投资的成本法

(一)成本法的适用范围

成本法是指投资后按实际成本确认账面金额，并且在持有期间一般因被投资单位净资产的增减而变动投资账面余额的方法。无论企业的长期股权投资的类型是什么，《小企业会计准则》规定均应采用成本法计量，不再按照《小企业会计制度》的规定分别采用成本法和权益法。

(二)成本法的核算方法

1. 长期股权投资在取得时，应按实际成本作为投资成本

(1)以现金购入的长期股权投资，按实际支付的全部价款(包括支付的税金、手续费等相关费用)作为投资成本。实际支付的价款中包含已宣告但尚未领取的现金股利，应按实际支付的价款减去已宣告但尚未领取的现金股利后的差额，作为投资的实际成本，借记“长期股权投资”科目；按已宣告但尚未领取的现金股利金额，借记“应收股利”科目；按实际支付的价款和相关税费，贷记“银行存款”科目。

(2)通过非货币性资产交换取得的长期股权投资，应当按照非货币性资产的评估价值与相关税费之和，借记“长期股权投资”科目，按照换出非货币性资产的账面价值，贷记“固定资产清理”“无形资产”等科目，按照支付的相关税费，贷记“应交税费”等科目，按照其差额，贷记“营业外收入”或借记“营业外支出”等科目。

2. 长期股权投资持有期间，投资收益的核算

(1)采用成本法核算时，除追加或收回投资外，长期股权投资的账面余额一般应当保持不变。

(2)股权持有期间内，企业应于被投资单位宣告发放现金股利或利润时确认投资收益，按被投资单位宣告发放的现金股利或利润中属于应由本企业享有的部分，借记“应收股利”科目，贷记“投资收益”科目；收到现金股利或利润时，借记“银行存款”科目，贷记“应收股利”科目。

3. 处置长期股权投资的会计核算

在使用成本法的情况下，企业处置长期股权投资时，按实际取得的价款，借记“银行存款”等科目；按长期股权投资的账面余额，贷记“长期股权投资”科目；按尚未领取的现金股利或利润，贷记“应收股利”科目；按其差额，贷记或借记“投资收益”科目。

【例5-9】A公司是一家零售企业，于2013年4月2日购入C公司股份200 000股，每股价格12元，另支付相关税费2 000元。A公司购入C公司股份占C公司有表决权资本的3%，并准备长期持有。C公司于2013年5月2日宣告分派2012年度的现金股利，每股0.2元。A公司的会计处理如下：

(1)购入时。

借：长期股权投资——C公司　　2 402 000

　　贷：银行存款　　2 402 000

(2)C公司宣告分派股利时。

借：应收股利　　(200 000×0.2)40 000

　　贷：投资收益　　40 000

【例5-10】A公司是一家零售企业，2014年1月1日以银行存款购入C公司10%的股份并准备长期持有，实际投资成本420 000元。C公司于2014年5月2日宣告分派2013年度的现金股利400 000元。假设C公司2014年1月1日股东权益合计为3 400 000元，其中股本为3 000 000元，未分配利润为400 000元，2014年实现净利润1 000 000元；2015年5月1日宣告分派现金股利600 000元。A公司的会计处理如下。

(1)2014年1月1日投资时：

借：长期股权投资——C公司　　420 000

　　贷：银行存款　　420 000

(2)2014年5月2日宣告发放现金股利时：

借：应收股利　　40 000

　　贷：投资收益　　40 000

收到现金股利时：

借：银行存款　　40 000

　　贷：应收股利　　40 000

(3)2015 年 5 月 1 日宣告发放现金股利时：
借：应收股利 60 000
　　贷：投资收益 60 000
收到现金股利时：
借：银行存款 60 000
　　贷：应收股利 60 000

四、长期股权投资的处置

处置长期股权投资的投资损益应当在符合股权转让日的条件时才能确认。处置长期股权投资，应当按照处置价款，借记“银行存款”科目；按长期股权投资的账面价值，贷记“长期股权投资”科目；按尚未领取的现金股利或利润，贷记“应收股利”科目；按其差额，贷记或借记“投资收益”科目。

【例 5－11】A 公司是一家零售企业，将作为长期投资核算的甲公司股票 30 000 股全部出售，每股售价 11 元，款项已通过银行收付，该股票账面价值为 303 000 元。会计分录如下：

投资收益＝转让股票实际收到价款－股票投资账面价值＝330 000－303 000＝27 000(元)。

借：银行存款 330 000
　　贷：长期股权投资 303 000
　　　　投资收益 27 000

五、长期股权投资损失

小企业长期股权投资符合下列条件之一的，减除可收回的金额后确认的无法收回的长期股权投资，作为长期股权投资损失：

(1)被投资单位依法宣告破产、关闭、解散、被撤销，或者被依法注销、吊销营业执照的。

(2)被投资单位财务状况严重恶化，累计发生巨额亏损，已连续停止经营 3 年以上，且无重新恢复经营改组计划的。

(3)对被投资单位不具有控制权，投资期限届满或者投资期限已超过 10 年，且被投资单位因连续 3 年经营亏损导致资不抵债的。

(4)被投资单位财务状况严重恶化，累计发生巨额亏损，已完成清算或清算期超过 3 年以上的。

(5)国务院财政、税务主管部门规定的其他条件。

长期股权投资损失应当于实际发生时计入营业外支出，同时冲减长期股权投资账面余额。这是《小企业会计准则》异于《小企业会计制度》的地方：长期股权投资预计发生损失时不再计提减值准备，而是当损失实际发生时，直接减少其账面金额。

第四节　长期债权投资

长期债权投资按照投资对象不同，分为长期债券投资和其他债权投资。长期债券投资是指企业购入的在1年内(不含1年)不能或不准备变现的债券，其他债权投资是指除了长期债券投资以外的属于债权性质的投资。

长期债券投资的核算包括长期债券投资初始成本的确定，长期债券溢折价的摊销和利息的计提，长期债券投资收益的计算、确认以及处置等内容。为此，企业需设置“长期债券投资”总账科目。其中，在“长期债券投资”二级明细科目下，还应设置“面值”“溢折价”和“应计利息”等三级明细科目。

一、长期债券初始投资成本的确定

长期债券投资取得时的初始投资成本，是指取得长期债券投资时支付的全部价款扣除支付的税金、手续费等后的金额。实际支付的价款中包含的已到付息期但尚未领取的利息，作为应收项目单独核算，不作为债券投资的初始投资成本。在进行账务处理时，应当按照债券票面价值，借记“长期债券投资——面值”，按照实际支付的购买价款和相关税费，贷记“银行存款”科目，按照其差额，借记或贷记“长期债券投资——溢折价”。如果实际支付的购买价款中包含已到付息期但尚未领取的债券利息，应当按照债券票面价值，借记“长期债券投资——面值”，按照应收的债券利息，借记“应收利息”科目，按照实际支付的购买价款和相关税费，贷记“银行存款”科目，按照其差额，借记或贷记“长期债券投资——溢折价”。

【例5－12】A公司是一家零售企业，在2013年12月31日购进某公司当年7月1日发行的面值为2 000 000元的两年期债券，票面利率6%，到期还本付息。共支付价款2 080 000元，其中包括佣金手续费10 000元，6个月应计利息60 000元。会计分录如下：

债券溢价＝2 080 000－2 000 000－60 000＝20 000(元)。

借：长期债券投资——面值	2 000 000
——溢折价	20 000
——应计利息	60 000
贷：银行存款	2 080 000

二、长期债券溢折价及利息的计提

（一）长期债券溢折价及处理

购入长期债券时，按购入价格与债券面值之间的差异可分为按债券面值购入、按高于或低于债券面值的价格购入。溢价或折价购入是由于债券的名义利率（或票面利率）与实际利率（或市场利率）不同而引起的。当债券票面利率高于市场利率，表明债券发行单位实际支付的利息将高于按市场利率计算的利息，发行单位则在发行时按照高于债券票面价值的价格发行即溢价发行，对购买单位而言则为溢价购入。溢价发行对投资者而言是为以后多得利息而事先付出的代价；对于发行单位而言，是为以后多付利息而事先得到的补偿。如果债券的票面利率低于市场利率，表明发行单位今后实际支付的利息低于按照市场利率计算的利息，则发行单位按照低于票面价值的价格发行，即折价发行，对于购买单位而言，是折价购入。折价发行对投资者而言，是为今后少得利息而事先得到的补偿；对发行单位而言，是为今后少付利息而事先付出的代价。

长期债券投资溢价或折价按以下公式计算：

债券投资溢价或折价 =（债券初始投资成本 - 尚未到期的债券利息）- 债券面值

长期债券投资溢价或折价采用直线法摊销。

（二）长期债券投资利息的处理

长期债券投资利息，应根据不同情况分别处理，如图 5 - 6 所示。

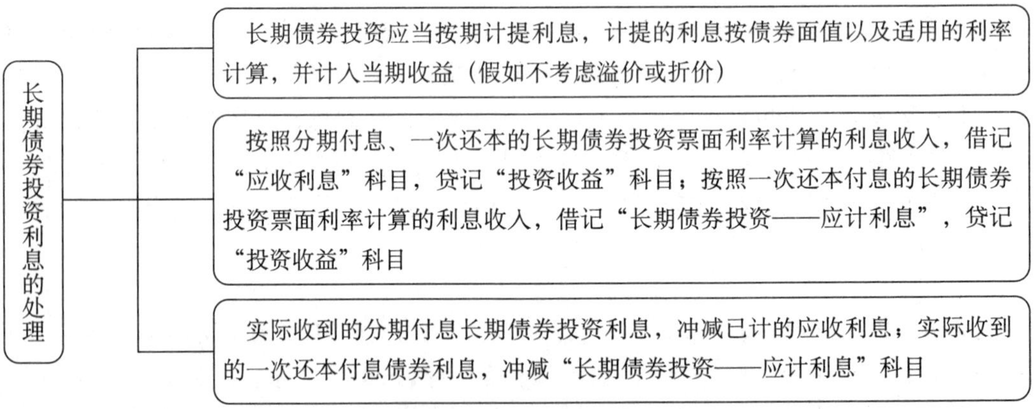

图 5 - 6　长期债券投资利息的处理

【例 5 - 13】承【例 5 - 12】，该零售企业在 2014 年 12 月 31 日计提持有债券利息。会计处理如下：

债券利息 = 2 000 000 × 6% = 120 000（元）。

借：长期债券投资——应计利息	120 000	
贷：投资收益		120 000

（三）年度终了计算利息并按直线法摊销溢折价

直线法是将债券的溢折价按债券的还款期限（或付息期数）平均分摊。在直线法摊销溢折价的方法下，每期溢折价的摊销数额相等。

【例 5－14】 零售企业 A 于 2014 年 1 月 2 日购入 B 企业 2014 年 1 月 1 日发行的 5 年期债券，票面年利率 12%，债券面值 1 000 元。A 企业按 1 050 元的价格购入 80 张，另付有关税费 400 元。该债券每年付息一次，最后一年还本金并付最后一次利息。A 企业按年计算利息，按直线法摊销溢折价。

购买时的账务处理如下：

借：长期债券投资——面值　　80 000

　　　　　　　　——溢价　　4 400

　贷：银行存款　　84 400

年度终了计算利息并摊销溢价，见表 5－4。

表 5－4　债券溢价摊销表（直线法）

计息	应收利息	利息收入	溢价摊销	未摊销溢价	面值和未摊销溢价之和
日期	(1)＝面值×票面利率	(2)＝(1)－(3)	(3)＝4 400÷5	(4)＝上期(4)－(3)	(5)＝上期(5)－(3)
2014 年 1 月				4 400	84 400
2014 年 12 月	9 600	8 720	880	3 520	83 520
2015 年 12 月	9 600	8 720	880	2 640	82 640
2016 年 12 月	9 600	8 720	880	1 760	81 760
2017 年 12 月	9 600	8 720	880	800	80 800
2018 年 12 月	9 600	8 720	880	0	80 000
合计	48 000	43 600	4 400		

账务处理如下（每年相同）：

借：应收利息　　9 600

　贷：长期债券投资——溢折价　　880

　　　投资收益　　8 720

各年收到债券利息(除最后一次付息外):

借：银行存款　9 600

　　贷：应收利息　9 600

到期还本并收到最后一次利息:

借：银行存款　89 600

　　贷：长期债券投资——面值　80 000

　　　　应收利息　9 600

三、长期债券投资损益的确认及处置

(一)长期债券投资损益的确认

长期债券投资损益包括债券持有期间的利息收入、处置收入与其账面价值的差额等。具体按以下办法处理，如图5－7所示。

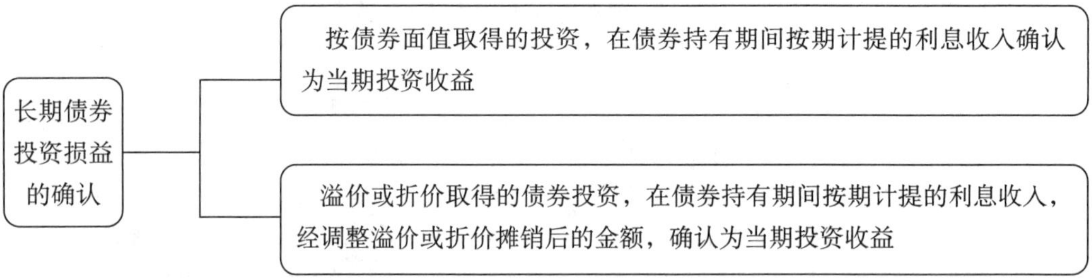

图5－7　长期债权投资损益的确认

(二)长期债券投资的处置

长期债券投资到期，收回长期债券投资，应当按照收回的债券本金或本息，借记“银行存款”等科目，按照其账面余额，贷记“长期债券投资”(成本、溢折价、应计利息)，按照应收未收的利息收入，贷记“应收利息”科目。

【例5－15】A公司是一家零售企业，持有的两年期债券于2015年1月1日到期。债券面值200 000元，利息30 000元，收回债券本金和利息230 000元存入银行。作会计分录如下:

借：银行存款　230 000

　　贷：长期债券投资——面值　200 000

　　　　　　　　　　——应计利息　30 000

第五节　对外投资涉及的税务问题

对外投资，指企业为通过分配来增加财富，或为谋求其他利益，而将资产让渡给其他单位所获得的另一项资产。在会计核算中，涉及到对外投资的税务问题主要表现在企业投资转回利润补税以及投资损失影响损益等方面。

一、投资损失纳税调整问题

【例5－16】某零售企业2013年度协议转让意向股权投资，初始投资成本为100万元，取得转让所得80万元，会计上确认的投资损失是20万元，年底未作任何纳税调整。税务机关根据文件的规定，认为该企业当年股权转让所得中80万元可以冲减投资成本，但其投资损失20万元应作当期纳税调整，并从以后年度取得的投资收益或转让所得中结转扣除。如果该公司在5年内对其投资损失中的20万元未扣除或未完全扣除，则可以在2019年一次性全额税前扣除。

分析：该公司在会计的处理上没有问题，但是根据国家税务总局《关于企业股权投资业务若干所得税问题的通知》和《关于做好2009年度企业所得税汇算清缴工作的补充通知》的规定，每一纳税年度扣除的股权投资损失，不得超过当年实现的股权投资收益和股权投资转让所得，超过部分可向以后纳税年度结转扣除。但企业股权投资转让损失连续向后结转5年仍不能从股权投资收益和股权投资转让所得中扣除的，准予在该股权投资转让年度后第6年一次性扣除。因此，该公司当年股权转让所得中的80万元可以冲减投资成本，其投资损失20万元应作当期纳税调整，并从以后年度取得的投资收益或者转让所得中结转扣除。如果该公司在5年内对其投资损失中的20万元未扣除或未完全扣除，则可以在2019年度一次性全额税前扣除。

二、计提准备、缴纳税款的问题

【例5－17】2013年年初，某超市企业以银行存款购买上市公司股票，价值30万元，账务处理为借记“短期投资——股票”，贷记“银行存款”。当年年底，由于被投资公司股票价格持续下跌及经营状况恶化等原因导致可收回金额低于账面价值，超市企业据此计提了“资产减值损失——短期投资”10万元，并计入当期损益，但未作任何纳税调整。

分析：该企业根据短期投资减值情况，计提了短期投资减值准备，但却未按要求进行纳税调整。除国家税收规定外，企业根据财务会计制度等规定提取的任何形式的准备金（包括资产准备、风险准备或工资准备等）不得在企业所得税前扣除。因此，该企业应就未经核准的减值准备金支出调增应纳税所得额，缴纳企业所得税。

第六章　企业有哪些固定资产
——零售企业固定资产的会计核算

第一节　固定资产的取得

一、固定资产的概念与特征

固定资产是指企业为生产产品、提供劳务、出租或经营管理而持有的、使用寿命超过1年的有形资产。

固定资产最基本的特征如图6－1所示。

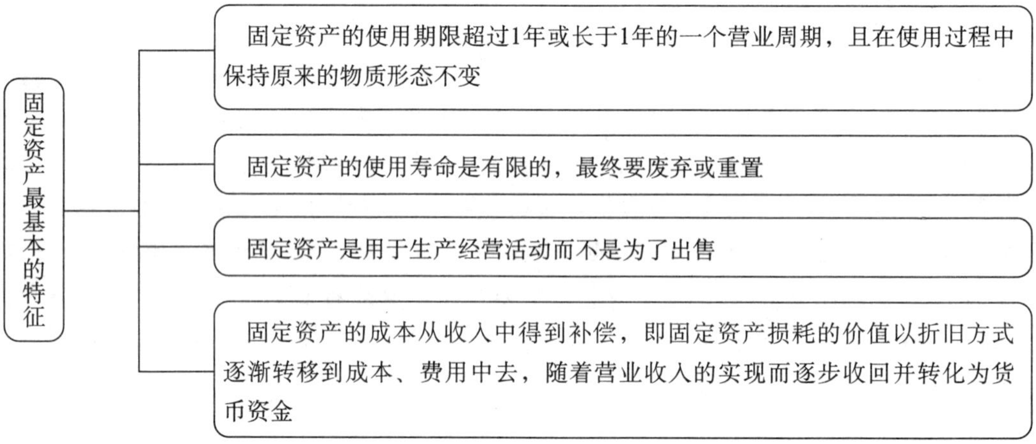

图6－1　固定资产最基本的特征

企业应当根据固定资产的定义，结合本企业的具体情况，制定适合于本企业的固定资产目录、分类方法、每类或每项固定资产的折旧年限、折旧方法和预计净残值，作为进行固定资产核算的依据。

二、固定资产取得时的成本确定

固定资产的价值构成是指固定资产价值所包括的范围，它包括企业为购建某项固定资产达到预定可使用状态前所发生的一切合理、必要的支出。这些支出既有直接发生的，如固定资产的价款、进口关税等税金、运输和保险等相关费用、包装费和安装成本等；也有间接发生的，如应承担的借款利息、外币借款折合差额以及应分摊的其他间接费用等。固定资产取得时的成本应当根据以下情况分别确定，如图 6－2 所示。

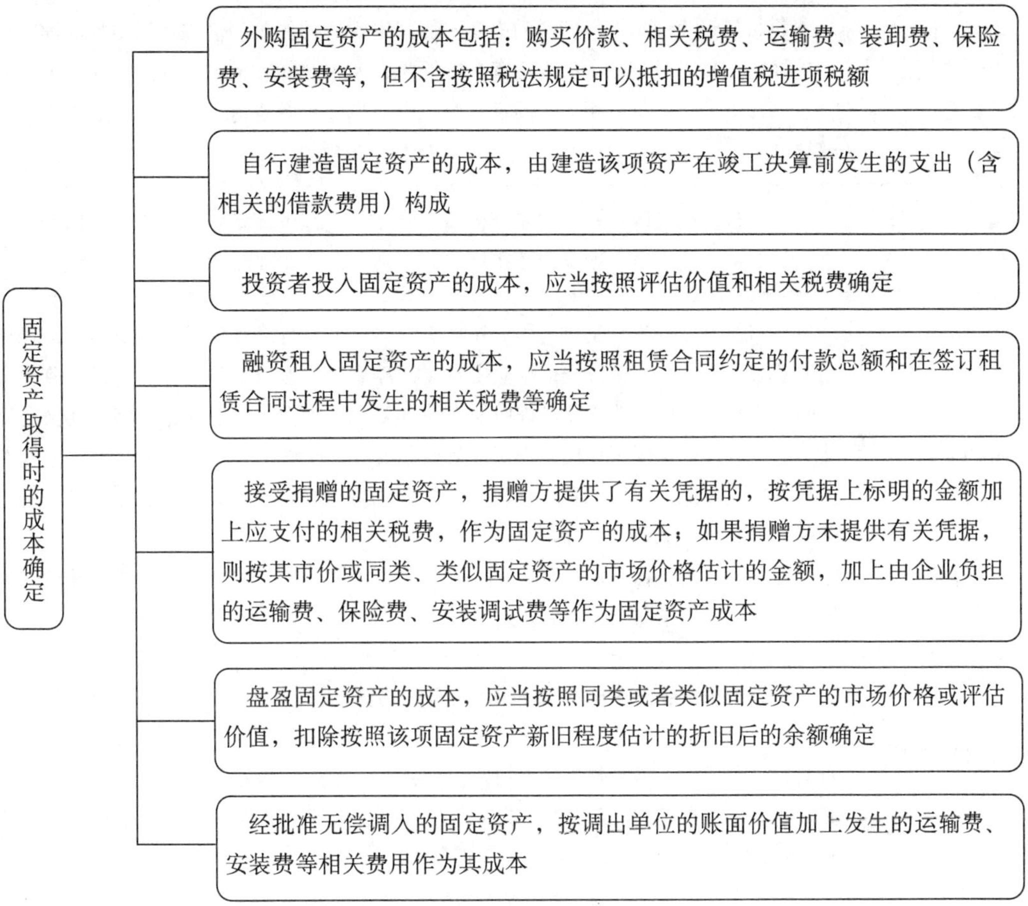

图 6－2　固定资产取得时的成本确定

此外，《小企业会计准则》还规定，与固定资产有关的后续支出，如果使可能流入企业的经济利益超过了原先的估计，如延长了固定资产的使用寿命、使生产的产品质量实质性提高或是生产产品的成本实质性降低等，应将发生的支出计入固定资产价值。固定资产的后续支出中，按上述原则不能计入固定资产价值的部分，应于发生时确认为当期费用。

三、固定资产应设置的账户

固定资产核算应设置“固定资产”“累计折旧”“在建工程”“固定资产清理”等科目。如表 6－1 所示。

表6－1　固定资产核算的科目设置

科目	内容
“固定资产”科目	本科目核算企业生产经营活动中使用的固定资产的原价。借方登记增加的固定资产的原价；贷方登记减少的固定资产的原价；期末余额在借方，反映企业期末固定资产的账面原价。临时租入的固定资产，应当另设置备查簿进行登记，不在本科目核算
“累计折旧”科目	本科目核算企业固定资产的累计折旧。借方登记减少固定资产转出的折旧额；贷方登记提取的折旧额；期末余额在贷方，反映企业提取的固定资产折旧累计数
“在建工程”科目	本科目核算企业进行基建工程、安装工程、技术发行工程等发生的实际支出，包括安装设备的价值。借方登记企业出包或自营基建工程达到预定可使用状态前所发生的全部净支出以及改扩建过程中发生的有关支出；贷方登记基建工程达到预定可使用状态转出的实际工程成本。期末余额在借方，反映企业尚未完工的基建工程发生的各项实际支出。为了反映在建工程的明细资料，企业应设置“建筑工程”“安装工程”“技术改造过程”和“其他支出”等明细科目。 此外，为在建工程需要专门购入的工程物资，购入时应通过“工程物资”科目进行核算，待实际用于在建工程时转入本科目
“工程物资”科目	本科目核算企业为建筑工程等购入的各种物资的实际成本，包括为工程设置准备的材料、尚未安装设备的实际成本等。借方登记企业购入为工程准备的物资和工程完工后完成退库手续的剩余工程物资；贷方登记领用、盘亏、报废、毁损的工程物资。期末余额在借方，反映企业为工程购入但尚未领用的材料及购入需要安装设备的实际成本
“固定资产清理”科目	本科目核算企业因出售、报废、毁损等原因转入清理的固定资产价值及在清理过程中所发生的清理费用等。借方登记转入清理的固定资产账面价值的净值、清理过程中发生的清理费用和应交的税金以及结转的固定资产清理后的净收益；贷方登记收回出售固定资产的价款、残料价值和变价收入、应由保险公司或过失人赔偿的损失以及结转的固定资产清理后的净损失；期末余额在借方，反映企业尚未清理完毕固定资产的净值以及清理净收益(清理收入－清理费用)

四、固定资产取得的账务处理

(一)购入固定资产

购入不需要安装的固定资产，按买价加上相关税费以及使固定资产达到预定可使用状态前的其他支出作为入账价值，借记“固定资产”科目，贷记“银行存款”等科目。购入需要安装的固定资产，先记入“在建工程”科目，待安装完毕交付使用时再转入“固定资产”科目。

【例6-1】某零售企业购入货运汽车一台，买价为200 000元，增值税34 000元，运杂费8 500元，均以银行存款付讫，货运汽车已交付使用。会计分录如下：

借：固定资产	208 500	
应交税费——应交增值税(进项税额)	34 000	
贷：银行存款		242 500

【例6-2】某零售企业以银行存款向外购入柜式空调机一台，买价5 000元，增值税850元，支付运杂费100元、安装费用200元，现已安装完毕，交付生产使用。会计分录如下：

(1)购入并交付安装。

借：在建工程	5 100	
应交税费——应交增值税(进项税额)	850	
贷：银行存款		5 950

(2)发生安装费用。

借：在建工程	200	
贷：银行存款		200

(3)安装完毕，交付使用。

借：固定资产	5 300	
贷：在建工程		5 300

(二)自行建造固定资产

自行建造完成的固定资产，按建造资产达到预定可使用状态前所发生的必要支出作为入账价值，借记“固定资产”科目，贷记“在建工程”科目。建造资产达到预定可使用状态前所发生的必要支出，包括企业以专门借款购建的固定资产，在达到预定可使用状态前实际发生的借款费用等。

自营工程领用工程用物资时，应按工程物资的实际成本，借记“在建工程”科目，贷记“工程物资”等科目；工程领用本企业材料的，应按材料的实际成本加上不能抵扣的增值税进项税额借记“在建工程”科目，按材料的实际成本贷记“原材料”科目，按不能抵扣的增值税进项税额贷记“应交税费——应交增值税(进项税额转出)”科目。

企业进行工程而使用本企业的产品或商品，应当按照成本，借记“在建工程”科目，贷记“库存商品”科目。

在建工程应负担的职工薪酬，借记“在建工程”科目，贷记“应付职工薪酬”科目。

工程发生的工程管理费、征地费、可行性研究费、临时设施费、公证费、监理费等，借记“在建工程——其他支出”科目，贷记“银行存款”等科目。

工程在达到预定可使用状态前发生的有关测试费用，应计入在建工程成本。

发包的工程，应于按合同规定向承包企业预付工程款、备料款时，根据实际支付的价款，借记“在建工程”科目，贷记“银行存款”科目；以拨付给承包企业的材料抵作预付备料款的，应按工程物资的实际成本，借记“在建工程”科目，贷记“工程物资”科目；将需要安装的设备交付承包企业进行安装时，应按设备的成本，借记“在建工程”科目，贷记“工程物资”科目。与承包企业办理工程价款结算时，补付的工程款，借记“在建工程”科目，贷记“银行存款”“应付账款”等科目。

【例6-3】某零售企业自行建造仓库一幢，购入为工程准备的物资300 000元，支付增值税税额为51 000元。实际领用工程物资327 600元，剩余物资转为存货；领用生产用的材料一批，实际成本为50 000元，应转出的增值税为8 500元；支付工程人员工资7 800元。工程达到预定可使用状态并交付使用。会计分录如下：

(1)购入为工程准备的物资。

借：工程物资	351 000	
贷：银行存款		351 000

对于工程物资，由于增值税的进项税额不予抵扣，因此将增值税的进项税额全部记入工程物资的成本之中。

(2)工程领用工程物资。

借：在建工程——建筑工程(仓库)	327 600	
贷：工程物资		327 600

(3)工程领用材料。

借：在建工程——建筑工程(仓库)	58 500	
贷：原材料		50 000
应交税费——应交增值税(进项税额转出)		8 500

(4)分配工程人员工资费用。

借：在建工程——建筑工程(仓库)	7 800	
贷：应付职工薪酬		7 800

(5)固定资产建造完工，交付生产使用。

借：固定资产	393 900	
贷：在建工程——建筑工程(仓库)		393 900

(6)剩余工程物资转为存货。

借：原材料	20 000	
应交税费——应交增值税(进项税额)	3 400	
贷：工程物资		23 400

【例6-4】某零售企业将一幢仓库的工程出包给A企业承建，按规定先预付承包单位工程款800 000元。工程完工后，收到承包单位的有关工程结算账单，补付工程款100 000元，工程完工经验收后交付使用。会计分录如下：

(1)按规定预付承包单位工程款。

借：在建工程——建筑工程(仓库)　　800 000

　　贷：银行存款　　800 000

(2)收到承包单位账单，补付工程款。

借：在建工程——建筑工程(仓库)　　100 000

　　贷：银行存款　　100 000

(3)工程完工，交付生产使用。

借：固定资产　　900 000

　　贷：在建工程——建筑工程(仓库)　　900 000

(三)投资者投入固定资产

投资者投入的固定资产，应按投资合同或协议约定价值确定成本，借记“固定资产”科目，贷记“实收资本”等科目。

【例6-5】A企业向某零售企业投资仓库一幢，该仓库经投资双方确定的价值为800 000元。该零售企业会计分录如下：

借：固定资产　　800 000

　　贷：实收资本　　800 000

(四)融资租入固定资产

租赁固定资产是企业取得资产的方式之一。根据租赁的目的，以与租赁资产所有权有关的风险和报酬归属于出租人或承租人的程度为依据，将租赁分为融资租赁和经营租赁两类。融资租赁，是指实质上转移了资产所有权有关的全部风险和报酬的租赁；经营租赁，是指融资租赁以外的租赁。

融资租入的固定资产，应当在“固定资产”科目下单设明细科目进行核算。企业应在租赁开始后，按租赁协议或者合同确定的价款、运输费、途中保险费、安装调试费以及融资租入固定资产达到预定可使用状态前发生的借款费用等，借记“固定资产——融资租入固定资产”科目；按租赁协议或者合同确定的设备价款，贷记“长期应付款——应付融资租赁款”科目；按支付的其他费用，贷记“银行存款”等科目。租赁期满，如合同规定将固定资产所有权转归承租企业，应进行转账，将固定资产从“融资租入固定资产”明细科目转入有关明细科目。

【例6-6】某零售企业以融资租赁方式租入设备一台，租期5年，该设备在租赁开始日按租赁合同确定的价款为450 000元，同时以银行存款支付途中运输等费用8 000元。租赁期满，资产产权转归该零售企业。会计分录如下：

(1)租入设备时。

借：固定资产——融资租入固定资产　458 000

　贷：长期应付款——应付融资租赁款　450 000

　　银行存款　8 000

(2)租赁期满，资产产权转入企业时。

借：固定资产——生产经营用固定资产　458 000

　贷：固定资产——融资租入固定资产　458 000

(五)接受捐赠固定资产

接受捐赠的固定资产，按确定的入账价值，借记"固定资产"科目，贷记"营业外收入"科目。

【例6-7】某零售企业收到外单位捐赠的汽车一辆，同类资产市场价格为350 000元，接受汽车时发生运输费、保险费共计8 000元，估计折旧为140 000元。会计分录如下：

借：固定资产　218 000

　贷：营业外收入　210 000

　　银行存款　8 000

(六)盘盈固定资产

盘盈固定资产的成本，应当按照同类或者类似固定资产的市场价格扣除按照该项固定资产新旧程度估计的折旧后的余额确定，借记"固定资产"科目，贷记"待处理财产损溢——待处理非流动资产损溢"科目。经审核后，借记"待处理财产损溢——待处理非流动资产损溢"科目，贷记"营业外收入"科目。

【例6-8】某零售企业盘盈机器一台，同类机器的市场价格为50 000元，估计折旧35 000元。会计分录如下：

借：固定资产　15 000

　贷：待处理财产损溢——待处理非流动资产损溢　15 000

经过调查，无法查明原因：

借：待处理财产损溢——待处理非流动资产损溢　15 000

　贷：营业外收入　15 000

（七）无偿调入的固定资产

经批准无偿调入的固定资产，按确定的成本，借记“固定资产”科目，贷记“资本公积”科目。

【例6－9】某零售企业经批准无偿调入一台设备，该设备原价50 000元，已提折旧15 000元，调入过程中以银行存款支付运输费、包装费等6 000元。会计分录如下：

借：固定资产	41 000	
贷：资本公积		35 000
银行存款		6 000

第二节　固定资产的后续支出

企业的固定资产在投入使用后，为了提高固定资产的性能及延长其使用寿命，会发生各种支出。这些支出按其性质不同可分为两类：一类是资本性支出，另一类是费用性支出。

一、资本化的后续支出

与固定资产有关的后续支出，如果使可能流入企业的经济利益超过了原先的估计，则应当计入固定资产账面价值。《小企业会计准则》规定，与固定资产有关的后续支出，如果可能流入企业的经济利益超过了原先的估计，如，对仓库进行改建延长了仓库等固定资产的使用寿命，对设备的改造提升了固定资产的生产能力，对生产线的修改大大降低了产品的成本等都表明后续支出提高了固定资产原定的创利能力，应将后续支出予以资本化。资本化的固定资产后续支出发生时，借记“在建工程”等科目，贷记“银行存款”等科目。

【例6－10】某零售企业扩建一营业用房，该房原值500 000元，已提折旧120 000元。扩建中实际发生成本支出180 000元，拆除部分的变价收入为30 000元，发生的支出符合资本化的条件。工程已完工交付生产使用，会计分录如下：

（1）固定资产转入扩建时。

借：在建工程	380 000	
累计折旧	120 000	
贷：固定资产		500 000

(2)发生的有关支出时。

借：在建工程 180 000

贷：银行存款等 180 000

(3)收到拆除部分的变价收入时。

借：银行存款 30 000

贷：在建工程 30 000

(4)工程完工时。

借：固定资产 530 000

贷：在建工程 530 000

二、费用化的后续支出

固定资产在使用过程中发生的日常修理费，应当在发生时计入制造费用或管理费用。企业生产车间(部门)发生的固定资产修理费用等后续支出，记入“制造费用”科目；行政管理部门等发生的固定资产修理费用等后续支出，记入“管理费用”科目。

【例6－11】 某零售企业管理部门的车辆委托修理厂进行经常性修理，支付修理费6 000元，用银行存款转账支付。会计分录如下：

借：管理费用 6 000

贷：银行存款 6 000

第三节 固定资产的折旧

固定资产折旧是指固定资产在使用过程中，逐渐损耗而消失的这部分价值。固定资产损耗的这部分价值，应当在固定资产的有效使用年限内进行分摊，形成折旧费用，计入各期成本。固定资产折旧计入生产成本的过程，即是随着固定资产价值的转移，以折旧的形式在产品销售收入中得到补偿并转化为货币资金的过程。

一、影响固定资产折旧的因素

影响固定资产折旧的因素是多方面的，主要因素如表6－2所示。

表 6－2 影响固定资产折旧的因素

因素	内容
固定资产原值	固定资产原值是指取得固定资产的原始成本，即固定资产的账面原价
固定资产的净残值	固定资产的净残值是指固定资产报废时预计可以收回的残值扣除清理费用后的数额。由于残值可以通过自身的回收得到补偿，因此不需要以折旧的方式收回；而清理费用应该是固定资产使用中的一种必要的追加耗费，应以折旧的方式收回。事实上，在固定资产转入清理前，残值和清理费用都未实际发生，因此，计算固定资产折旧时使用的净残值充其量也只是一个预计量。将预计净残值与固定资产原值相比，即为预计净残值率，即： 预计净残值率＝预计净残值/固定资产原值×100%
固定资产的使用年限	固定资产的使用年限就是固定资产可持续使用的时间，其长短直接影响到各期应计提的折旧额。企业在确定固定资产的使用年限时，主要应当考虑下列因素：(1)该资产的预计生产能力或实物产量。(2)该资产的有形损耗，如设备使用中发生磨损、房屋建筑物受到自然侵蚀等。(3)该资产的无形损耗，如因新技术的出现而使现有的资产技术水平相对陈旧、市场需求变化使产品过时等。(4)有关资产使用的法律或者类似的限制。在固定资产使用过程中，企业应当定期对固定资产的使用年限进行复核。如果固定资产使用年限的预期数与原先的估计数有重大差异，则应相应调整固定资产折旧年限
折旧方法	固定资产不同的折旧方法，实质上涉及到固定资产的成本在它的折旧年限内如何分配的问题。《小企业会计准则》规定，小企业应当根据固定资产的性质和使用情况，合理确定其折旧年限和净残值，并考虑固定资产所含经济利益预期实现方式等，选择折旧方法。可选用的折旧方法包括年限平均法、工作量法、年数总和法、双倍余额递减法等。折旧方法一经确定，不得随意变更。如需变更，应将变更的内容及原因在变更当期会计报表附注中说明

二、固定资产折旧的范围

确定固定资产折旧的范围，一是要从空间上确定哪些固定资产应当提取折旧，哪些固定资产不应当提取折旧；二是要从时间范围上确定应提折旧的固定资产什么时间开始提取折旧，什么时间停止提取折旧。

《小企业会计准则》规定：除下列情况外，小企业应对所有固定资产计提折旧。如图 6－3 所示。

已达到预定可使用状态的固定资产，如果尚未办理竣工决算，应按估计价值暂估入账并计提折旧；待办理了竣工决算手续后，再按照实际成本调整原来的暂估价，但不需要调整原已计提的折旧额。

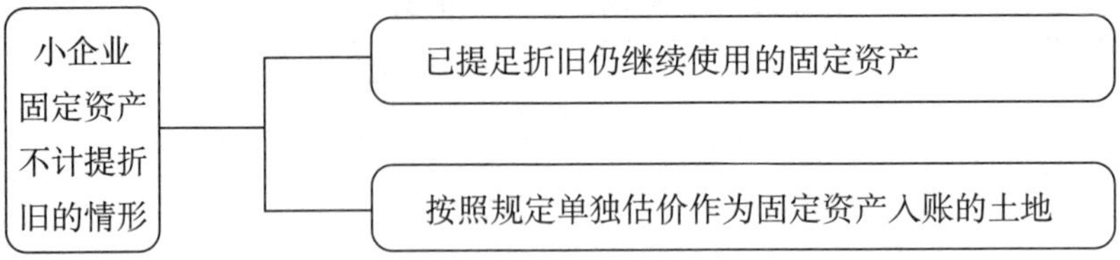

图6－3　小企业固定资产不计提折旧的情形

企业对固定资产进行改良后，应当根据调整后的固定资产成本以及本企业的使用情况合理估计折旧年限和净残值，提取折旧。

融资租入的固定资产，应当采用与自有应计折旧固定资产相一致的折旧政策。

在计提固定资产折旧时，还应明确月份中间投入使用的固定资产或月份中间停止使用的固定资产如何处理。《小企业会计准则》规定，企业一般应按月提取折旧，当月增加的固定资产，当月不提折旧，从下月起计提折旧；当月减少的固定资产，当月照提折旧，从下月起不提折旧。固定资产提足折旧后，不管能否继续使用，均不再提取折旧；提前报废的固定资产，不再补提折旧。所谓提足折旧，是指已经提足该项固定资产应提的折旧总额。

三、固定资产折旧的方法

企业固定资产的折旧方法包括年限平均法、工作量法、年数总和法、双倍余额递减法等。折旧方法一经确定，不得随意变更。如需变更，应将变更的内容及原因在变更当期会计报表附注中说明。

(一)年限平均法

又称直线法，是指按固定资产使用年限平均计算折旧的一种方法。按照这种方法计算提取的折旧额，在各个使用年份或月份都是相等的，折旧的积累额呈直线上升趋势。计算公式如下：

固定资产年折旧额＝[固定资产原价－(预计残值收入－预计清理费用)]÷固定资产预计使用年限

固定资产月折旧额＝固定资产年折旧额/12

【例6－12】某零售企业一台设备原价为50 000元，预计使用年限为10年，预计残值收入为4 000元，预计清理费用为1 500元，则：

固定资产年折旧额＝[50 000－(4 000－1 500)]/10＝4 750(元)。

固定资产月折旧额＝4 750÷12≈395.83(元)。

在实际工作中，为了反映固定资产在一定时间内的损耗程度和便于计算折旧，企业每月应计提的折旧额一般是根据固定资产的原价乘以月折旧率计算确定的。固定资产折旧率是指一定时期内固定资产折旧额与固定资产原价之比。其计算公式表述如下：

固定资产年折旧率＝[（固定资产原价－预计净残值）÷固定资产原价]÷固定资产预计使用年限＝(1－预计净残值率)÷固定资产预计使用年限

固定资产月折旧率＝固定资产年折旧率÷12

固定资产月折旧额＝固定资产原价×固定资产月折旧率

【例6－13】 承接【例6－12】，固定资产月折旧额的计算如下：

固定资产年折旧率＝[50 000－(4 000－1 500)]÷(10×50 000)＝9.5%。

固定资产月折旧率＝9.5%÷12＝0.7917%。

固定资产月折旧额＝50 000×0.7 917%＝395.85(元)。

按年限平均法计算折旧简便易行，但此法只有在固定资产各个期间使用程度比较均衡的情况下才较为合理。

（二）工作量法

工作量法是按固定资产在规定的折旧年限内可以完成工作量的比例计算折旧额的一种方法。这里的工作量指小时数、产量数、行驶里程数、工作台班数等。按照工作量法计算折旧的固定资产的折旧额，应根据固定资产在本期内的工作量和单位折旧额确定。计算公式为：

单位工作量折旧＝固定资产原值×(1－预计净残值率)÷预计总工作量

某项固定资产月折旧额＝单位工作量折旧额×该项固定资产当月工作量

【例6－14】 某零售企业的一辆运货卡车，原值为100 000元，预计总行驶里程为96万公里，预计净残值为4%，本月行驶5 000公里。本月的折旧额计算如下：

每公里折旧额＝100 000×(1－4%)÷960 000＝0.1(元/公里)。

本月折旧额＝0.1×5 000＝500(元)。

（三）加速折旧法

加速折旧法，是指在固定资产使用的前期多提折旧，从而使固定资产的成本在其折旧年限中加快得到补偿的一种折旧方法。从另一方面看，采用这种方法，每期计提的折旧数额，随时间的增加而逐渐减少，因此这种方法也称递减折旧法。

加速折旧法的种类很多，主要介绍以下两种。

1. 双倍余额递减法

双倍余额递减法，又称为双重余额递减法，是用净残值为零时的直线法折旧率的两倍作为固定的折旧率，然后用此折旧率乘以逐年递减的固定资产期初净值，得出各年应提折旧额的方法。其计算公式如下：

双倍直线年折旧率 = 2 × (1 ÷ 预计使用年限 × 100%)

年折旧额 = 年初固定资产账面净值 × 双倍直线年折旧率

采用双倍余额递减法由于不考虑预计净残值，将会导致固定资产预计使用期满时已提折旧总数超过应计提的折旧额，即固定资产账面净值低于预计净残值。因此，在计算各年折旧额时必须注意两个问题：

各年计提折旧后，固定资产账面净值不能降低到固定资产预计净残值以下。

在某一折旧年度，按双倍余额递减法计算的折旧额小于按直线法计算的折旧额，应改为直线法计提折旧。一般采用下列公式进行判断：

当年按双倍余额递减法计算的折旧额 < (固定资产账面净值 - 预计净残值) ÷ 剩余使用年限

在实际工作中，常在固定资产到期前两年将固定资产净值扣除预计净残值后的余额平均摊销。

【例 6-15】某项固定资产原值为 30 000 元，预计使用年限为 8 年，预计净残值为 900 元。

根据计算出的折旧率，计算各年的折旧额如表 6-3 所示。

表 6-3 折旧计算表（双倍余额递减法）

单位：元

年次	年折旧额	累计折旧	账面净值
1	30 000 × 25% = 7 500.00	7 500.00	22 500.00
2	22 500 × 25% = 5 625	13 125.00	16 875.00
3	16 875 × 25% = 4 218.75	17 343.75	12 656.25
4	12 656.25 × 25% = 3 164.06	20 507.81	9 492.19
5	9 492.19 × 25% = 2 373.05	22 880.86	7 119.14
6	7 119.14 × 25% = 1 779.79	24 660.65	5 339.35
7	(5 339.35 - 900)/2 = 2 219.68	26 880.33	3 119.67
8	(5 339.35 - 900)/2 = 2 219.67	29 100.00	900.00

2. 年数总和法

年数总和法，又称年数比例法或年限积数法，是以固定资产的原值减去预计净残值后的净额为基数，以一个逐年递减的分数为折旧率，计算各年固定资产折旧额的一种方法。在这种方法下，计提折旧的基数是固定不变的，折旧率依据固定资产的使用年限来确定，且各年折旧率呈递减趋势，因此，计算出来的折旧额也呈递减趋势。其计算公式如下：

年折旧额 = 尚可使用年限 ÷ [预计使用年限 × (1 + 预计使用年限) ÷ 2]

年折旧额 = (固定资产原值 - 预计净残值) × 年折旧率

月折旧额 =(固定资产原值 - 预计净残值)×月折旧率

四、固定资产折旧的账务处理

固定资产折旧的总分类核算，一般应先编制“固定资产折旧计算表”和“固定资产折旧计算汇总表”，然后再据以进行账务处理。“固定资产折旧计算表”由各店铺、部门分别编制。在平均年限法下，此表是根据月初各类应计折旧的固定资产原值和分类折旧率计算编制的。为了简化核算工作，在实际工作中，往往根据上月计提的固定资产折旧额，加上上月增加的固定资产应计折旧额，减去上月减少的固定资产应计折旧额，来计算本月的折旧额。

对于各卖场、店铺、部门编制的“固定资产折旧计算表”，财会部门应进行认真审核，审查应计提折旧的范围、依据和方法是否符合《小企业会计准则》的规定，认真核对表内各数字的计算是否正确。然后，财会部门根据各店铺、部门的“固定资产折旧计算表”，编制整个企业的“固定资产折旧计算汇总表”，作为进行分类核算的依据。

第四节　固定资产的处置

企业在生产经营过程中，对那些不适用或不需用的固定资产可以出售转让，也可以用固定资产对外投资、捐赠、抵偿债务，还可能由于调拨、盘亏等原因发生固定资产的减少。

一、投资转出的固定资产

投资转出的固定资产，应按转出固定资产的账面价值，借记“固定资产清理”科目；按投出固定资产已提折旧，借记“累计折旧”科目；按投出固定资产的账面原价，贷记“固定资产”科目；按投出固定资产应支付的相关税费，借记“固定资产清理”科目，贷记“银行存款”“应交税费”等科目；按“固定资产清理”科目，借记“长期股权投资”科目，贷记“固定资产清理”科目。

【例 6 - 16】某零售企业向外单位投资转出仓库一幢，原价为 300 000 元，已提折旧 60 000 元。会计分录如下：

借：固定资产清理	240 000	
累计折旧	60 000	
贷：固定资产		300 000
借：长期股权投资	240 000	
贷：固定资产清理		240 000

二、捐赠转出的固定资产

捐赠转出的固定资产，应按固定资产净值，转入“固定资产清理”科目；对于应支付的相关税费，也应通过“固定资产清理”科目进行归集，按“固定资产清理”科目的余额，借记“营业外支出”科目，贷记“固定资产清理”科目。

【例6-17】某零售企业将1台账面原值为50 000元、已提折旧为21 000元的设备捐赠给另一单位，捐出时支付运杂费500元。会计分录如下：

(1)注销捐赠资产价值。

借：固定资产清理	29 000	
累计折旧	21 000	
贷：固定资产		50 000

(2)发生清理费用。

借：固定资产清理	500	
贷：库存现金		500

(3)确认相应的营业外支出。

借：营业外支出——捐赠支出	29 500	
贷：固定资产清理		29 500

三、盘亏的固定资产

盘亏的固定资产，按其账面净值，借记“待处理财产损溢——待处理非流动资产损溢”科目；按已提折旧，借记“累计折旧”科目；按固定资产原价，贷记“固定资产”科目。经批准转销时，借记“管理费用”“营业外支出”等科目，贷记“待处理财产损溢——待处理非流动资产损溢”科目。

【例6-18】某零售企业盘亏机器一台，原价58 000元，已提折旧48 000元。会计分录如下：

借：待处理财产损溢——待处理非流动资产损溢	10 000	
累计折旧	48 000	
贷：固定资产		58 000

经批准转销时：

借：管理费用(或营业外支出)	10 000	
贷：待处理财产损溢——待处理非流动资产损溢		10 000

四、出售、报废和毁损等原因减少的固定资产

出售、报废和毁损等原因减少的固定资产，按固定资产账面净值，借记“固定资产清理”科目；按已提折旧，借记“累计折旧”科目；按固定资产原价，贷记“固定资产”科目。

（一）固定资产出售

企业固定资产主要为本企业生产经营使用，但某些不需要的资产也可以转让。

【例 6－19】某零售企业出售不需用的车辆一台，原始价值 120 000 元，已提折旧 45 000 元。用银行存款支付清理费用 3 000 元，取得变卖收入 80 000 元。会计分录如下：

（1）转入清理时。

借：固定资产清理	75 000	
累计折旧	45 000	
贷：固定资产		120 000

（2）发生清理费用时。

借：固定资产清理	3 000	
贷：银行存款		3 000

（3）取得变卖收入时。

借：银行存款	80 000	
贷：固定资产清理		80 000

（4）结转清理净收益时。

借：固定资产清理	2 000	
贷：营业外收入		2 000

（二）固定资产的报废和毁损

固定资产到了预计使用年限或因其他特殊原因丧失了生产能力，不能继续使用时，要办理报废手续，转入清理。

【例 6－20】某零售企业营业用 W 机器设备已到规定的使用年限，决定实行报废。该机器的原始价值为 40 000 元，预计的净残值率为 3%。清理过程中，实际支付清理费用 800 元，取得残料变价收入 1 800 元。会计分录如下：

该项机器的预计残值＝40 000×3%＝1 200（元）。

由于该机器已到规定的使用年限，故已提折旧数额＝40 000－1 200＝38 800（元）。

(1)注销固定资产和累计折旧的价值时。

借：固定资产清理　　1 200

　　累计折旧　　38 800

　　贷：固定资产　　40 000

(2)支付清理费用时。

借：固定资产清理　　800

　　贷：银行存款　　800

(3)取得残料变价收入时。

借：银行存款　　1 800

　　贷：固定资产清理　　1 800

(4)结转清理净损失时。

借：营业外支出　　200

　　贷：固定资产清理　　200

第五节　固定资产涉及的税务问题

在会计核算中，固定资产涉及的税务问题主要表现为企业利用固定资产折旧调节利润以及固定资产盘盈、盘亏影响损益。

一、融资租赁列支费用问题

【例6－21】某零售公司由于资金紧张，从某租赁公司融资租赁了6辆运输卡车用于生产物资采购和销售产品的运输，租赁公司为其开具了租赁发票，该公司将租赁费全额在“管理费用”科目核算。税务机关在对该公司进行审计时发现该公司大量报销车辆的费用，但是在固定资产的账上却未发现，经过核实发现该公司融资租赁固定资产却按经营租赁记账。

分析：该公司租赁的部分物品是固定资产没有问题，但是融资性租赁产品必须按固定资产管理并计提折旧费用。在遇到这样的问题时，只需要仔细理解相关法律法规的规定，根据范围进行认定即可。在确认融资租赁和经营租赁时，还要根据租赁合同按固定资产租赁时间的长短、金额的大小、到期资产的处理等具体情况分析确定。

现行的《小企业会计准则》规定，符合下列一项或者数项标准的，应当认定为融资租赁：(1)在租赁期届满时，租赁资产的所有权转移给承租人。(2)承租人有购买租赁资产的选择权，所订立的购买价款预计将远低于行使选择权时租赁资产的公允价值，因而在租赁开始日就可以合理确定承租人将会行使这种选择权。(3)即使资产的所有权不转移，但是租赁占资产使用寿命的大部分。(4)承租人在租赁开始日的最低租赁付款额现值，几乎相当于租赁开始日租赁资产公允价值；出租人在租赁开始日的最低租赁收款额现值，几乎相当于租赁开始日租赁资产公允价值。(5)租赁资产性质特殊，如果不做较大改造，只有承租人才能使用。

二、未按规定计提固定资产折旧

【例6-22】某超市2014年1月购置了一批加工设备，价值21万元。由于技术进步，该设备更新换代较快，因此该超市考虑采用加速折旧的方法计提折旧，同时还可以多计成本少计利润。从2014年1月开始，该超市用年数总和法计提折旧，折旧年限为5年，当年实际计提7万元。该公司当年按利润表反映的利润进行纳税申报，没有进行应纳税所得额的调整。

分析：该超市的错误为：没有按规定进行纳税调整以及没有按规定时间计提折旧。

根据《中华人民共和国企业所得税法实施条例》的规定，固定资产按照直线法计算的折旧，准予扣除。企业应当自固定资产投入使用月份的次月起计提折旧；停止使用的固定资产应当自停止使用月份的次月起停止计算折旧。企业应当根据固定资产的性质和使用情况，合理确定固定资产的预计净残值。固定资产的预计净残值一经确定，不得变更。因此，该公司首先应进行账务调整，将2014年1月提取的折旧进行更正，其次在纳税申报时应按直线法与年数总和法计提折旧的差额进行纳税调整。

第六节　固定资产涉及的审计问题

一、良莠不分、计提折旧的问题

【例6-23】某超市2013年成立，经营场地采用了租赁的方式，此外该公司还租赁了电力设备、运输设备以及办公设备等，每年支付租金10万元。除部分办公桌椅没有按固定资产入账而直接按费用列支外，该公司将电力设备、运输设备以及办公设备等全部按固定资产入账，作为固定资产管理，其账务处理为借记“固定资产”、贷记“银行存款”，并按月提取折旧，折旧额计入管理费用，年底公司没有进行任何纳税调整。

分析：该超市明显错误理解了计提固定资产折旧的范围，租赁的资产中只有融资租赁的资产必须计提折旧，而经营租赁的资产不用计提折旧。

(1)按相关规定，企业应计提折旧的固定资产为：

①房屋和建筑物；

②在用的机器设备、仪器仪表、运输工具、工具器具；

③季节性停用、大修理停用的固定资产；

④融资租入和以经营租赁方式租出的固定资产。

(2)不应计提折旧的固定资产为：

①房屋、建筑物以外的未使用、不需用固定资产；

②以经营租赁方式租入的固定资产；

③已提足折旧仍继续使用的固定资产；

④按规定单独估价作为固定资产入账的土地。

因此，该超市不应再提取折旧费用，上述已提取的折旧费用应全部转回，同时补缴漏缴的企业所得税。

二、违规提取超龄固定资产折旧的问题

【例6－24】某零售企业的固定资产按照直线法计提折旧。税务机关在审计时发现，2013年该企业计提的累计折旧只有8万元，但是2014年却猛增到12万元。查阅该公司当年的固定资产台账，并未发现购买任何资产，企业存在随意增加折旧额的现象。税务机关对固定资产明细账进行细致审核，发现固定资产的净额中出现“红字”，由此该企业超龄使用的固定资产继续提取折旧的事实得以曝光。

分析：该公司为了多计费用、调节利润，在原来固定资产已经计提折旧完毕后还在计提折旧。审计这类问题，要关注以下两种情况：

(1)在固定资产无增减变动的情况下：采用直线折旧法进行折旧的企业，其每年各月提取的折旧额基本是一致的，较平稳。在审计时，应以“累计折旧”账户为中心，如果在某月发现该账户的贷方发生额陡然增加，就应将偏高月份的固定资产折旧计算表与相邻月份的分类计提基数、折旧额逐项对照分析，进一步查明有无虚增固定资产或者提高折旧率以及计算误差等情况。

(2)在固定资产有增减变动的情况下：审核投入固定资产有无在当月计提折旧。审计时，根据“固定资产”账户借方统计出本月增加的固定资产金额，再根据“累计折旧”账户贷方确定本月折旧的增加数，据此判断当月新增的固定资产是否提取了折旧；同时对停止使用的固定资产，查看有无在次月停止计提折旧。

此外，要注意审核超龄使用的固定资产有无继续提取折旧的情况。按照规定，对已提足折旧的固定资产不再提取折旧。正常情况下，折旧总额等于该项固定资产原值加上预计清理费减去预计残值，即固定资产原值大于已提折旧的折旧额。对于超龄使用固定资产是否继续提取折旧，可直接审查固定资产卡片或固定资产明细分类账。如果该账户反映固定资产的净额出现“红字”，那么就是多提了折旧，就应进行利润调整。

三、折旧未进行纳税调整的问题

《中华人民共和国所得税法》规定企业的固定资产由于技术进步等原因，确需加速折旧的，可以缩短折旧年限或者采取加速折旧的方法；但是，采取缩短折旧年限方法的，最低

折旧年限不得低于《中华人民共和国企业所得税法实施条例》规定折旧年限的60%。同时，企业当月购置的资产折旧必须从下月开始计提。因此，企业未按《小企业会计准则》规定的折旧年限和时间而多计提的折旧费用，应当调增利润并补缴相应的企业所得税。

【例6－25】某零售企业在2014年1月开始进行生产经营活动，购置了车辆、家具、电器、电脑等固定资产，账务处理为借记“固定资产”，贷记“银行存款”或“库存现金”。由于担心资产贬值过快，同时也想增加费用、减少利润，该企业决定房屋按10年、车辆按8年、家具按2年计提折旧，并且以双倍余额递减法从当月开始计提折旧，当年共计提折旧10万元，年末未进行纳税调整。

分析：该企业计提折旧的行为是错误的，应计提折旧固定资产折旧年限应按相关法规中规定的各类固定资产分类折旧年限执行。根据《中华人民共和国企业所得税法实施条例》的规定：除国务院财政、税务主管部门另有规定外，固定资产计算折旧的最低年限如下：

(1)房屋、建筑物为20年；

(2)飞机、火车、轮船、机器、机械和其他生产设备为10年；

(3)与生产经营活动有关的器具、工具、家具等为5年；

(4)飞机、火车、轮船以外的运输工具为4年；

(5)电子设备为3年。

第七章　不可见不代表没价值——零售企业无形资产和长期待摊费用的会计核算

第一节　无形资产

一、无形资产概述

（一）无形资产的定义与特征

无形资产，是指企业为生产产品、提供劳务、出租或经营管理而持有的、没有实物形态的、可辨认的非货币性资产，如商标权、专利权、非专利技术、特许经营权、著作权、土地使用权等。

无形资产与其他资产相比，具有以下主要特征，如表7－1所示。

表7－1　无形资产具有的特征

特征	内容
非实体性	一方面，无形资产没有人们感官可感触的物质形态，只能从观念上感觉它，它或者表现为人们心目中的一种形象，或者以特许权形式表现为社会关系范畴；另一方面，它在使用过程中没有有形损耗，报废时也无残值
垄断性	无形资产的垄断性表现在以下几个方面：有些无形资产在法律准则的保护下，禁止非持有人无偿地取得，排斥他人的非法竞争，如专利权、商标权等；有些无形资产的独占权虽不受法律保护，但只要能确保秘密不泄露于外界，实际上也能独占，如专有技术，秘诀等；还有些无形资产不能与企业整体分离，除非整个企业产权转让，否则别人无法获得，如商业信誉
不确定性	一方面，无形资产的有效期受技术进步和市场变化的影响很难准确确定；另一方面，在有效期内，无形资产对企业带来的收益总额及价值实现方式与有形资产相比也具有不确定性
共享性	是指无形资产有偿转让后，可以由几个主体同时共有，而固定资产和流动资产不可能同时在两个或两个以上的企业中使用，例如，商标权受让企业可以使用，同时出让企业也可以使用
高效性	无形资产能带给企业远远高于其成本的经济效益。企业无形资产越丰富，则其获利能力越强；反之，企业的无形资产短缺，则企业的获利能力就弱，市场竞争力也就越差

（二）无形资产的内容

无形资产包括：专利权、非专利技术、商标权、著作权、土地使用权、特许权等。如表 7－2 所示。

表 7－2　无形资产的内容

项目	内容
专利权	是指国家专利主管机关授予发明创造专利申请人，对其发明创造在法定期限内所享有的专有权利，包括发明专利权、实用新型专利权和外观设计专利权等
非专利技术	也称专有技术，是指不为外界所知、在生产经营活动中已采用了的、不享有法律保护的各种技术和经验。非专利技术一般包括工业专有技术、商业贸易专有技术和管理专有技术等
商标权	商标是用来辨认特定的商品或劳务的标记。商标权指专门在某类指定的商品或产品上使用特定的名称或图案的权利。商标权包括独占使用权和禁止权两个方面：独占使用权指商标权享有人在商标的注册范围内独家使用其商标的权利；禁止权指商标权享有人排除和禁止他人对商标独占使用权进行侵犯的权利
著作权	又称版权，指作者对其创作的文学、科学和艺术作品依法享有的某些特殊权利。著作权包括两方面的权利，即精神权利（人身权利）和经济权利（财产权利）。前者指作品署名、发表作品、确认作者身份、保护作品的完整性、修改已经发表的作品等权利
土地使用权	指国家准许某企业在一定期间内对国有土地享有开发、利用、经营的权利。根据《中国土地管理法》的规定，我国土地实行公有制，任何单位和个人不得侵占、买卖或者以其他形式非法转让。企业取得土地使用权的方式大致有行政划拨取得、外购取得和投资者投入取得等几种形式
特许权	又称经营特许权或专营权，指企业在某一地区经营或销售某种特定商品的权利或是一家企业接受另一家企业使用其商标、商号、技术秘密等的权利。前者一般是由政府机构授权，准许企业使用或在一定地区享有经营某种业务的特权，如水、电、邮电通讯等专营权，烟草专卖权等；后者指企业间依照签订的合同，有限期或无限期使用另一家企业的某些权利，如连锁分店使用部店的名称等

二、无形资产的确认与计量

（一）无形资产的确认

无形资产确认是指将符合无形资产确认条件的项目，作为企业的无形资产加以记录并将其列入企业资产负债表的过程。《小企业会计准则》规定，小企业某个项目要确认为无形资产，首先必须符合无形资产的定义，其次还要符合下面两个条件，如图 7 –1 所示。

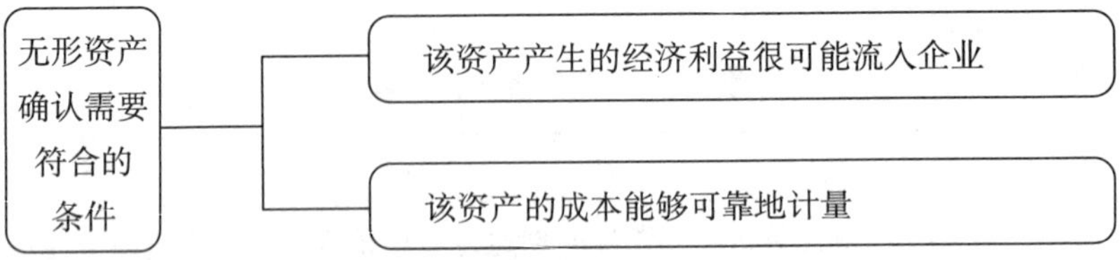

图 7 –1　无形资产确认需要符合的条件

（二）无形资产的计价

《小企业会计准则》按无形资产取得方式的不同，对无形资产成本的确定作了明确的规定。如图 7 –2 所示。

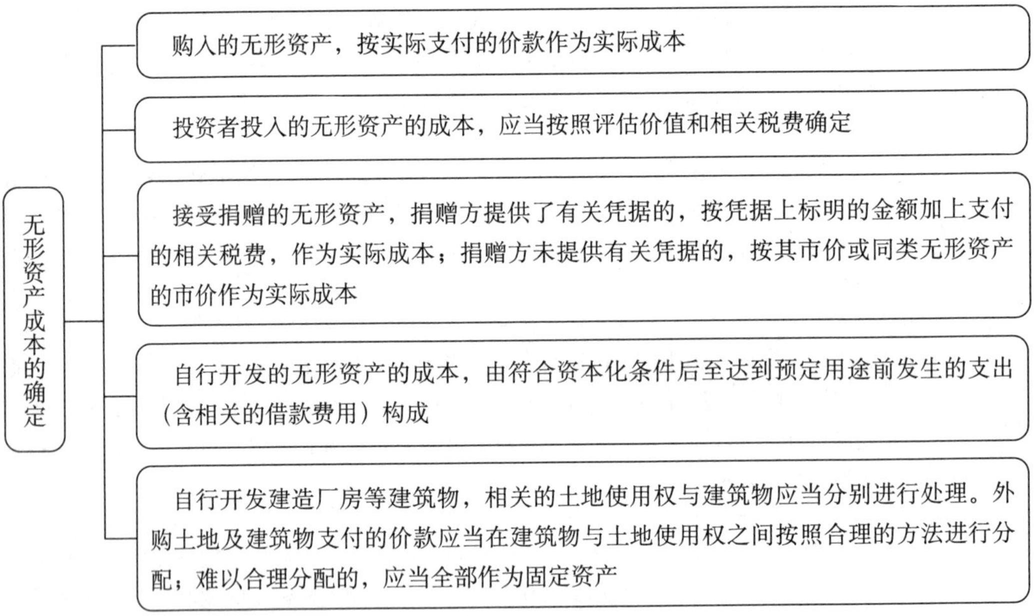

图 7 –2　无形资产成本的确定

三、无形资产的账务处理

（一）无形资产取得的核算

企业应设置“无形资产”账户核算无形资产的取得、价值摊销及处置等。该账户是资产类账户，其借方反映企业所取得的各种无形资产的价值；贷方反映企业无形资产的价值摊销和处置；余额在借方，反映尚未摊销的无形资产价值。该账户按无形资产的类别设置明细账户进行明细核算。

1. 购入无形资产

企业购入无形资产时，应按实际支付的买价及律师费、咨询费等相关支出，借记“无形资产”科目，贷记“银行存款”科目。

【例7－1】某零售企业购买新产品A的专利权，价款为350 000元。发生业务洽谈、技术考察等相关费用9 800元，价款已从银行存款中付讫。分录如下：

借：无形资产——专利权　　359 800

　贷：银行存款　　359 800

2. 投资者投入无形资产

投资者投入的无形资产，按投资各方确认的价值作为实际成本。进行账务处理时借记“无形资产”科目，贷记“实收资本”等科目。

【例7－2】某零售企业收到A公司投入的一项专利技术，合同约定的价值为360 000元。根据该经济业务，该企业会计分录如下：

借：无形资产　　360 000

　贷：实收资本　　360 000

3. 接受捐赠的无形资产

对于接受捐赠的无形资产，在进行账务处理时，确定的实际成本借记“无形资产”科目，贷记“营业外收入”账户。

【例7－3】某零售企业接受另一单位捐赠的专利技术一项，双方确定的实际成本为560 000元。企业接受专利技术，办妥相关手续，根据该项业务，会计分录如下：

借：无形资产——专利权　　560 000

　贷：营业外收入——接受捐赠非货币性资产价值　　560 000

4. 自行开发取得无形资产

《小企业会计准则》规定，自行开发无形资产的成本，由符合资本化条件后至达到预定用途前发生的支出(含相关的借款费用)构成。在开发过程中发生的支出应先借记“研发支出”科目，贷记“银行存款”等科目。开发项目达到预定用途形成无形资产的，按照应予资本化的支出，借记“无形资产”科目，贷记“研发支出”科目。

小企业自行开发无形资产发生的支出，同时满足下列条件的，才能确认为无形资产：

(1)完成该无形资产以使其能够使用或出售在技术上具有可行性。

(2)具有完成该无形资产并使用或出售的意图。

(3)能够证明运用该无形资产生产的产品存在市场或无形资产自身存在市场，无形资产将在内部使用的，应当证明其有用性。

(4)有足够的技术、财务资源和其他资源支持，以完成该无形资产的开发，并有能力使用或出售该无形资产。

(5)归属于该无形资产开发阶段的支出能够可靠地计量。

【例7-4】某零售企业为研制某项专利发生研发费用100 000元，在申请专利过程中发生专利登记费30 000元，律师费8 900元，现该公司已取得这项专利权，则应编制如下分录：

(1)研发过程发生的费用。

借：研发支出——专利权　100 000

　贷：银行存款　100 000

(2)申请专利所有权时发生的费用。

借：无形资产——专利权　38 900

　贷：银行存款　38 900

(3)取得专利权后。

借：无形资产——专利权　100 000

　贷：研发支出——专利权　100 000

5. 购入的土地使用权

企业以支付土地出让金的方式取得土地使用权，按照实际支付的价款，借记"无形资产"科目，贷记"银行存款"等科目。

【例7-5】某零售企业以590 000元的价格购得一块荒地的使用权，欲开发建造办公楼一幢。则取得土地使用权时，分录如下：

借：无形资产——土地使用权　590 000

　贷：银行存款　590 000

(二)无形资产的摊销

无形资产应当自取得当月起在预计使用年限内分期平均摊销，计入损益。摊销无形资产价值时，借记"管理费用——无形资产摊销"科目，贷记"无形资产"科目。如预计使用年限超过了相关合同规定的受益年限或法律规定的有效年限，该无形资产的摊销年限按如下原则确定。

无形资产应当自取得当月起按直线法分期平均摊销，计入损益。如图7-3所示，其摊销年限应按以下原则确定。

确定摊销年限的原则

合同规定了受益年限但法律没有规定有效年限的，摊销年限不应超过合同规定的受益年限

合同没有规定受益年限但法律规定了有效年限的，摊销年限不应超过法律规定的有效年限

合同规定了受益年限，法律也规定了有效年限的，摊销年限不应超过受益年限和有效年限二者之中较短者

图 7－3　确定摊销年限的原则

如果合同没有规定受益年限，法律也没有规定有效年限的，摊销年限不得低于 10 年。

【例 7－6】某零售企业前一年取得的一项著作权的有效年限为 10 年，该著作权入账价值为 72 000 元，则会计分录如下：

月摊销额＝无形资产价值÷(摊销年限×12)＝72 000÷(10×12)＝600(元)。

借：管理费用——无形资产摊销	600	
贷：无形资产——著作权		600

(三)无形资产的处置

1. 无形资产的出售

无形资产出售时，应将所得价款与无形资产的账面价值之间的差额计入当期损益。

【例 7－7】某零售企业将一项专利权出售，取得收入 200 000 元，该专利权的账面余额为 150 000 元，应交的营业税为 10 000 元。会计分录如下：

借：银行存款	200 000	
贷：无形资产——专利权		150 000
应交税费——应交营业税		10 000
营业外收入——出售无形资产收益		40 000

2. 无形资产的出租

无形资产的出租，按所收取的租金收入借记“银行存款”等科目，贷记“其他业务收入”等科目；在结转出租无形资产的成本、计算应交纳的营业税费时，借记“其他业务支出”科目，贷记“银行存款”“应交税费——应交营业税”等科目。

【例7-8】某零售企业将拥有的一项软件的使用权转让A公司，一次性收费500 000元，不提供后续服务，营业税率为5%。企业应确认收入500 000元。会计分录如下：

借：银行存款	500 000	
贷：其他业务收入		500 000
借：其他业务支出	25 000	
贷：应交税费——应交营业税		25 000

第二节　长期待摊费用

一、长期待摊费用的概念及内容

长期待摊费用是指企业已经支出，但摊销期限在1年以上(不含1年)的各项费用，包括固定资产大修理支出、租入固定资产的改良支出等。应当由本期负担的借款利息、租金等，不得作为长期待摊费用处理。

二、长期待摊费用的核算

长期待摊费用应当单独核算，在费用项目的受益期限内分期平均摊销。固定资产大修理支出采用待摊方法的，实际发生的大修理支出应当在大修理间隔期内平均摊销；租入固定资产改良支出，应当在租赁期限与租赁资产尚可使用年限两者孰短的期限内平均分摊；其他长期待摊费用，应当在受益期内平均摊销。

企业在筹建期间内发生的费用，包括人员工资、办公费、培训费、差旅费、印刷费、注册登记费以及不计入固定资产价值的借款费用等，应于发生时，借记“长期待摊费用”科目，贷记有关科目；在开始生产经营的当月转入当期损益，借记“管理费用”科目，贷记“长期待摊费用”科目。

企业发生的长期待摊费用，借记“长期待摊费用”科目，贷记“银行存款”“原材料”等科目。摊销时，借记“制造费用”“销售费用”“管理费用”等科目，贷记“长期待摊费用”。

【例7-9】某零售企业年初对办公用房进行修理，领用修理备件及维修材料300 000元(暂不考虑增值税进项税额转出)，以银行存款支付修理人员工资60 000元，修理费用总额360 000元，费用在两年内平均摊销。会计分录如下：

借：长期待摊费用	360 000
贷：原材料	300 000
应付职工薪酬：	
借：应付职工薪酬	60 000
贷：银行存款	60 000
每月摊销时：	
借：管理费用	15 000
贷：长期摊销费用	15 000

第三节　无形资产和长期待摊费用涉及的税务问题

无形资产是企业拥有或者控制的没有实物形态的可辨认非货币性资产。长期待摊费用是指企业已经支出，但是摊销期限在1年以上的各项费用。在会计核算中，涉及无形资产和长期待摊费用的税务问题主要表现在摊销年限、长期待摊费用与固定资产的划分等方面。

一、改造固定资产虚列费用的问题

【例7－10】某超市公司2012年1月份购置了一间商业门面房，房产入账价值为100万元，折旧按12年平均进行摊销。2014年3月15日，该公司对该房产进行改建，改变了房屋整体结构，共花费了30万元。该公司将这笔花销全部记入“长期待摊费用”科目，按3年进行摊销，年末未进行纳税调整。

分析：该公司未界定清楚长期待摊费用与固定资产的界限，将原本是在固定资产核算的支出列入长期待摊费用，导致费用虚增、利润减少。根据《中华人民共和国企业所得税法》及其实施条例的规定，未足额提取折旧的固定资产的改建支出不属于长期待摊费用，按照规定除了已足额提取折旧的固定资产和以经营租赁方式租入的固定资产外，企业所拥有的固定资产，仍然具有可利用价值，仍然在计算折旧时予以扣除，而这时企业用于对这些固定资产的改建支出，将增加固定资产的价值或者延长固定资产的使用年限，其性质属于资本化投入，应计入固定资产原值，按规定提取折旧后进行扣除，而不是作为长期待摊费用分期摊销。改建的固定资产延长使用年限的，除了属于已足额提取折旧的固定资产和租入固定资产外，应适当延长固定资产的折旧年限。

二、无形资产违规摊销

【例7－11】某超市在2012年取得200万元的土地所有权，列入“无形资产——土地”科目，按土地使用证上的使用年限进行摊销，每月摊销3 000元。2014年1月1日，该超市在这块土地上进行门面房的建设，至2014年12月31日该工程仍在进行中，当年土地实际摊销3.6万元。

分析：在这个案例中，该超市在进行修建门面房时，未将摊余的无形资产账面价值转移至“在建工程”科目，致使利润虚减、少缴企业所得税。根据《小企业会计准则》规定：企业购入或者以支付土地出让权方式取得的土地使用权，在未开发或者建造自用项目前，作为无形资产核算，待该项土地开发时再将其账面价值转入相关的在建工程。因此，该超市应将已摊销的无形资产予以冲回，将土地所有权的账面价值转入“在建工程”科目相应的工程成本中。

三、违规摊销费用

【**例7－12**】某超市2012年1月以每年10万元的租金租赁某门面房作为生产经营场所，租赁期为8年。开始经营时，该公司只是购置了设备、电脑、桌椅等，并未进行装修。2014年3月，该公司为改善经营环境，决定对门面房花重金进行改建装修，共耗资100万元。由于不是本超市的固定资产，该公司决定按管理费用直接摊销，账务处理为借记“管理费用”科目，贷记“银行存款”或“库存现金”科目，年末企业未进行任何纳税调整。

分析：该超市一次性进行摊销改建装修费用，并未按税法规定进行处理。根据《中华人民共和国企业所得税法》的规定，租入固定资产的改建支出应作为长期待摊费用，同时，根据所得税法实施条例的规定，该法所称的其他应当作为长期待摊费用的支出自支出发生月份的次月起分期摊销，摊销年限不得低于3年。因此，该公司应当按照合同规定的剩余租赁年限进行摊销，就其多摊销的部分纳税调整。

第四节　无形资产和长期待摊费用涉及的审计问题

一、无形资产核算不实

【**例7－13**】A公司为工业企业，在2013年11月份与B超市签订了协议，将本企业的专有技术出售给B超市，双方协议价格250万元，B超市于12月5日预付了150万元价款。B超市在取得该无形资产后，又转手出租给了C公司，出租协议价款100万元，为避免缴纳税款，B超市要求C公司将款直接支付A公司，抵顶欠款。B超市无形资产实际入账价值为150万元。审计人员在审计A公司相关账务时，发现该企业处置某一无形资产时，其价款却来自不同企业，经询问A公司得知该资产只出售给了B超市。A公司出示了合同原本，双方成交价格250万元，由此发现B超市隐藏收入100万元的事实。

分析：在这个案例中，B超市采取了收入不入账的操作手法，但是合同却露了马脚，其购买的无形资产没有按规定要求入账。无形资产是公司为了生产、经营由股东投入、自行创造、购入等方式而持有没有实物形态，但在一定期间能为公司带来经济利益流入的非货币性的长期资产。

在会计和审计实务中，无形资产的确认应符合以下特性：

(1)无形资产不具有实物形态。

(2)无形资产属于非货币性长期资产。

(3)无形资产持有的目的是使用而不是出售。

(4)无形资产在创造经济利益方面存在不确定性。

(5)无形资产取得具有有偿性。

根据有关规定：自行开发并依法申请取得的无形资产，其入账价值应按依法取得时发生的注册费、律师费等费用确定；依法申请取得前发生的研究与开发费用，应于发生时确认为当期费用。无形资产在确认后发生的支出，应在发生时确认为当期费用。企业出租无形资产时，所取得租金应按规定予以确认；同时，还应确认相关的费用。

由于无形资产的价值具有相对的不确定性，在审计中必须对其存在性、归属性和会计处理的合法性给予一定的关注。无形资产的审计可采用以下特殊审计程序：

(1)索取并审阅被审计单位无形资产明细账，逐一检查与无形资产相关的文件、资料，了解其内容和计价依据、所有权等。

(2)审查无形资产当年增加额，关注入账价值中资本化支出和费用的划分是否合理。

(3)审查无形资产摊销期间估计的合理性及其本期摊销是否正确、会计处理是否合规。

(4)审核本期无形资产转让、出租等处置的合法性及其会计处理。

(5)检查无形资产在资产负债表中是否适当披露。

二、违规延长无形资产年限

【例7-14】某超市2014年3月1日向B公司购买某项专有技术，支付价款为240万元，双方合同约定该项专有技术的受益年限为8年，根据相关法律规定，该项无形资产的有效使用年限为10年。超市认为使用时间不止10年，决定按12年进行摊销。

分析：该案例中，超市摊销年限的选择既超过了合同规定的受益年限，也超过了法律规定的有效年限，将使当年费用少计，利润虚增。根据相关规定：无形资产的成本，应当自取得当月起在预计使用年限内分期平均摊销。如果预计使用年限超过了相关合同规定的受益年限或法律规定的有效年限，摊销年限不应超过受益年限；合同规定了受益年限但是法律没有规定有效年限的，摊销年限不应超过受益年限；合同没有规定受益年限的但是法律规定了有效年限的，摊销年限不应超过受益年限和有效年限二者之中较短者。如果合同没有规定受益年限，法律也没有规定有效年限的，摊销年限不应超过10

年。因此，该超市公司应按受益年限和有效年限二者之中较短者 8 年进行摊销。

三、固定资产化整为零违规列支

这类问题一般表现为企业对购入的固定资产不记账，而是以长期待摊费用的形式列示。

【例 7－15】审计人员到某公司进行检查，发现尽管该公司的经营情况良好，营业收入也稳步增长，但多年来账面上固定资产的规模并未同步扩大，盈利情况也不理想，企业所得税的税负明显偏低。审计人员进一步检查发现账面上新增固定资产确实很少，但对固定资产的大修理支出却特别多，而且长期待摊费用账户还有大量未摊销的大修理费，相关凭证显示大修理费全部是固定资产的部件和配件。审计人员立即针对固定资产明细账核对所有固定资产，该公司以大修理的名义将购进的部分固定资产化整为零的违规问题终于露出水面。

分析：在这个案例中，该公司采取化整为零的方式比较常见，但由于公司账面核算清晰规范，具有一定的迷惑性，检查人员从账面上很难发现问题，但可以倒过来检查被化整为零的机器设备，因为机器设备的成本虽可以很快从账面上摊销，但其实物形态不可能很快消除，只要企业还在使用，那么检查到生产车间并盘点实物资产，就很容易发现企业已作费用列支而账面上没有记载的这些账外机器设备。所以，检查类似问题时，检查人员不应拘泥于会计账簿和凭证，而应采取账实核对的方法，这样就很容易发现疑点并抓住问题的突破口，取得事半功倍的效果。检查时，不仅要贯彻账实核对的思路，充分关注是否存在有账无物或有物无账等问题，还要仔细核对和分析实物的品名、规格和批次，不能仅核对数量、敷衍了事。

第八章 “天然”的负债
——零售企业流动负债的会计核算

第一节 应付账款和应付票据

一、应付账款

应付账款是指因购买材料、商品或接受劳务供应等而发生的应付给供应单位的款项。这是买卖双方在购销活动中由于取得材料、商品或接受劳务与支付货款在时间上不一致而产生的负债。

(一)应付账款的入账时间

应付账款的入账时间应以采购物资所有权转移至本单位的时间或实际上已接受约定劳务的时间为标志。所谓所有权转移至本单位，是指物资到达验收入库或依合同规定物资所有权已发生转移。但在实际工作中，应区别情况处理：

(1)在物资和发票账单同时到达的情况下，应付账款一般待物资验收入库后才按发票账单登记入账。这主要是为了确认所购入的物资是否在质量、数量和品种上都与合同上订明的条件相符，以免因先入账而在验收入库时发现购入物资错、漏、破损等问题再行调账。

(2)在物资和发票账单不是同时到达的情况下，由于应付账款要根据发票账单登记入账，有时候货物已到但发票账单要间隔较长时间才能到达，但由于这笔负债已经成立，应作为一项负债反映。为在“资产负债表”上客观反映企业所拥有的资产和承担的债务，在实际中采用在月份终了将所购物资和应付债务估计入账，待下月初再用红字予以冲回的办法。

(二)应付账款的入账金额

应付账款按发票上记载的金额入账。若存在折扣，应视下面两种情况分别处理：

(1)如果存在商业折扣，购货方应根据发票价格即扣除了商业折扣后的金额入账。

(2)如果存在现金折扣，购货方应根据发票上记载的应付金额即未扣除现金折扣的金额入账；待实际发生折扣时，再将折扣的金额计入当期财务费用。

（三）应付账款的会计处理

为了核算企业因购买材料、商品和接受劳务供应等而产生的应付账款及其偿还情况，应设置“应付账款”科目。该科目借方反映已经支付或已转销的款项，贷方反映单位应支付的款项，期末贷方余额反映企业尚未支付的应付账款。

企业购入材料、商品等，待验收入库且款项未支付时，根据有关凭证，借记“原材料”“库存商品”等科目；按专用发票上注明的增值税税额，借记“应交税费——应交增值税（进项税额）”等科目；按该两项科目的合计金额，贷记“应付账款”科目。

企业接受外单位提供劳务，根据供应单位的发票账单，借记“生产成本”“管理费用”等科目，贷记“应付账款”科目。支付款项时，借记“应付账款”科目，贷记“银行存款”科目。若企业以商业汇票抵付应付账款，则借记“应付账款”科目，贷记“应付票据”科目。

应付账款应在短期内支付，若有些应付账款由于债权单位撤销或其他原因导致无法支付，应转入营业外收入，借记“应付账款”科目，贷记“营业外收入”科目。

为了加强对应付账款的管理，企业应按购货单位设置“应付账款”科目的明细账，进行明细核算。

【例8－1】2013年9月30日，某零售企业向A公司购入材料一批，价款为50 000元，增值税8 500元，付款条件为“2/10，1/20，n/90”。材料已验收入库，货款尚未支付。会计分录如下：

（1）购入材料时。

借：原材料	50 000	
应交税费——应交增值税（进项税额）	8 500	
贷：应付账款		58 500

（2）如果该零售企业在10月5日付款，则可享受2%的折扣。

需付款＝50 000×（1－2%）＋8 500＝57 500（元）。

借：应付账款	58 500	
贷：银行存款		57 500
财务费用		1 000

（3）如果该零售企业在11月15日付款，则不再享受折扣。

借：应付账款	58 500	
贷：银行存款		58 500

（4）如果A公司在11月13日被撤销，导致该零售企业无法支付这笔货款。

借：应付账款	58 500	
贷：营业外收入		58 500

二、应付票据

应付票据是由出票人出票，委托付款人在指定日期无条件支付确定的金额给收款人或者持票人的票据。应付票据也是委托付款人允诺在一定时期内支付一定款项的书面证明。应付票据是一种期票，是延期付款的证明，有承诺付款的票据作为凭据。应付票据分为带息和不带息两种。期限较短，一般为3个月、6个月和9个月。企业开出的应付票据按承兑人不同，有商业承兑汇票和银行承兑汇票。

企业应设置“应付票据”科目，核算企业购买材料、商品和接受劳务供应等而开出、承兑的商业汇票，包括银行承兑汇票和商业承兑汇票。企业应当设置“应付票据备查簿”，详细登记每一应付票据的种类、号数、签发日期、到期日、票面金额、票面利率、合同交易号、收款人姓名或单位名称以及付款日期和金额等资料。应付票据到期结清时，应当在备查簿内逐笔注销。

（一）带息应付票据处理

带息应付票据应根据票据的存续期间和票面利率计算应付利息，并相应增加应付票据的账面价值。但到期不能支付的带息应付票据，转入“应付账款”科目核算后，期末时不再计提利息。

企业开出、承兑的商业汇票，如为带息票据，应于期末计算应付利息，借记“财务费用”科目，贷记“应付票据”科目。票据到期支付本息时，按票据账面余额（含面值及已入账的应计利息），借记“应付票据”科目；按未计的利息，借记“财务费用”科目；按实际支付的金额，贷记“银行存款”科目。

（二）不带息应付票据的处理

因购买材料、商品等而开出、承兑商业汇票时，如为不带息票据，借记“原材料”“在途物资”“应交税费——应交增值税（进项税额）”等科目；按汇票面值，贷记“应付票据”科目。企业是以开出、承兑商业汇票抵付原欠货款或应付账款时，借记“应付账款”科目，贷记“应付票据”科目；对支付银行承兑汇票的手续费，借记“财务费用”科目，贷记“银行存款”科目。

【例8－2】甲企业于7月31日开出面值58 500元、期限为6个月的商业票据一张，用于购买原材料。货款50 000元，增值税税率17%。该票据为带息票据，年利率为8%。

（1）购进材料时。

借：在途物资	50 000	
应交税费——应交增值税（进项税额）	8 500	
贷：应付票据		58 500

(2)每月计算应付利息。

借：财务费用　　390

　贷：应付票据　　390

(3)到期还本付息时。

借：应付票据　　60 450

　财务费用　　390

　贷：银行存款　　60 840

第二节　其他流动负债

企业的流动负债除了应付账款、应付票据、应交税费外，还包括短期借款、应付职工薪酬、其他应付款等。

一、短期借款

短期借款是指企业为了弥补流动资金的不足，向银行或其他金融机构、其他单位或个人借入的期限在1年以下的各种借款，包括短期银行借款和短期融资债券等。短期借款的目的一般是为了维持企业正常的生产经营所需的资金，或者是为了抵偿某项债务。

企业借入的各种短期借款，借记“银行存款”科目，贷记“短期借款”科目；归还借款时，借记“短期借款”科目，贷记“银行存款”科目。发生的短期借款利息应当直接计入当期财务费用，借记“财务费用”科目，贷记“预提费用”“银行存款”等科目。

二、应付职工薪酬

应付职工薪酬是企业对职工个人的一种负债，是企业使用职工知识、技能、时间和精力而给予职工的一种补偿(报酬)。“应付职工薪酬”科目核算企业应付给职工的工资总额。包括在工资总额内的各种工资、奖金、津贴等，不论是否在当月支付，都应当通过本科目核算。不包括在工资总额内的发给职工的款项，如医药费、福利补助、退休费等，不在本科目核算。

企业应按照劳动工资制度的规定，根据考勤记录、工时记录、产量记录、工资标准、工资等级等，编制“工资单”(亦称工资结算单、工资表、工资计算表等)，计算各种工资。“工资单”的格式和内容，由企业根据实际情况自行规定。

财务部门应将“工资单”进行汇总，编制“工资汇总表”，按规定手续向银行提取现金，借记”库存现金”科目，贷记“银行存款”科目。

支付工资时，借记“应付职工薪酬”科目，贷记“库存现金”科目。从应付职工薪酬中扣还的各种款项(如代垫的房租、家属药费、个人所得税等)，借记“应付职工薪酬”科目，贷记“其他应收款”“应交税费——应交个人所得税”等科目。职工在规定期限内未领取的工资，由发放的单位及时交回财务会计部门，借记“库存现金”科目，贷记“其他应付款”科目。

企业按规定将应发给职工的住房补贴专户存储时，借记“应付职工薪酬”科目，贷记“银行存款”等科目。月度终了，应将本月应发的工资进行分配，并借记“生产成本”(生产人员工资)“制造费用”(生产管理人员工资)“管理费用”(管理部门的人员工资)“销售费用”(采购、销售费用开支的人员工资)“在建工程”(应由工程负担的人员工资)等科目，贷记“应付职工薪酬”科目。

三、应付利润

为反映企业应付给投资者的利润，企业应设置“应付利润”科目，本科目借方登记已支付利润，贷方登记发生的各类应付利润数，期末贷方余额表示尚未支付的利润。

非股份制企业，分给投资者的利润，应在提取盈余公积以后进行分配，按照投资协议、章程或其他约定的办法进行分配。

企业计算出应支付给投资者的利润时，借记“利润分配”科目，贷记本科目；支付利润时，借记本科目，贷记“银行存款”等科目。

四、其他应付款

其他应付款核算企业应付、暂收其他单位或个人的款项，具体包括的内容如图8-1所示。

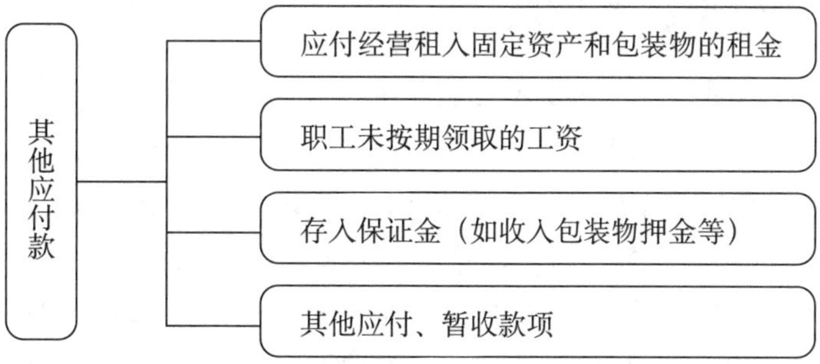

图8-1 其他应付款所包含的内容

企业应设置“其他应付款”科目进行核算，并按应付和暂收款项的类别和单位或个人设置明细账进行明细核算。企业发生的各种应付、暂收款项，借记“银行存款”“管理费用”等科目，贷记“其他应付款”科目；支付时，借记“其他应付款”科目，贷记“银行存款”等科目。

第三节 流动负债涉及的税务问题

一、利用应付账款隐瞒收入问题

应付账款是企业因购买商品、接受劳务而形成的债务。企业收入应当记入相应的营业收入科目，不能利用“应付账款”科目隐藏收入。

【例8-3】税务人员对A超市2013年度的营业收入进行检查时，发现该年度的营业收入比上年明显减少，而根据前期调查了解到的情况A超市本年度营业情况应该是历史上最好的，税务人员感到营业收入的真实性值得怀疑。随后，税务人员抽查了11、12月份相关的会计凭证，发现其原始凭证中有开具发票的记账联，而记账凭证中反映的却是“应付账款”，共计60万元。针对这种情况，税务人员询问了有关的当事人，并向应付账款的对方企业函证，结果发现A超市是将企业正常的营业收入反映在“应付账款”中，作为其他企业的暂存款处理。此外，税务人员还发现有如下的账务处理：借记“应付账款”，贷记“库存商品”，经追查前期应付账款科目，发现是欠其他公司的货款。说明企业存在用商品抵顶债务的情况。

分析：应付账款是企业因购买商品、接受劳务而形成的债务，这个案例中的A超市正是利用“应付账款”科目，采取收入不入账的方式，隐瞒了营业收入。根据相关法律法规的规定，公司、企业进行会计核算不得有下列行为：虚列或者隐瞒收入，推迟或者提前确认收入。因此，A超市应调整账务，确认相关收入，补缴欠缴的各项税收。

二、利用应付票据截留收入

【例8-4】税务人员2013年到A超市检查时发现，该企业在被检查年度的9月有一笔会计分录：借记“其他应收款——B公司”150万元，贷记“应付票据——B公司”150万元，再追踪检查这两个账户，发现在12月又因退票如数冲回，两账户同时转平。但是A超市并不缺少资金，是什么原因导致从开出票据到退票前后正好3个月呢。到B公司实地了解后发现，B公司从未收到过A超市的银行承兑汇票，而且也没有与A超市的任何往来挂账。但A超市却与B公司销售部门在年初签订了为2位老总各购一套住房的协议，并从A超市门市部(非独立核算)预付了80万元，同时承诺在拿到房后3个月内付完剩余款项。A超市被检查年度的5月，B公司在交付房屋的同时要求A超市提供担保或抵押。于是，A超市从本公司账户上开出了上述150万银行承兑汇票。3个月到期时，A超市公司又从其账户上汇来了340万元，B公司遂将抵押的银行承兑汇票退回给A超市公司。审计人员立即请B公司财务调出了A超市为2位老总付款买房的会计凭证，发现了并未在账面反映的A超市另外的银行账户。最终，A超市隐瞒销售收入420万元的事实暴露。

分析：这个案例说明税务人员在工作中，绝不能放过任何疑点，即使是平时作假可能性较小的科目。在日常税收检查中，许多检查人员往往习惯性地关注与税收有直接关联的收入、成本和费用等成本、损益类科目，而不关注其他会计科目，也不关注从表面上看与纳税问题无关的经济事项，这实际上是一个误区。对此，检查人员要注意：

(1)企业的涉税违法问题不可能都通过涉税科目进行核算，所以，仅检查涉税科目往往发现不了问题。

(2)如果出现类似上述企业的情形，即涉税违法问题本身就没有通过账面核算，则企业的涉税违法资金很可能回流到大账或与大账发生收付关系。

检查人员需明白，既然是涉税违法问题，违法行为产生的利益必定会体现为货币资金形态，企业也一定会处置这些资金。正如上述案例中该企业将截留收入形成的资金用于为老总购买住房，这就使得违规所得的资金产生了流动，而这种流动一旦与大账产生关联，就给检查人员发现问题提供了机会。

第四节 流动负债涉及的审计问题

一、应付账款重复入账的问题

应付账款一般是一项比较大的流动负债，是评价企业短期偿债能力时必须考虑的一个重要因素，与应付票据共同构成了企业主要商业信用形式，成为其重要资金来源渠道之一。在审计中，应注意对应付账款的实质性测试，可通过以下审计程序来完成：

(1)获取或编制应付账款明细表；

(2)对应付账款明细余额进行分析并作必要的重新分类；

(3)函证应付账款；

(4)查找未入账的应付账款；

(5)对未能函证、期末余额变动较大以及函证未果的明细账户进行抽查；

(6)检查应付账款是否已在财务报表及附注中得到恰当披露；

(7)向企业管理当局索取有关负债说明书。

【例8-5】2015年1月，审计人员在A超市进行纳税检查时，从“原材料”账户借方发现两笔日期相近，数量、金额相同的购料。经翻阅有关凭证，审查“应付账款”的明细账目及材料盘点表发现如下问题：该公司2014年5月从某厂购入原材料一批，材料已验收入库，月末发票尚未到达，按订货合同价入库。账务处理为：借记“原材料”5万元，贷记“应付账款”5万元。2014年6月，估价的材料费并未冲销，当收到对方的结算凭证后，又以发货票为依据，再入一次原材料账，借记“原材料”5万元，贷记“银行存款”5万元。为掩盖重复记账的事实，该厂又在年末材料盘点时，以“盘亏”名义将价款列入“管理费用”。审计人员采取了函证应付账款的方式，发现了该公司重复入账、虚列应付账款的问题。

分析：A超市利用“应付账款”科目重复记账，在期末盘点时，以存货盘亏为由计入管理费用，导致公司多计费用，少计利润。

二、违规使用会计科目的问题

在会计核算中，具体发生的业务要记入相应的账户中，这在《小企业会计准则》中已有明确规定，企业会计人员不能随意记入不相关账户。

【例8-6】A超市2013年度实现营业收入90万元，职工人数15人，年工资总额32万元，已申报缴纳企业所得税3万元，未缴个人所得税。2014年3月，审计人员对该企业2013年地方各税的缴纳情况进行全面检查。通过检查，发现该公司在12月份的会计凭证中，按照自己规定的“全赔全奖制度”计提奖金5万元，列入“其他应付款——盘亏盘盈奖”科目。经审计人员向该公司财会人员进行了解后得知，原来是该企业为了给售货人员进行奖惩，制定了一个库存商品盘亏比例，对库存商品盘亏额在规定比例内的售货人员按规定给予一定的奖励。

分析：按照《小企业会计准则》要求，职工工资、资金、津贴、补贴等，应当是小企业根据劳动工资制度，依据考勤记录、工时记录、工资标准、资金制度、提成制度等编制出来的“工资单”，应反映在“应付职工薪酬”等科目，而不应该在“其他应付款”科目中列支。此外，对于在工资科目外发放的职工津贴、补贴等，应与职工工资合并缴纳个人所得税。

工资是企业成本费用的重要组成部分，因此，核定企业工资时，一方面应对照应付工资明细账和职工工资表，核实企业职工人数和应付工资提取情况，另一方面要注意对各种费用支出明细账进行审查，防止企业用“应付职工薪酬”以外的会计科目和其他科目发放工资、奖金、实物，从而达到其偷逃国家税款的目的。

第九章　时刻别忘交税
——零售企业税金的计算与会计处理

第一节　与销售商品相关的税种
——增值税的计算与会计处理

一、增值税的概念

增值税是以从事销售货物或者提供加工、修理修配劳务以及进口货物的单位和个人取得的增值额为课税对象征收的一种税。

要很好地理解增值税，首先要理解增值额。从理论上讲，增值额是企业在生产经营过程中新创造的那部分价值。在现实的经济生活中，对增值额这一概念可以从以下两个方面理解：

(1)从一个生产经营单位来看，增值额是指该单位销售货物或提供劳务的收入额扣除为生产经营这种货物而外购的那部分货物价款后的余额；

(2)从一项货物来看，增值额是该货物经历的生产和流通的各个环节所创造的增值额之和，也就是该项货物的最终销售价值。

对于零售企业来说，最主要的业务就是销售各类商品。因此，增值税是零售企业最主要的一种税收。

二、什么人需要缴纳增值税

什么人需要缴纳增值税，也就是什么人属于增值税的纳税人。根据《中华人民共和国增值税暂行条例》规定，凡在我国境内销售货物或者提供加工、修理修配劳务，以及进口货物的单位和个人都是增值税的纳税人。此外，增值税纳税人还包括以下几种，如图 9－1 所示。

增值税的纳税人

- 根据《中华人民共和国增值税暂行条例》规定，凡在我国境内销售货物或者提供加工、修理修配劳务，以及进口货物的单位和个人
- 把企业租赁或承包给他人经营的，以租赁人或承包人为纳税人
- 对报关进口的货物，以进口货物的收货人或办理报关手续的单位和个人为进口货物的纳税人
- 对代理进口货物，以海关开具的完税凭证上的纳税人为增值税纳税人。即对报关进口货物，凡是海关的完税凭证开具给委托方的，对代理方不征增值税；凡是海关的完税凭证开具给代理方的，对代理方应按规定征收增值税

图 9－1　增值税的纳税人

三、为什么要区分一般纳税人和小规模纳税人

和别的税种不同，增值税纳税人划分为一般纳税人和小规模纳税人两种，两种纳税人在税收管理上具有明显的区别。主要体现在以下两个方面：

第一，使用增值税专用发票的权限不同。一般纳税人可以开具增值税专用发票，而小规模纳税人只能开具普通销售发票。

第二，应纳增值税的计算方法不同。对一般纳税人而言：

$$应纳税额 = 销项税额 - 进项税额$$

而对于小规模纳税人而言：

$$应纳税额 = 销售总额/(1 + 小规模纳税人的适用税率) \times 小规模纳税人的适用税率$$

根据《中华人民共和国增值税暂行条例》和其实施细则的规定，划分一般纳税人和小规模纳税人的基本依据是纳税人的会计核算是否健全，是否能够提供准确的税务资料以及企业规模的大小。

四、增值税的征税范围

凡是在生产、批发、零售和进口等四个环节中销售货物、提供加工和修理修配劳务的，都要按规定缴纳增值税。上述征税范围的具体内容如图 9－2 所示。

增值税的纳税范围

- 销售货物。这里的“货物”是指除去土地、房屋和其他建筑物等一切不动产之外的有形动产，包括电力、热力和气体在内。销售货物是指有偿转让货物的所有权
- 提供加工和修理修配劳务。加工和修理修配都属于劳务服务性业务
- 进口货物。指申报进入我国海关境内的货物，只要是报关进口的应税货物，均属于增值税征税范围，在进口环节缴纳增值税

图 9－2　增值税的纳税范围

五、增值税的税率

我国增值税在税率设置上主要包括：基本税率、低税率和零税率三档。此外，对于小规模纳税人等还规定了特殊情况下的税率。

(1)基本税率。纳税人销售或者进口货物，除列举的外，税率均为17%；提供加工、修理修配劳务的，税率也为17%。

(2)低税率。纳税人销售或者进口下列货物的，税率为13%，适用范围如图9－3所示。

低税率的适用范围

- 粮食、食用植物油
- 自来水、暖气、冷水、热水、煤气、石油液化气、天然气、沼气、居民用煤炭制品
- 图书、报纸、杂志
- 饲料、化肥、农药、农机、农膜
- 国务院规定的其他货物

图 9－3　低税率的适用范围

(3)零税率。纳税人出口货物，税率为零，但是国务院另有规定的除外。

目前，出口货物不适用零税率的主要包括：出口的原油，援外出口货物。国家禁止出口的货物包括：天然牛黄、麝香、铜及铜基合金、白金等。

(4)小规模纳税人销售货物或者提供应税劳务的，按3%的征收率征税。

(5)纳税人兼营不同税率的货物或者应税劳务的，应当分别核算不同税率货物或者应税劳务的销售额，未分别核算销售额的应从高适用税率。

(6)纳税人销售不同税率货物或提供应税劳务，并兼营应属一并征收增值税的非应税劳务的，其非应税劳务应从高适用税率。

六、如何计算一般纳税人应纳增值税税额

(一)一般纳税人应纳增值税的计算公式

一般纳税人销售货物或者提供应税劳务，应纳税额为当期销项税额抵扣当期进项税额后的余额。应纳税额计算公式：

应纳税额 = 当期销项税额 − 当期进项税额

因当期销项税额小于当期进项税额不足抵扣时，其不足部分可以结转下期继续抵扣。

(二)销项税额的计算

纳税人销售货物或者提供应税劳务，按照销售额和《中华人民共和国增值税暂行条例》规定的税率计算并向购买方收取的增值税额，为销项税额。销项税额的计算公式：

销项税额 = 销售额 × 税率

没有公允的销售额时，应由税务机关评定组成计税价格，计算其销项税额：

销项税额 = 组成计税价格 × 税率

(三)销售额的确定

依据销项税额的计算公式“销项税额 = 销售额 × 增值税税率”，在增值税税率一定的情况下，计算销项税额的关键在于正确、合理地确定销售额。

《中华人民共和国增值税暂行条例》第六条规定：“销售额为纳税人销售货物或提供应税劳务向购买方收取的全部价款和价外费用。”具体地说，应税销售额包括以下内容：

(1)销售货物或提供应税劳务取自于购买方的全部价款。

(2)向购买方收取的各种价外费用。具体包括：手续费、补贴、基金、集资费、返还利润、奖励费、违约金(延期付款利息)、包装费、包装物租金、储备费、优质费、运输装卸费、代收款项、代垫款项及其他各种性质的价外收费。上述价外费用无论如何核算，都应并入销售额计税。

(四)进项税额的计算

纳税人购进货物或者接受应税劳务，所支付或者负担的增值税额为进项税额。进项税额的计算公式如下：

（1）购进货物或接受应税劳务。

进项税额 = 不含税的货款 × 适用税率

（2）购进免税农业产品。

进项税额 = 买价 × 扣除率（当前扣除率为 13%）

（3）购进废旧物资。

进项税额 = 买价 × 扣除率（当前扣除率为 10%）

（4）购进货物支付的运费。

进项税额 = 运费发票金额 × 扣除率（扣除率 7%）

【例 9－1】红海公司为一家大型商贸企业，为增值税一般纳税人，适用增值税税率 17%，2013 年 5 月有关生产经营业务如下：

（1）销售甲产品给某大商场，开具增值税专用发票，取得不含税销售额 80 万元；另外，开具普通发票，取得销售甲产品的送货运输费收入 5.85 万元。

（2）销售乙产品，开具普通发票，取得含税销售额 29.25 万元。

（3）将试制的一批应税新产品用于本企业基建工程，成本价为 20 万元，成本利润率为 10%，该新产品无同类产品市场销售价格。

（4）购进货物取得增值税专用发票，注明支付的货款 60 万元、进项税额 10.2 万元；另外支付购货的运输费用 6 万元，取得运输公司开具的普通发票。

（5）向农业生产者购进免税农产品一批，支付收购价 30 万元，支付给运输单位的运费 5 万元，取得相关的合法票据。本月下旬将购进农产品的 20% 用于本企业职工福利（以上相关票据均符合税法的规定）。

请计算该企业 2013 年 5 月应缴纳的增值税税额。

计算与分析：

（1）销售甲产品的销项税额。

80 × 13.6% + 5.85 ÷ (1 + 17%) × 17% = 14.45（万元）。

（2）销售乙产品的销项税额。

29.25 ÷ (1 + 17%) × 17% = 4.25（万元）。

（3）自用新产品的销项税额。

20 × (1 + 10%) × 17% = 3.74（万元）。

（4）外购货物应抵扣的进项税额。

10.2 + 6 × 7% = 10.62（万元）。

（5）外购免税农产品应抵扣的进项税额。

(30 × 3.9% + 5 × 7%) × (1 − 20%) = 3.4（万元）。

（6）该企业 5 月份应缴纳的增值税额。

14.45 + 4.25 + 3.74 − 10.62 − 3.4 = 8.42（万元）。

七、如何计算小规模纳税人应纳增值税税额

（一）小规模纳税人应纳增值税的计算

对增值税小规模纳税人而言，由于其会计核算的能力比较弱，很难实施首先计算增值额，再计算应纳税额的计算方法，因此，我国对增值税小规模纳税人采用简化的计算方法，就是直接用不含税的销售额乘以相应税率。

小规模纳税人销售货物或者提供应税劳务实行简易办法，按照销售额和规定的征收率计算应纳税额，不得抵扣进项税额。应纳税额计算公式：

应纳税额＝销售额（不含增值税）×征收率

（二）含税销售额换算成不含税销售额

在上面的计算公式中，增值税的计税依据是不含增值税的销售额，但在日常的经济活动中，纳税人总是同时收取增值税税额和货款的，因此在计算应纳税额时，必须首先把含税销售额换算成不含税销售额，换算的公式如下：

不含增值税销售额＝含增值税销售额/（1＋适用税率）

【例9－2】 某家具零售企业为小规模纳税人，2014年3月，该企业外购货物36 000元，销售各种沙发53 000元，销售其他家具15 900元，均为含税价格。

要求：根据上述资料计算该企业本月应缴纳的增值税。

上述纳税人为销售型小规模纳税人，应按简易办法计算纳税，征收率为3%，计算如下：

（1）销售额＝（53 000＋15 900）÷（1＋3%）＝66 893.2（元）。

（2）本月应纳税额＝66 893.2×3%＝2 006.8（元）。

八、一般纳税人增值税的会计处理

企业应交的增值税，在“应交税费”科目下设置“应交增值税”和“未交增值税”两个明细科目进行核算。“应交增值税”明细账内，设置“进项税额”“出口退税”“进项税额转出”“出口抵减内销产品应纳税额”“转出多交增值税”等专栏。月份终了，“应交增值税”明细科目的余额转入“未交增值税”明细科目。

（1）国内采购的物资，按专用发票上注明的增值税，借记“应交税费——应交增值税（进项税额）”科目；按专用发票上记载的应当计入采购成本的金额，借记“在途物资”“生产成本”“管理费用”等科目；按应付或实际支付的金额，贷记“应付账款”“应付票据”“银行存款”等科目。购入物资发生的退货，应编制相反会计分录。

【**例9－3**】某零售企业购入一批材料，增值税专用发票上注明的材料价款为50 000元，增值税税额为8 500元。货款已经支付，材料已经到达并验收入库。设增值税税率为17%，不交纳消费税。

借：原材料	50 000
应交税费——应交增值税（进项税额）	8 500
贷：银行存款	58 500

（2）接受投资转入的物资，按投资各方确定的价值或合同、协议约定的价值，借记“原材料”等科目；按其在注册资本中所占有的份额，贷记“实收资本”科目；按其差额，贷记“资本公积”科目。

【**例9－4**】甲零售企业注册资本总额为10 000 000元。经协商，乙企业以材料向甲企业投资，占其注册资本总额10%的份额。乙企业材料成本为1 100 000元，计税价格为1 200 000元，双方协议投资转入的材料按成本作价。设增值税税率为17%，甲企业材料采用实际成本计价。

借：原材料	1 100 000
应交税费——应交增值税（进项税额）	204 000
贷：实收资本	1 000 000
资本公积——资本溢价	304 000

（3）接受应税劳务，按专用发票上注明的增值税，借记“应交税费——应交增值税（进项税额）”科目；按专用发票上记载的应当计入加工、修理修配等物资成本的金额，借记“生产成本”“库存商品（委托加工物资）”“管理费用”等科目；按应付或实际支付的金额，贷记“应付账款”“银行存款”等科目。

（4）进口物资按海关提供的完税凭证上注明的增值税，借记“应交税费——应交增值税（进项税额）”科目；按进口物资应计入采购成本的金额，借记“原材料”“库存商品”等科目；按应付或实际支付的金额，贷记“应付账款”“银行存款”等科目。即除计税依据不同外，会计处理与国内采购物资相同。

（5）购进免税农业产品，按购入农业产品的买价和规定的税率计算的进项税额，借记“应交税费——应交增值税（进项税额）”科目；按买价减去按规定计算的进项税额后的差额，借记“在途物资”“库存商品”等科目；按应付或实际支付的价款，贷记“应付账款”“银行存款”等科目。

（6）小规模纳税人购入物资及接受劳务直接用于非应税项目，或直接用于免税项目以及直接用于集体福利和个人消费的，其专用发票上注明的增值税，计入购入物资及接受劳务的成本，不通过“应交税费——应交增值税（进项税额）”科目核算。

【例9-5】某零售企业购入免税农业产品一批，价款67 800元，规定的扣除税率为13%，货物已经验收入库，款项尚未支付。会计分录如下：

借：库存商品　60 000
　　应交税费——应交增值税（进项税额）　7 800
　　贷：应付账款　67 800

（7）销售物资或提供应税劳务（包括将自产、委托加工或购买的货物分配给股东），按实现的营业收入和按规定收取的增值税税额，借记“应收账款”“应收票据”“应付利润”等科目；按专用发票上注明的增值税税额，贷记“应交税费——应交增值税（销项税额）”科目；按实现的营业收入，贷记“主营业务收入”等科目。发生的销售退回，编制相反的会计分录。

（8）有出口物资的小企业，其出口退税按以下规定处理：

①实行“免、抵、退”办法的生产性小企业，按规定计算的当期出口物资不予免征、抵扣和退税的税额，计入出口物资成本，借记“主营业务成本”科目，贷记“应交税费——应交增值税（进项税额转出）”。按规定计算的当期应予抵扣的税额，借记“应交税费——应交增值税（出口抵减内销产品应纳税额）”，贷记“应交税费——应交增值税（出口退税）”。因应抵扣的税额大于应纳税额而未全部抵扣，按规定应予退回的税款，借记“应收账款”科目，贷记“应交税费——应交增值税（出口退税）”；收到退回的税款，借记“银行存款”科目，贷记“应收账款”科目。

②未实行“免、抵、退”办法的小企业，物资出口销售时，按当期出口物资应收的款项，及按规定计算的应收出口退税的合计金额，借记“应收账款”科目，按规定计算的不予退回的税金，借记“主营业务成本”科目，按当期出口物资实现的营业收入，贷记“主营业务收入”科目，按规定计算的增值税，贷记“应交税费——应交增值税（销项税额）”科目。收到退回的税款，借记“银行存款”科目，贷记“应收账款”科目。

（9）小企业将自产或委托加工的货物用于非应税项目、作为投资、集体福利消费、赠送他人等，应视同销售物资计算应交增值税，借记“在建工程”“长期股权投资”“应付职工薪酬”“营业外支出”等科目，贷记“应交税费——应交增值税（销项税额）”科目。

【例9-6】零售企业A将本企业产品作为集体福利发给职工，该批产品成本为5 000元，售价8 000元，增值税税率17%，编制会计分录如下：

借：应付职工薪酬　9 360
　　贷：主营业务收入　8 000
　　　　应交税费——应交增值税（销项税额）　1 360

同时结转成本，

借：主营业务成本　5 000
　　贷：库存商品　5 000

(10)购进的物资、在产品、产成品发生非正常损失，以及购进物资改变用途等原因，其进项税额应相应转入有关科目，借记“管理费用”“在建工程”“应付职工薪酬”等科目，贷记“应交税费——应交增值税(进项税额转出)”科目。

【例 9-7】 零售企业 A 在财产清查中，盘亏材料一批，经查系管理不善造成材料短缺。该批材料价款为 5 000 元，增值税为 850 元。会计分录如下：

借：管理费用	5 850	
贷：原材料		5 000
应交税费——应交增值税(进项税额转出)		850

(11)本月上交的应交增值税，借记“应交税费——应交增值税(已交税金)”科目，贷记“银行存款”科目。月度终了，将本月应交未交增值税自“应交税费——应交增值税”明细科目转入“应交税费——未交增值税”明细科目，即借记“应交税费——应交增值税(转出未交增值税)”科目，贷记“应交税费——未交增值税”科目；将本月多交的增值税自“应交税费——应交增值税”明细科目转入“应交税费——未交税金”明细科目，即借记“应交税费——未交增值税”科目，贷记“应交税费——应交增值税(转出多交增值税)”科目。结转后，“应交税费——应交增值税“明细科目的期末借方余额，反映企业尚未抵扣的增值税。

【例 9-8】 零售企业 A 以银行存款 85 000 元，交纳本月应交增值税。会计分录如下：

借：应交税费——应交增值税(已交税金)	85 000	
贷：银行存款		85 000

九、小规模纳税人增值税的会计处理

国家对于小规模纳税企业销售货物或者提供应税劳务，实行简易办法计算应纳税额，按照销售额和规定的征收率计算应纳税额，不得抵扣进项税额。其应纳税额的计算公式为：

$$应纳税额 = 销售额 \times 征收率$$

注意，该销售额为不含税的销售额。

小规模纳税企业购入货物及接受应税劳务支付的增值税税额，应直接计入有关货物及劳务成本。也就是说，小规模纳税企业对于购入货物或接受应税劳务时向供应方(或应税劳务的提供方)支付增值税额，不能像一般纳税企业那样作抵扣销项税额处理，而应当将其与价款、运杂费等一并计入有关货物、劳务的成本。

小规模纳税企业销售货物或提供应税劳务，应按实现的销售收入和按规定收取的增值税税额，借记“应收账款”“应收票据”“银行存款”等科目；按规定收取的增值税税额，贷记“应交税费——应交增值税”科目；按实现的销售收入，贷记“主营业务收入”“其他业务收入”等科目。

小规模纳税企业在上缴增值税时，应借记“应交税费——应交增值税”科目，贷记“银行存款”科目。

【例9-9】某零售企业被当地主管的国家税务局认定为增值税小规模纳税企业，执行3%的增值税征收率，该公司2013年9月份发生的与增值税有关的经济业务如下，请编制其会计分录。

(1)从某供应单位购进货物一批，已验收入库，以银行存款支付材料的价款、运杂费、增值税共计10 000元。请编制以上业务的会计分录。

借：库存商品　　10 000

　贷：银行存款　　10 000

(2)向某学校销售肥皂、洗衣粉等日化用品一批，其价税合计为1 030元，增值税税额为1 030÷(1+3%)×3%=30元，款项尚未收到。请编制以上业务的会计分录。

借：应收账款　　1 030

　贷：主营业务收入　　1 000

　　应交税费——应交增值税　　30

(3)本月，该企业以银行存款上缴增值税520元。请编制以上业务的会计分录。

借：应交税费——应交增值税　　520

　贷：银行存款　　520

第二节　与提供劳务相关的税种——营业税的计算与会计处理

一、营业税的概念

营业税是对在我国境内提供应税劳务、转让无形资产或销售不动产的单位和个人所取得的营业额征收的一种流转税。

与其他商品劳务税相比，营业税具有以下特点，如图9-4所示。

营业税的特点

- 一般以营业额全额为计税依据。营业税与增值税不同，除一些特殊情况外，其计税依据为营业额全额，税额不受成本、费用高低影响
- 按行业设计税目、税率。现行营业税征税范围为增值税征税范围之外的所有经营业务，在税率设计上，按行业划分为建筑业、金融保险业、电信业、文化体育业、娱乐业、服务业，以及转让无形资产和销售不动产等八个税目
- 计算简便，便于征管。由于营业税一般以营业收入额全额为计税依据，实行比例税率，税款随营业收入额的实现而实现，因此，计征简便、有利于节省征收费用

图 9－4　营业税的特点

二、营业税的纳税人

《中华人民共和国营业税暂行条例》第一条规定，在中华人民共和国境内提供应税劳务、转让无形资产或者销售不动产的单位和个人，为营业税的纳税人。

三、营业税的税目

税目是对征税范围的具体化，营业税的税目如表 9－1 所示。

表 9－1　营业税的具体税目

行业	具体税目
建筑业	建筑业，是指建筑安装工程作业，具体包括：土木工程建筑业；线路、管道和设备安装业；装修装饰业以及其他工程作业。本税目的征税范围是建筑、安装、修缮、装饰和其他工程作业的业务
金融保险业	金融保险业，即金融业，是货币资金和信用的融通，是以银行为中心的货币和信用的授受及与之相联系的经济活动的总称。本税目征税范围包括：金融业、保险业
电信业	本税目征税范围包括基础电信业务和增值电信业务
文化体育业	本税目征税范围包括文化业和体育业。文化业，指从事文化活动的业务，包括表演、播映、其他文化业。经营游览场所的业务，比照文化业征收营业税。体育业，指举办各种体育比赛和为体育比赛或体育活动提供场所的业务，以租赁方式为体育比赛提供场所的业务属于“服务业——租赁业”征税范围

（续表）

行业	具体税目
娱乐业	本税目征税范围包括：歌厅、舞厅、卡拉 OK 歌舞厅、音乐茶座、台(桌)球、高尔夫球、保龄球、游艺、网吧
服务业	服务业，指利用设备、工具、场所、信息或技能为社会提供服务的业务。本税目的征税范围包括：代理业、旅店业、饮食业、旅游业、仓储业、租赁业、广告业、其他服务业。但是，航空勘探、钻井(打井)勘探、爆破勘探不按本税目征税，属于“建筑业”征税范围
转让无形资产	转让无形资产，指纳税人以取得货币、货物或其他经济利益为前提，转让无形资产的所有权或使用权的行为。本税目的征税范围包括：转让土地使用权、转让商标权、转让专利权、转让非专利技术、转让著作权
销售不动产	销售不动产，是指有偿转让不动产所有权的行为。本税目征税范围包括：销售建筑物或构筑物、销售其他土地附着物

四、营业税的税率

现行营业税，区分不同行业和经营业务设计了 3 档税率，具体税率如表 9－2 所示。

表 9－2　营业税各税目税率表

税目	具体征收范围	税率
一、建筑业	建筑、安装、修缮装饰及其他工程作业	3%
二、金融保险业	银行、保险、证券、基金管理等	5%
三、电信业	公共网络基础设施、公共数据传送、语音通信	3%
四、文化体育业	演出收入、播映收入、其他文化收入，经营游览场所收入和体育收入	3%
五、娱乐业	歌厅、舞厅、卡拉 OK 歌舞厅、音乐茶座、台球、高尔夫球、保龄球、游艺	5%－20%
六、服务业	代理业、旅店业、饮食业、旅游业、仓储业、租赁业、广告业及其他服务业	5%
七、转让无形资产	转让土地使用权、专利权、非专利技术、商标权、著作权等	5%
八、销售不动产	销售建筑物及其他土地附着物	5%

五、营业税的计税依据

《中华人民共和国营业税暂行条例》规定，营业税的计税依据是纳税人提供应税劳务、转让无形资产或者销售不动产向对方收取的全部价款和价外费用。

上述价外费用包括在价款之外取得的一切费用，如手续费、服务费、基金等。

（一）建筑业的计税依据

税法规定，建筑业营业税的营业额为承包建筑、修缮、安装、装饰和其他工程作业取得的营业收入额，建筑安装企业向建设单位收取的工程价款（即工程造价）及工程价款之外收取的各种费用。

对于纳税人从事建筑、修缮、装饰工程作业，无论与对方如何结算，其营业额均应包括工程所用原材料及其他物资和动力的价款在内。

（二）金融保险业计税依据

金融业计征营业税的营业额有三种方法：一是对一般贷款、典当、金融经纪业等中介服务，以取得的利息收入全额或手续费收入全额确认为营业额；二是对转贷外汇，按贷款利息收入减去支付境外的借款利息支出后的余额确认为营业额；三是对外汇、证券、期货等金融商品转让，按卖出价减去买入价后的差额确认为营业额。

（三）电信业的计税依据

电信部门以集中受理方式为集团客户提供跨省的出租电路业务，由受理地区的电信部门按取得的全部价款减去分割给参与提供跨省电信业务的电信部门的价款后的差额为营业额计征营业税；对参与提供跨省电信业务的电信部门，按各自取得的全部价款为营业额计征营业税。

集中受理是指电信部门应一些集团客户的要求，为该集团所属的众多客户提供跨地区的出租电信线路业务，以便该集团所属众多客户在全国范围内保持特定通信联络。

（四）文化体育业的计税依据

文化体育业的营业额就是指纳税人经营文化业、体育业取得的全部收入，这其中包括演出收入、播映收入、其他文化收入，经营游览场所收入和体育收入。但单位或个人进行演出，以全部收入减去付给提供演出场所的单位、演出公司或经纪人的费用后的余额为营业额。

（五）娱乐业的计税依据

娱乐业的营业额为经营娱乐业向顾客收取的各项费用，包括门票收费、台位费、点歌费、烟酒和饮料收费及经营娱乐业的其他各项收费。

（六）服务业的计税依据

服务业的营业额是纳税人提供服务业劳务向对方收取的全部价款和价外费用。同时，为了避免某些项目重复征税，《营业税暂行条例》实施细则等文件对旅游业和广告业的营业额作了特别规定。服务业营业额的确定如表9－3所示。

表9－3　服务业营业额的确定

种类	具体征收范围
代理业营业额	代理业营业额，是指经营代购代销货物、代办进出口、介绍服务和其他代理服务取得的手续费、介绍费、代办费等收入
旅店业营业额	旅店业的营业额为提供住宿服务的各项收入
饮食业营业额	饮食业的营业额为向顾客提供饮食消费服务而收取的餐饮收入
旅游业营业额	旅游业务的营业额，按照《营业税暂行条例》规定："旅游企业组织旅游团到中华人民共和国境外旅游，在境外凡改由其他旅游企业接团的，以全程旅游费减去付给接团企业的旅游费后的余额为营业额。"为了公平税负，在《营业税暂行条例》实施细则中又规定，对旅游企业组织旅游团在中国境内旅游的，以收取的旅游费减去替旅游者支付给予其他单位的房费、餐费、交通、门票或支付给其他接团旅游企业的旅游费后的余额为营业额。对旅游企业在境内改团接待的业务，可比照境外规定予以扣除
广告业营业额	对广告业务征收营业税，是以广告业务收入作为营业额征税的。广告业务收入是指广告的设计、制作、刊登、广告性赞助收入等，应按全额征收营业税。从事广告代理业务的，以其全部收入减去支付给其他广告公司或广告发布者（包括媒体、载体）的广告发布费后的余额为营业额
租赁业营业额	租赁业务的营业额是经营租赁业务所取得的租金的全额收入，不得扣除任何费用
仓储业营业额	仓储业的营业额为经营仓储业务向顾客收取的全部费用
其他服务业营业额	其他服务业的营业额即为发生其他服务业劳务时，向对方收取的全部费用，包括价外收费。但要注意的是，对于财政部、国家税务总局或者省级财政、地税局不征税名单的收费项目，不征营业税，否则都应该征收营业税，且营业额为收费的全额

（七）转让无形资产的计税依据

纳税人转让无形资产的营业额为纳税人转让无形资产从受让方取得的货币、货物和其他经济利益。

（八）销售不动产的计税依据

纳税人销售不动产的营业额为纳税人销售不动产时从购买方取得的全部价款和价外费用（含货币、货物或其他经济利益）。

单位和个人销售或转让其购置的不动产或受让的土地使用权，以全部收入减去不动产或土地使用权的购置或受让原价后的余额为营业额。

单位和个人销售或转让抵债所得的不动产、土地使用权的，以全部收入减去抵债时该项不动产或土地使用权作价后的余额为营业额。

六、营业税的计算

（一）营业税的计算公式

营业税应纳税额的计算公式为：

应纳税额 = 营业额 × 税率

应纳税额按人民币计算。纳税人按外汇结算营业收入的，应当按规定先折算成人民币后，再计算应纳税额。

外汇折算成人民币的方法，一般是以收到外汇收入的当天或当月 1 日国家公布的外汇牌价（原则上为中间价）折算成人民币；对于金融机构，则按收到外汇收入的当季季末国家公布的外汇牌价折算成人民币。

不论是以收到外汇收入的当天还是当月 1 日国家公布的外汇牌价进行折算，纳税人应当事先确定采用其中一种方法，并且一旦确定，在一个纳税年度内不得变动。

（二）营业税的计算举例

【例 9－10】某广告公司 A 于 2013 年 4 月取得广告的设计、制作收入 600 000 元；同时，A 公司代理广告业务收入 180 000 元，其中，支付给广告发布者的发布费为 80 000 元。请计算该公司 4 月份应纳营业税税额。

分析与计算：

该公司 4 月份应纳营业额包括广告设计、制作收入和代理收入两个部分。按税法规定，广告业务收入全额征收营业税；从事广告代理业务的，以其全部收入减去支付给广告发布者的发布费用后的余额为营业额。

应纳营业税税额 =（600 000 + 180 000 − 80 000）× 5% = 35 000（元）。

【例 9－11】某地产公司 A 于 2013 年 2 月取得租赁业务收入 400 000 元；同时，公司对外提供仓储服务，仓储业务当月收入为 120 000 元。请计算该公司当月应纳营业税税额。

分析与计算：

租赁业务的营业额为经营租赁业务取得租金的全额收入；仓储业的营业额为经营仓储业向顾客收取的全部费用。

应纳营业税税额 = (400 000 + 120 000) × 5% = 26 000(元)。

【例 9-12】 某旅行社本月组织团体旅游，收取旅游费共计 35 万元；其中组团境内旅游收入 15 万元，替旅游者支付给其他单位餐费、交通费、门票共计 8 万元；组团境外旅游收入 20 万元，付给境外接团企业费用 12 万元，请计算该旅行社本月应纳营业税税额。

按税法规定：组团境外旅游以全程旅费减去付给境外接团企业的旅费后的余额为营业额；旅行社代替旅游者支付给其他单位的餐费、住宿费、交通费、门票和其他代付费用可以从总收入中扣除。旅游业适用 5% 税率。

应纳营业税税额 = (15 - 8) × 5% + (20 - 12) × 5% = 0.75(万元)。

七、企业营业税的会计处理

(一) 对营业税进行会计处理应设置的会计科目

对于企业应该缴纳的营业税，主要通过“应交税费”“营业税金及附加”等科目进行会计核算。

企业按规定应交的营业税，在“应交税费”科目下设置“应交营业税”明细科目核算。“应交营业税”明细科目的借方发生额反映企业已交纳的营业税，贷方发生额反映应交的营业税；期末借方余额反映多交的营业税，期末贷方余额反映尚未交纳的营业税。

企业上交营业税时，借记“应交税费——应交营业税”科目，贷记“银行存款”科目。

(二) 企业提供应纳营业税劳务行为的账务处理

对于企业而言，提供各类以收取固定费用为特征的代销业务是企业最常发生的应纳营业税的行为。企业发生营业税应税行为，按其营业额和规定的税率，计算应交纳的营业额，借记“营业税金及附加”科目，贷记“应交税费——应交营业税”科目。也可以在一个营业月份结束时，将本月所提供的全部劳务应该缴纳的营业税一次性计提，这样可以适当减少会计核算的工作量。

待到实际缴纳以上的营业税税金时，借记“应交税费——应交营业税”科目，贷记“银行存款”科目。

(三) 企业销售不动产的账务处理

企业销售不动产，应向不动产所在地主管税务机关申报交纳营业税。企业销售不动产按规定应交的营业税，借记“固定资产清理”科目，贷记“应交税费——应交营业税”科目。

（四）企业出租不动产的账务处理

企业出租无形资产取得收入按规定应交的营业税，借记“其他业务支出”等科目，贷记“应交税费——应交营业税”科目。

（五）企业出租无形资产的账务处理

企业出租无形资产取得收入按规定应交的营业税，借记“其他业务支出”等科目，贷记“应交税费——应交营业税”科目。

第三节　与企业盈亏相关的税种
——企业所得税的计算与会计处理

一、企业所得税的含义

企业所得税是以各类组织取得的生产经营所得和其他所得为征税对象所征收的一种税。从 2008 年 1 月 1 日起，我国实行了合并企业所得税的改革，无论外资企业还是内资企业，均适用统一的企业所得税。

二、企业所得税纳税人、征税范围和税率

（一）企业所得税的纳税人

对于企业所得税的纳税人范围，《中华人民共和国企业所得税法》采用了一般减去特殊的原则，除去个人独资企业和合伙企业，其他凡取得收入的各类经济组织都是企业所得税的纳税人，包括依照中国法律、行政法规在中国境内成立的企业、事业单位、社会团体以及其他取得收入的组织。

（二）企业所得税的征税范围

《中华人民共和国企业所得税法》规定，企业以货币形式和非货币形式从各种来源取得的收入，为收入总额。收入总额的构成如图 9－5 所示。

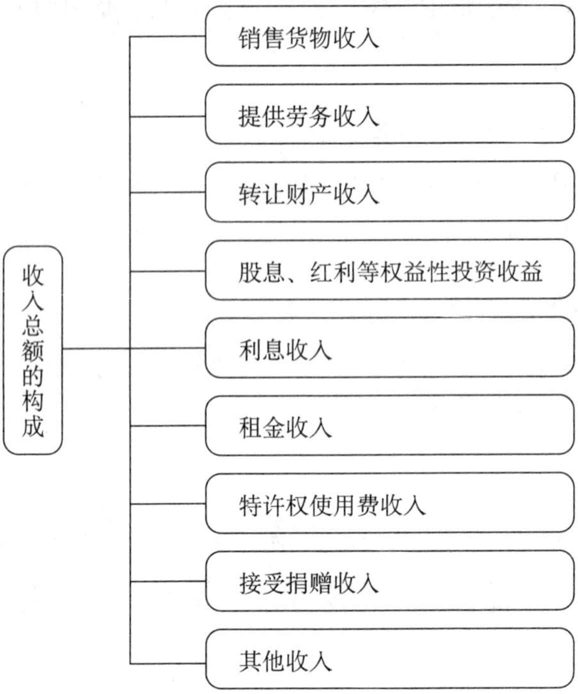

图 9－5　收入总额的构成

依据《中华人民共和国企业所得税法》的规定，收入总额中的下列收入为不征税收入，如图 9－6 所示。

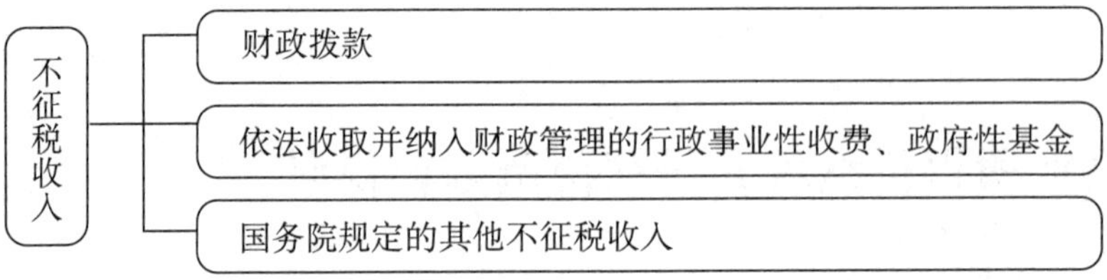

图 9－6　不征税收入

另外，企业在清算结算的时候往往会产生清算所得，所谓清算所得是指企业的全部资产可变现价值或者交易价格减除资产净值、清算费用以及相关税费等后的余额。清算所得也属于企业所得税的征税范围。

（三）企业所得税的税率

当前企业所得税的税率统一为 25%。但在以下三种情况下，可以享受到 20%、15% 的优惠税率：

（1）对于符合一定条件的微利小企业，采用 20% 优惠税率的规定。

（2）对于国家需要重点扶持的高新技术企业，减按 15% 的税率征收企业所得税。

（3）非居民企业在中国境内未设立机构、场所的，或者虽设立机构、场所但取得的所得与其所设机构、场所没有实际联系的，应当就其来源于中国境内的所得缴纳企业所得税，适用税率为20%。

三、企业所得税计税依据的确定

（一）企业所得税的计税依据

企业所得税的计税依据，是企业的应纳税所得额。所谓应纳税所得额，是指企业每一纳税年度的收入总额，减除不征税收入、免税收入、各项扣除以及允许弥补的以前年度亏损后的余额。应纳税所得额的基本计算公式是：

应纳税所得额＝收入总额－不征税收入－免税收入－
准予扣除的项目－允许弥补的以前年度亏损

（二）如何正确计算企业收入

要正确计算企业的应纳税所得额，首先是要正确计算企业的收入总额，企业以货币形式和非货币形式从各种来源取得的收入为收入总额。企业取得收入的货币形式，包括现金、存款、应收账款、应收票据、准备持有至到期的债券投资以及债务的豁免等。企业取得收入的非货币形式，包括固定资产、生物资产、无形资产、股权投资、存货、不准备持有至到期的债券投资、劳务以及有关权益等。企业以非货币形式取得的收入，应当按照公允价值确定收入额。

1. 企业收入的主要内容

按照新施行的《中华人民共和国企业所得税法》的规定，企业的各项收入主要包括以下内容，如表9－4所示。

表9－4　各项收入主要包括的内容

收入项目	具体范围
销售货物收入	是指企业销售商品、产品、原材料、包装物、低值易耗品以及其他存货取得的收入
提供劳务收入	是指企业从事建筑安装、修理修配、交通运输、仓储租赁、金融保险、邮电通信、咨询经纪、文化体育、科学研究、技术服务、教育培训、餐饮住宿、中介代理、卫生保健、社区服务、旅游、娱乐、加工以及其他劳务服务活动取得的收入
转让财产收入	是指企业转让固定资产、生物资产、无形资产、股权、债权等财产取得的收入
股息、红利等权益性投资收益	是指企业因权益性投资从被投资方取得的收入
利息收入	是指企业将资金提供他人使用但不构成权益性投资，或者因他人占用本企业资金取得的收入，包括存款利息、贷款利息、债券利息、欠款利息等收入

（续表）

收入项目	具体范围
租金收入	是指企业提供固定资产、包装物或者其他有形资产的使用权取得的收入
特许权使用费收入	是指企业提供专利权、非专利技术、商标权、著作权以及其他特许权的使用权取得的收入
接受捐赠收入	是指企业接受的来自其他企业、组织或者个人无偿给予的货币性资产、非货币性资产
其他收入	是指企业取得的除《中华人民共和国企业所得税法》第六条第（一）项至第（八）项规定的收入外的其他收入，包括企业资产溢余收入、逾期未退包装物押金收入、确实无法偿付的应付款项、已作坏账损失处理后又收回的应收款项、债务重组收入、补贴收入、违约金收入、汇兑收益等

2. 不征税收入的主要内容

《中华人民共和国企业所得税法》规定，收入总额中的下列收入为不征税收入，如表9－5所示。

表9－5　不征税收入的主要内容

收入项目	具体范围
财政拨款	是指各级人民政府对纳入预算管理的事业单位、社会团体等组织拨付的财政资金，但国务院和国务院财政、税务主管部门另有规定的除外
依法收取并纳入财政管理的行政事业性收费、政府性基金	行政事业性收费，是指依照法律法规等有关规定，按照国务院规定程序批准，在实施社会公共管理以及向公民、法人或者其他组织提供特定公共服务过程中，向特定对象收取并纳入财政管理的费用。 政府性基金，是指企业依照法律、行政法规等有关规定，代政府收取的具有专项用途的财政资金
国务院规定的其他不征税收入	国务院规定的其他不征税收入，是指企业取得的由国务院财政、税务主管部门规定专项用途并经国务院批准的财政性资金

（三）准予在税前进行扣除的项目

《中华人民共和国企业所得税法》第八条规定，企业实际发生的与取得收入有关的、合理的支出，包括成本、费用、税金、损失和其他支出，准予在计算应纳税所得额时扣除。如表9－6所示。

其中，有关的支出是指与取得收入直接相关的支出；合理的支出是指符合生产经营活动常规，应当计入当期损益或者有关资产成本的必要和正常的支出。

表 9-6　准予在税前扣除的项目

扣除项目	具体内容
成本	成本是指企业在生产经营活动中发生的销售成本、销货成本、业务支出以及其他耗费等
费用	费用是指企业在生产经营活动中发生的销售费用、管理费用和财务费用，已经计入成本的有关费用除外
税金	税金是指企业发生的除企业所得税和允许抵扣的增值税以外的各项税金及其附加。企业缴纳的增值税因其属于价外税，故不在扣除之列
损失	损失是指企业在生产经营活动中发生的固定资产和存货的盘亏、毁损、报废损失，转让财产损失，呆账损失，坏账损失，自然灾害等不可抗力因素造成的损失以及其他损失。企业发生的损失，减除责任人赔偿和保险赔款后的余额，依照国务院财政、税务主管部门的规定扣除。企业已经作为损失处理的资产，在以后纳税年度又全部收回或者部分收回时，应当计入当期收入
亏损	企业纳税年度发生的亏损，准予向以后年度结转，用以后年度的所得弥补，但结转年限最长不得超过 5 年。5 年内不论纳税人是盈利还是亏损，都应连续计算弥补的年限。先亏先补，按顺序连续计算弥补期。亏损额不是企业利润表中的亏损额，是指企业依照企业所得税法和本条例的规定将每一纳税年度的收入总额减除不征税收入、免税收入和各项扣除后小于零的数额
其他支出	其他支出是指除成本、费用、税金、损失外，企业在生产经营活动中发生的与生产经营活动有关的、合理的支出

四、应纳所得税额的计算

企业所得税实行按年计征、分期预缴、年终汇算清缴、多退少补的办法。其应纳所得税额的计算分为预缴所得税额计算和年终汇算清缴所得税额计算两部分。

（一）按月（季）预缴所得税的计算方法

纳税人预缴所得税时，应当按纳税期限内应纳税所得额的实际数预缴；按实际数预缴有困难的，可按上一年度应纳税所得额的 1/12 或 1/4 预缴，或者经当地税务机关认可的其他方法分期预缴所得税。其计算公式为：

应纳所得税额 = 月（季）应纳税所得额 ×25%

或 = 上年应纳税所得额 ×1/12（或 1/4）×25%

（二）年终汇算清缴所得税的计算方法

全年应纳所得税额 = 全年应纳税所得额 × 25%

多退少补所得税额 = 全年应纳所得税额 − 月（季）已预缴所得税额

企业所得税税款应以人民币为计算单位。若所得为外国货币的，应当按照国家外汇管理机关公布的外汇汇率折合人民币缴纳。

【例9－13】某零售企业2013年全年应税所得额240万元。2014年企业经税务机关同意，每月按2013年应纳税所得额的1/12预缴企业所得税。2014年全年实现利润经调整后的应纳税所得额为300万元。计算该企业2014年每月应预缴的企业所得税以及年终汇算清缴时应补缴的企业所得税。

（1）2014年1～12月每月应预缴所得税额为：

应纳税额 = 240 ÷ 12 × 25% = 5（万元）。

（2）2014年1～12月实际预缴所得税额为：

实际预缴额 = 5 × 12 = 60（万元）。

（3）2014年全年应纳所得税税额为：

应纳税额 = 300 × 25% = 75（万元）。

（4）年终汇算清缴时应补缴所得税额为：

应补缴所得税额 = 75 − 60 = 15（万元）。

五、企业所得税的缴纳

企业所得税实行按年计算、分月或分季预缴、年终汇算清缴、多退少补的征纳办法。具体纳税期限由主管税务机关根据纳税人应纳税额的大小，予以核定。

（一）企业所得税的缴纳期限

企业所得税分月或者分季预缴，其相应的交纳期限如下：

（1）企业应当自月份或者季度终了之日起十五日内，向税务机关报送预缴企业所得税纳税申报表，预缴税款。

（2）企业应当自年度终了之日起五个月内，向税务机关报送年度企业所得税纳税申报表并汇算清缴，结清应缴应退税款。

企业在报送企业所得税纳税申报表时，应当按照规定附送财务会计报告和其他有关资料。

（3）企业在年度中间终止经营活动的，应当自实际经营终止之日起六十日内，向税务机关办理当期企业所得税汇算清缴。

企业应当在办理注销登记前，就其清算所得向税务机关申报并依法缴纳企业所得税。

企业所得税的清缴，由纳税人自行计算年度应纳税所得额和应缴所得税额，根据预缴税款情况，计算全年应缴纳税额并填写纳税申报表，在税法规定的申报期内向税务机关进行年度纳税申报，经税务机关审核后，办理结清手续。

（二）企业所得税的纳税年度

企业所得税按纳税年度计算，纳税年度自公历 1 月 1 日起至 12 月 31 日止。

企业在一个纳税年度中间开业或者终止经营活动，使该纳税年度的实际经营期不足十二个月的，应当以其实际经营期为一个纳税年度。

企业依法清算时，应当以清算期间作为一个纳税年度。

六、所得税的会计处理

企业的生产、经营所得和其他所得，依照有关所得税暂行条例及其细则的规定需要交纳所得税，在“应交税费”科目下设置“应交所得税”明细科目核算。当期应计入损益的所得税，作为一项费用在净收益前扣除。企业按照一定方法计算计入损益的所得税，借记“所得税费用”科目，贷记“应交税费——应交所得税”科目。

第四节　别忘了还有其他税种

一、资源税

资源税是国家对在我国境内开采矿产品或者生产盐的单位和个人征收的税种。企业按规定应交的资源税，在“应交税费”科目下设置“应交资源税”明细科目核算。“应交资源税”明细科目的借方发生额，反映企业已交的或按规定允许抵扣的资源税；贷方发生额，反映应交的资源税；期末借方余额，反映多交或尚未抵扣的资源税；期末贷方余额，反映尚未交纳的资源税。

二、土地增值税

企业转让国有土地使用权、地上建筑物及其附着物并取得收入的单位和个人，均应交纳土地增值税。在会计处理时，企业交纳的土地增值税通过“应交税费——应交土地增值税”科目核算。兼营房地产业务的小企业，应由当期收入负担的土地增值税，借记“其他业务支出”科目，贷记“应交税费——应交土地增值税”科目。转让的国有土地使用权与其地上建筑物及附着物一并在“固定资产”或“在建工程”科目核算的，转让时应交纳的土地增值税，借记“固定资产”“在建工程”科目，贷记“应交税费——应交土地增值税”科目。交纳的土地增值税，借记“应交税费——应交土地增值税”科目，贷记“银行存款”等科目。

三、城市维护建设税

城市维护建设税是国家对缴纳增值税、消费税、营业税的单位和个人，就其交纳的增值税、消费税、营业税税额为计税依据征收的一种税。税率因纳税人所在地不同，从1%到7%不等。计算公式为：

应纳税额 =（应交增值税 + 应交消费税 + 应交营业税）× 适用税率

企业按规定计算出应交纳的城市维护建设税，借记“营业税金及附加”等科目，贷记“应交税费——应交城市维护建设税”科目；交纳的城市维护建设税，借记“应交税费——应交城市维护建设税”科目，贷记“银行存款”科目。

四、房产税、土地使用税、车船使用税

企业按规定计算应交的房产税、土地使用税、车船使用税，借记“管理费用”科目，贷记“应交税费——应交房产税、土地使用税、车船使用税”科目；上交时，借记“应交税费——应交房产税、土地使用税、车船使用税”科目，贷记“银行存款”科目。

五、个人所得税

个人所得税是对个人取得的各项所得征收的一种所得税。根据税法规定，个人所得税采用代扣代缴和纳税人自行申报相结合的征收方式。支付所得的单位或个人为个人所得税的扣缴义务人。企业为核算扣缴职工个人所得税的情况，应在“应交税费”科目下设置“应交个人所得税”明细科目。企业按规定计算应代扣代交的职工个人所得税，借记“应付职工薪酬”科目，贷记“应交税费——应交个人所得税”科目。交纳的个人所得税，借记“应交税费——应交个人所得税”科目，贷记“银行存款”科目。

第五节　应交税费涉及的税务问题

一、税金长期挂账

【例9－14】A超市在“应交税费——个人所得税”科目中核算代扣代缴的个人所得税。税务人员在对科目明细账进行审计时发现，2013年“应交税费——个人所得税”科目年初贷方余额为1.2万元，而2013年年末该科目贷方余额为1.8万元，当年借方累计发生额为0.8万元，贷方累计发生额为1.4万元。当年借方累计发生额为什么小于年初贷方余额，是否存在少缴个人所得税的情况？经核实，公司计提的个人所得税是正确的，但是存

在应缴未缴的情况。该公司老板承认，由于资金比较紧张，每年代扣的个人所得税只有部分上缴，而其余部分则长期挂账。

分析：该公司存在代扣代缴税金长期挂账不缴的现象。根据《个人所得税法》第九条规定，扣缴义务人每月所扣的税款，自行申报纳税人每月应纳的税款，都应当在次月 7 日内缴入国库，并向税务机关报送纳税申报表。工资、薪金所得应纳的税款按月计征，由扣缴义务人或者纳税义务人在次月 7 日内缴入国库，并向税务机关报送纳税申报表。根据《中华人民共和国税收征收管理法》第三十二条规定，纳税人未按照规定期限缴纳税款的，扣缴义务人未按照规定期限解缴税款的，税务机关除责令限期缴纳外，从滞纳税款之日起，按日加收滞纳税款 0.5‰的滞纳金。因此，该公司不仅应及时缴纳应缴未缴的个人所得税资金，而且应就欠缴的税金缴纳相应的滞纳金。

二、转让无形资产少缴税款

【例 9－15】税务人员检查 A 超市 2013 年度财务报表时，发现该公司于当年 6 月与 B 公司签订的无形资产使用权转让协议书，将公司的专利技术使用权作价 50 万元转让给 B 公司使用；协议规定 B 公司于当年的 6 月 30 日前向 A 超市付款 25 万元，余款于次年的年底前付清。无形资产转让手续分两次办理：第一次手续于当年的 11 月 30 日办理完毕，第二次手续仍在办理中。A 超市所做的账务处理为：借记“银行存款”250 000 元，贷记“其他业务收入”250 000 元。税务人员进一步检查了 A 超市无形资产使用权有偿转让协议，证实了上述交易确实发生，但查阅 A 超市公司有关纳税申报资料和税务部门汇算清缴确认文件时，发现该公司没有按税法规定计缴营业税。

分析：该公司未按税法规定计缴营业税，按照《中华人民共和国营业税暂行条例》规定，企业转让无形资产应按向对方收取的全部价款和价外费用（包括向对方收取的手续费、基金、集资款、代收款项、代垫款项及其他各种性质的价外收费）乘以税率缴纳营业税。因此，该公司应补缴尚未支付款项但已发生的转让行为的营业税、城市维护建设税和教育费附加。

第六节　应交税费涉及的审计问题

一、隐匿收入偷逃税款

【例 9－16】某超市 2014 年 1—9 月的累计营业额为 100 万元，并据此缴纳营业税 17 万元。税务人员于 2014 年 10 月对其 2014 年 1—9 月的经营收入采取顺查法、比较分析法等进行了核实。税务人员首先根据增值税发票本数及起讫号码，逐月逐本核对其有关丢失、转借、代开、外带等违章行为，检查结果表明未发现有上述发票违章现象。于是，税务人员根据平时掌握的信息迅速到与其经常有业务往来的海鸿公司对其财务情况进行延伸检查。通过审查账簿凭证，从中找出该超市开具的一张号码为062940#的收款收据，时间为2014年3月12日，金额2 800元，税务人员当即将收据复印。据此，税务人员又赶回该超市公司，找业主谈话询问，在讲明政策、澄清利害关系后，督促其交代是否存在使用外购或自制收据代替增值税专用发票的情况。该业主起先不予交代，在税务人员出示证据后才不得不承认有两本外购的收款收据代替发票使用。最终查获该业主共隐瞒了24万元营业收入。

分析：该超市采取不开具增值税发票、不入账、不纳税申报，从中偷逃税的"三不"现象带有普遍性。在审计过程中应重点关注小型企业使用外购或自制发票代替增值税专用发票隐瞒收入的情况，由于企业的收入基本上都属于账外收入，在账上很难发现问题，因此，尤其要积极开展外调工作，从消费单位原始及记账凭证中寻找蛛丝马迹，对有重大疑问的单据要一查到底，掌握充分证据后谎言将不攻自破。

二、虚开增值税发票

《刑法》规定，虚开增值税专用发票或者虚开用于骗取出口退税、抵扣税款的其他发票的，处3年以下有期徒刑或者拘役，并处2万元以上20万元以下罚金；虚开的税款数额较大或者有其他严重情节的，处3年以上10年以下有期徒刑，并处5万元以上50万元以下罚金；虚开的税款数额巨大或者有其他特别严重情节的，处10年以上有期徒刑或者无期徒刑，并处5万元以上50万元以下罚金或者没收财产。

【例9－17】税务人员在对A超市检查时发现，该公司从2013年1月至2013年12月期间，在无实际货物交易情况下，取得别的公司虚开的增值税专用发票35份，均向税务机关申报抵扣，共计虚开发票的金额200万元、税额34万元、价税合计234万元，骗取国家税款34万元。

分析：该超市存在虚开增值税专用发票的问题。虚开增值税可以增加抵扣项目，少缴税款，这严重损害了国家的利益。超市的这种做法不仅不得抵扣相应的增值税额，而且虚开增值税发票的相关公司还将受到刑法的处罚。

第十章　并非无债一身轻
——零售企业长期负债的会计核算

第一节　长期借款

长期借款是企业向银行或其他金融机构借入的期限在 1 年以上(不含 1 年)的各项借款。为了核算企业借入的长期借款情况，应设置“长期借款”科目，该科目的贷方登记借入长期借款的本金和按期计提的利息；借方登记偿还的本金和支付的利息；期末贷方余额反映尚未偿还的借款本息。该科目按贷款单位设置明细账，并按贷款种类进行明细核算。

企业借入长期借款，应按实际收到的金额，借记“银行存款”科目，贷记“长期借款”科目。月度终了，应当按照借款本金和借款合同利率计提利息费用，借记“财务费用”“在建工程”等科目，贷记“长期借款”科目。偿还长期借款本金时，借记“长期借款”科目，贷记“银行存款”科目。

【例 10－1】企业甲是一家零售企业，2013 年 1 月 1 日从银行取得周转借款 1 200 000 元，期限 3 年，年利率 8%，每年年底归还借款利息，到期一次还本。款项已存入银行。会计分录如下：

(1)取得借款时。

借：银行存款　　1 200 000

　　贷：长期借款　　1 200 000

(2)第一年年末计息。

借：财务费用　　96 000

　　贷：应付利息　　96 000

(3)偿还借款利息。

借：应付利息　　96 000

　　贷：银行存款　　96 000

第二年处理同上。

(4)第三年偿还借款本金和最后一期利息。

借：财务费用　　96 000

　　贷：应付利息　　96 000

借：长期借款　　　　　　　　　　　　1 200 000

　　应付利息　　　　　　　　　　　　　96 000

　　贷：银行存款　　　　　　　　　　　　1 296 000

第二节　借款费用

企业发生的借款费用，包括借款利息、折价或者溢价的摊销、辅助费用以及因外币借款而发生的汇兑差额等。

一、借款费用的确认原则

企业发生的借款费用可直接归属于符合资本化条件的资产购建或者生产的，应当予以资本化，计入相关资产成本；其他借款费用应当在发生时根据其发生额确认的费用，计入当期损益。

（一）应予资本化的资产范围

借款费用应予资本化的资产范围是指需要经过相当长时间的购建或者生产活动才能达到预定可使用或者可销售状态的固定资产、投资性房地产和存货等资产。发生在其他资产（如存货、无形资产）上的借款费用，不能予以资本化。

（二）应予资本化的借款

如图 10－1 所示，借款费用同时满足下列条件的，才能开始资本化。

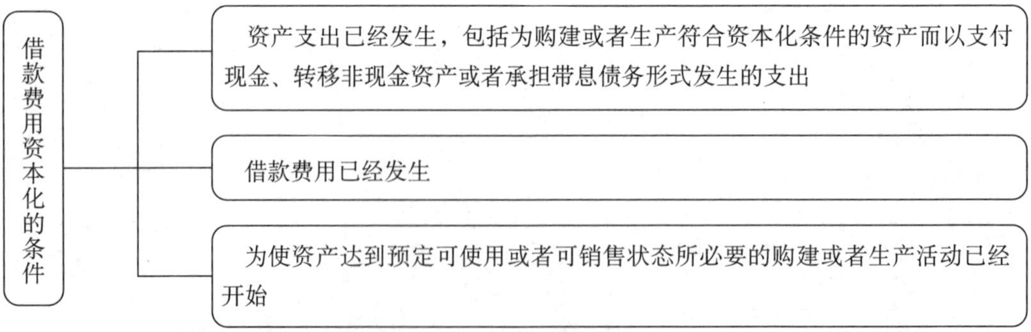

图 10－1　借款费用资本化的条件

企业为购建固定资产而借入的专门借款所发生的借款利息满足上述资本化条件的，在所购建的固定资产达到预定可使用状态前所发生的应当予以资本化，计入所购建固定资产的成本；在所购建的固定资产达到预定可使用状态后发生的，应于发生当期直接计入当期财务费用。

（三）外币汇兑差额的资本化

企业为购建固定资产而借入的外币专门借款，其每一会计期间所产生的汇兑差额（指当期外币专门借款本金及利息所发生的汇兑差额），在所购建固定资产达到预定可使用状态前予以资本化，计入所购建固定资产的成本；在该项固定资产达到预定可使用状态后，计入当期财务费用。

二、借款费用核算应注意的问题

符合资本化条件的资产在购建或者生产过程中发生非正常中断且中断时间连续超过3个月的，应当暂停借款费用的资本化。在中断期间发生的借款费用应当确认为费用，计入当期损益，直至资产的购建或者生产活动重新开始。如果中断是所购建或者生产的符合资本化条件的资产达到预定可使用或者可销售状态的必要程序，借款费用的资本化应当继续进行。

购建或者生产符合资本化条件的资产达到预定可使用或者可销售状态时，借款费用应当停止资本化。在符合资本化条件的资产达到预定可使用或者可销售状态之后所发生的借款费用，应当在发生时根据其发生额确认为费用，计入当期损益。

三、达到预定可使用状态的标志

所谓“达到预定可使用状态”，是指固定资产已达到购买方或建造方预定的可使用状态。如图10－2所示，当存在下列情况之一时，可认为所购建的固定资产已达到预定可使用状态。

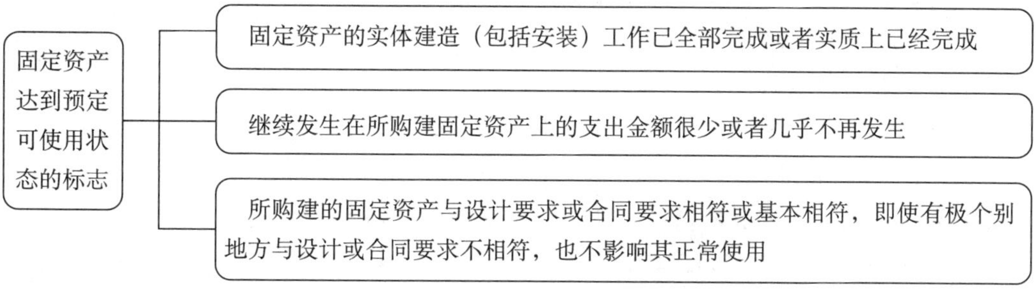

图10－2　固定资产达到预定可使用状态的标志

购建或者生产符合资本化条件的资产需要试生产或者试运行的，在试生产结果表明资产能够正常生产出合格产品或者试运行结果表明资产能够正常运转或者营业时，应当认为该资产已经达到预定可使用或者可销售状态。

第三节　长期应付款

长期应付款指企业除长期借款以外的其他各种长期应付款。企业的长期应付款主要核算融资租赁。为核算企业偿还期在1年以上的各种长期应付款(除长期借款)，应设置"长期应付款"科目。该科目贷方登记应付未付的长期应付款，借方登记已经支付的长期应付款，期末贷方余额反映企业尚未支付的各种长期应付款。该科目应按长期应付款的种类设置明细账，进行明细核算。

融资租入固定资产，应在租赁开始日按应支付的融资租赁费及其他相关费用，借记"在建工程"或"固定资产"科目；按应支付的融资租赁费，贷记"长期应付款"科目；按应支付的其他相关费用，贷记"银行存款""应付账款"等科目。按期支付融资租赁费时，借记"长期应付款"科目，贷记"银行存款"科目。租赁期满，如合同规定将设备所有权转归承租企业，应当进行转账，将固定资产从"融资租入固定资产"明细科目转入有关明细科目。

【例10－2：某企业融资租入一台机器设备，租期5年，该设备价值为2 000 000元，租赁合同规定租金分5年于每年年末等额支付，该项设备不需安装即可投入使用。设备预计净残值40 000元，采用直线法计提折旧。租赁期满后设备归承租方所有。会计分录如下：

(1)租赁开始日。

借：固定资产——融资租入固定资产　　2 000 000

　　贷：长期应付款——应付融资租赁款　　2 000 000

(2)每年支付租金。

借：长期应付款——应付融资租赁款　　400 000

　　贷：银行存款　　400 000

(3)每年按期计提折旧。

借：制造费用　　392 000

　　贷：累计折旧　　392 000

(4)租赁期满后，该项融资租入固定资产转为承租方所有。

借：固定资产——生产用固定资产　　2 000 000

　　贷：固定资产——融资租入固定资产　　2 000 000

企业长期应付款所发生的借款费用(包括利息、汇兑损益等)比照长期借款借款费用处理的规定办理。

第四节　长期负债涉及的税务问题

长期负债，是指偿还期限在1年或超过1年的一个营业周期以上的债务，包括长期借款、长期应付款等。在会计核算中，涉及长期负债的税务问题主要表现在长期借款利息错列费用、虚增融资租赁固定资产等方面。

一、虚增融资租赁固定资产的问题

【例10－3】华为超市融资租入一台电子设备，租赁费5万元，租赁期为3年，但该企业实际入账时，人为虚列固定资产10万元。税务人员在检查过程中发现该企业明细账中有两笔5万元未付款，并且付款日期很接近，经调查，发现第一笔资金5万元是支付给A公司，而第二笔则是支付给一个名叫王明的人，超市财务人员解释说，王明是A公司的人，但是一直联系不上，税务人员函证A公司，证实只收到5万元。超市财务人员不得不承认虚增固定资产，以达到多计固定资产、套取资金、少缴税金的目的。

分析：根据《中华人民共和国企业所得税法实施条例》第四十七条规定，企业根据生产经营活动的需要租入固定资产支付的租赁费，按照以下方法扣除：

(1)以经营租赁方式租入固定资产发生的租赁费支出，按照租赁期限均匀扣除；

(2)以融资租赁方式租入固定资产发生的租赁费支出，按照规定构成融资租入固定资产价值的部分应当提取折旧费用，分期扣除。

在这个案例中，企业为了调节利润而多计固定资产。现实中，还有些企业在融资租赁付款期满后继续付款，将多余的款项从对方账户提出，存入部门“小金库”或私分。根据《中华人民共和国会计法》规定，各单位必须根据实际发生的经济业务事项进行会计核算，填制会计凭证，登记会计账簿，编制财务会计报告。任何单位不得以虚假的经济业务事项或者资料进行会计核算。本例中，该企业以虚假的经济业务进行会计核算，虚增固定资产，待摊销时虚减利润，偷逃国家税款，套取资金形成小金库。因此，该企业不仅应原数交回套取的资金，冲回虚增的固定资产，同时还应补缴所欠的企业所得税，并接受必要的罚款。

二、虚列账户、套取资金的问题

【例10－4】税务人员在对某超市2013年的账务进行审计时发现，该企业长期应付款账户年初支付资金100万元用于购买固定资产，12月21日以退货形式冲销30万元，另外70万元记入融资租入固定资产账。会计凭证后附件为几份合同或协议，都是向B公司购置固定资产资产，价值100万元。税务人员向B公司延伸检查，发现这笔资金只有70万元在该超市账上，其余资金根本不存在，税务人员立即对该超市财务人员进行询问，追问之下，财务人员承认了串通相关人员，套取资金用于炒股，赚的钱没有入账，据为己有的事实。

分析：部分企业存在不根据合同或协议或者根据不相关的合同或协议，虚列长期应付款账户的现象，套取的资金或据为己有或挪作他用。上述案例中，该企业财务人员以虚列的融资合同混入真实的合同中，套出企业资金，以此款进行炒股，待日后再将此款以退货形式返回，而将股市投资收益据为己有。因此，在审查类似问题时，应重点关注企业长期应付款的真实性，必要时可以函证或延伸检查。

第五节　长期负债涉及的审计问题

一、资本化利息的问题

【例 10－5】审计人员在对某超市进行审计时发现，该企业 2013 年 1 月 1 日向银行借入款项 120 万元，年利率 10%，期限 2 年，用于建造商业楼。该大楼于 2013 年 1 月 1 日动工，2014 年 6 月 30 日完工。审计人员还发现，该公司 2013 年将当年所发生的利息全部计入财务费用，而 2014 年为了体现利润，又将当年所发生的利息全部计入固定资产，在固定资产交付使用后编制以下会计分录：

借：固定资产　　12 000

　　贷：长期借款　　12 000

分析：根据我国《小企业会计制度》的规定，小企业长期借款在固定资产建造期间的利息费用应予以资本化，不能计入期间损益；在固定资产交付使用后发生的利息支出，可直接计入当期损益。因此，应将 2013 年 1 月 1 日至 2014 年 6 月 30 日的利息费用予以资本化，计入固定资产；固定资产完工后的利息费用应当计入期间损益，即计入财务费用。

在审计中，应注意对企业固定资产资本化利息的核查，具体应审查以下内容。

1. 业务真实性、合法性审查

需对长期借款及利息费用明细汇总表与长期借款总账、明细账、会计报表相核对。查明企业在会计报表上是否正确揭示了年内到期的长期借款、借款抵押等情况。

检查借款合同、有关批文及其他有关借款的资料，审查确认借款是否有计划、有合同，看企业借款的审批手续是否齐全。

对余额较大或内部控制较弱的长期借款进行函证，验证其余额是否真实，借款本金和利息的归还是否按计划进行。

检查长期借款账面记录和原始凭证，验证会计记录的正确性。

审查长期借款的抵扣和担保情况，看其手续是否齐全，抵押和担保是否符合要求，应注意审查借款抵押品实物是否存在，其所有权是否为企业所有，提供担保的担保人是否符合法定要求等。

2. 用途审查

审查企业是否按借款用途使用借款，借款用途是否符合计划和合同的规定，有无乱拉、乱用或将借款违规高息转借其他企业，牟取非法利益的情况。

审查企业使用借入资金所获收益能否偿还借款本息并有盈余，借款使用中有无重大损失。

3. 利息支出和有关费用及外币汇兑差额的计算是否正确

审查确认企业是否正确地确定了长期借款费用资本化的始点和终点。查明长期借款账户到期余额是否等于本金加逐年应计利息之和。

4. 利息支出和有关费用会计处理是否正确

审查确认长期借款费用资本化核算的分类正确性，应分别查明筹建期费用是否计入开办费；生产期费用是否计入期间损益；购建期费用是否在竣工决算之前计入购建成本，之后计入期间费用。获取或编制长期借款分类明细台账；对长期借款明细余额进行分析；向银行函证借款及应付利息，尤其注意借款本金是否归还和利率是否有调整；查找未入账的借款；检查长期借款是否已在会计报表及附注中得到恰当披露。

二、融资租入固定资产不计提折旧的问题

【例 10－6】审计人员在对某超市财务情况进行审计时，发现该企业长期应付款账户有大量融资租入固定资产，再检查有关折旧账户，并未发现有相应的折旧计提。该企业未计提折旧，实质上是虚减成本、虚增利润。经询问该超市经理得知，该超市是某集团的挂靠企业，虽然自负盈亏，但每年都要完成一定的利润考核指标，否则会因达不到加盟条件而退出。因此，该超市为了少计费用，对融资租入固定资产从不计提折旧，从而达到人为调节利润的目的。

分析：根据《小企业会计准则》的规定，融资租入的固定资产，按照租赁协议或者合同确定的价款，加上运输费、途中保险费、安装调试费以及融资租入固定资产达到预定可使用状态前发生的利息支出和汇兑损益后的金额作为其成本。融资租入的固定资产，应当采用与自有应计折旧固定资产一致的折旧政策。在审计时，应通过查找相关融资租赁合同，计算融资固定资产应入账的金额，对比固定资产及长期应付款等账户，将企业融资租赁资产的金额全部进行核实，同时对累计折旧科目涉及融资租赁的资产应计及已计折旧进行分析归类，查找融资租赁固定资产的入账及折旧是否准确。

第十一章　属于所有者的资产
——零售企业所有者权益的会计核算

第一节　实收资本

一、实收资本的概念

实收资本是指投资者按照企业章程或者合同、协议的约定，作为资本投入企业的各种财产，是企业注册登记的法定资本总额的来源，它表明所有者对企业的基本产权关系。我国法律规定，企业申请设立必须具备一定的资本金，这种由法律规定的企业资本金的最低数额，称为法定资本金。企业实际收到的，并且作为投资人投入资本金的资金，就是实收资本金。

二、我国《公司法》关于注册资本的规定

2014 年 2 月 28 日，十二届全国人大常委会第六次会议决定，对《公司法》做出修改，并自 2014 年 3 月 1 日起施行。在《公司法》中，有关注册资本的规定，进行了比较大的修订。

(一)将注册资本实缴登记制改为认缴登记制

除法律、行政法规以及国务院决定对公司注册资本实缴有另行规定的以外，新公司法取消了关于公司股东(发起人)应自公司成立之日起两年内缴足出资，投资公司在五年内缴足出资的规定；取消了一人有限责任公司股东应一次足额缴纳出资的规定。转而采取公司股东(发起人)自主约定认缴出资额、出资方式、出资期限等，并记载于公司章程的方式。

(二)放宽注册资本登记条件

除对公司注册资本最低限额有另行规定的以外，取消了有限责任公司、一人有限责任公司、股份有限公司最低注册资本分别应达 3 万元、10 万元、500 万元的限制；不再限制公司设立时股东(发起人)的首次出资比例以及货币出资比例。

（三）简化登记事项和登记文件

有限责任公司股东认缴出资额、公司实收资本不再作为登记事项。公司登记时，不需要提交验资报告。

三、实收资本的会计核算

根据我国有关法律的规定，投资者投入资本的方式可以有多种，如投资者可以用现金资产投资，也可以用非现金资产投资。在国家规定比例范围内，还可以用无形资产投资。

（一）接受现金资产投资

投资者以现金投入的资本，应以实际收到或者存入企业开户银行的金额，借记“银行存款”科目；按投资者应享有企业注册资本的份额计算的金额，贷记“实收资本”科目；按其差额，贷记“资本公积——资本溢价”科目。

【例 11－1】某零售企业注册资本为 150 万元。根据合同约定，该企业收到 E 投资者投入的资本 100 万元，F 投资者投入的资本 50 万元，款项已全部存入企业的开户银行。会计分录如下：

借：银行存款	1 500 000	
贷：实收资本——E		1 000 000
——F		500 000

（二）接受非现金资产投资

投资者以非现金资产投入的资本，应按投资各方确认的价值或合同协议约定的价值，借记有关资产科目，贷记“实收资本”和“资本公积”科目。

【例 11－2】某零售企业收到 A 企业作为资本投入的不需要安装的机器一台，双方确认的价值为 200 万元。会计分录如下：

借：固定资产	2 000 000	
贷：实收资本——A 企业		2 000 000

（三）接受外币资本投资

投资者投入的外币，合同约定汇率的，应按收到外币当日的汇率折合的人民币金额，借记“银行存款”等科目；按合同约定汇率折合的人民币金额，贷记“实收资本”科目；

按其差额，借记或贷记“资本公积——外币资本折算差额”科目。合同没有约定汇率的，应按收到出资额当日的汇率折合的人民币金额，借记“银行存款”科目，贷记“实收资本”科目。

【例11－3】 2013年1月5日，某零售企业收到W外商投入的资本100 000美元，收到外币当日的汇率为1美元＝6.2人民币元，该零售企业以人民币为记账本位币。合同没有约定汇率。会计分录如下：

借：银行存款　　620 000

　贷：实收资本　　620 000

（四）企业分次出资的会计核算

新修订的《公司法》允许股东分次出资，当股东第一次出资时，这时的实收资本和企业办理工商登记时申报的注册资本是不同的，那么我们在进行会计处理时，应该以哪一个金额为准呢？

依据《小企业会计准则》的规定，投资者以现金投入的资本，应以实际收到或者存入企业开户银行的金额，借记“银行存款”科目；按投资者应享有企业注册资本的份额计算的金额，贷记“实收资本”科目；按其差额，贷记“资本公积———资本溢价”科目。

投资者以非现金资产投入的资本，应按投资各方确认的价值，借记有关资产科目；按投资者应享有企业注册资本的份额计算的金额，贷记“实收资本”科目；按其差额，贷记“资本公积———资本溢价”科目。

根据以上规定，应该按照股东实际出资的金额，与该股东享有企业注册资本的份额的乘积，记入“实收资本”科目。

四、企业资本变动的会计核算

我国有关法律和《小企业会计准则》规定，企业的实收资本除下列情况外，不得随意变动：①符合增资条件，并经有关部门批准增资；②按法定程序报经批准减少注册资本。

当企业发生上述两种符合规定的资本变动情况时，应做出相应的会计处理。

企业资本变动的会计核算如图11－1所示。

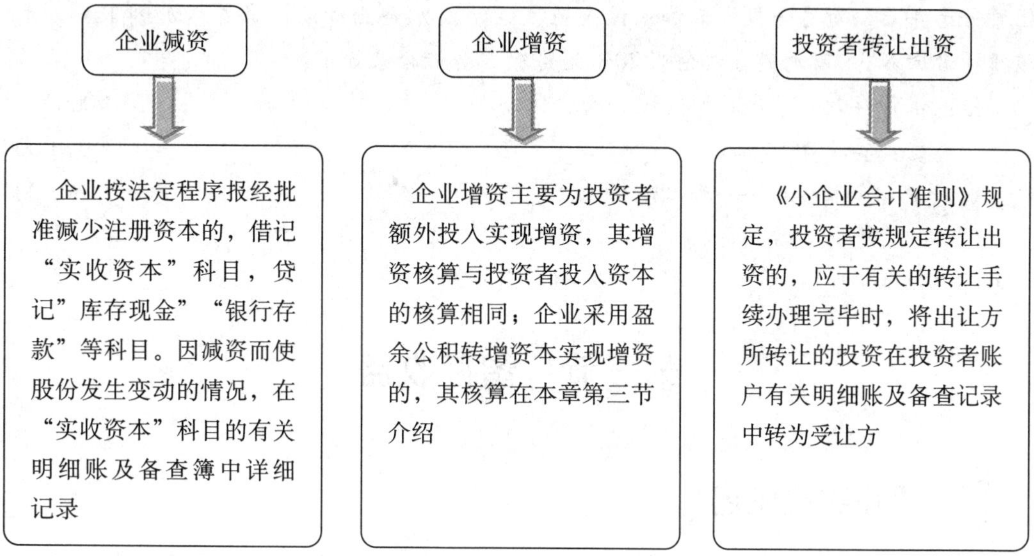

图 11－1　企业资本变动的会计核算

第二节　资本公积

一、资本公积概述

资本公积是企业在筹资过程中形成的资本增值，将资本公积与实收资本相区分，有利于维护投资人按出资比例分享权益；将资本公积与经营损益相区分，则可以有效地避免将筹资过程中的资本增值当作经营利润分配，有利于资本保全。

资本公积应设置“资本公积”账户进行核算。凡是引起资本公积增加的项目记入贷方，引起资本公积减少的项目记入借方，期末余额在贷方，表示资本公积的结存数。

二、资本公积的会计核算

《小企业会计准则》下的资本公积核算内容基本上仅限于资本溢价。

收到投资者投入的资产，应按实际收到的金额或确定的价值，借记“银行存款”“固定资产”等科目；按其应享有企业注册资本的份额计算的金额，贷记“实收资本”科目；按其差额，贷记“资本公积——资本溢价”科目。

【例 11－4】某零售企业原来由四个所有者投资组成，每一所有者各投资 25 万元，经营若干年后，有另一投资者加入该企业，经协商，企业将注册资本增加到 125 万元，该投资者缴入 35 万元拥有该企业 20% 的份额。会计分录如下：

借：银行存款　　350 000

　　贷：实收资本　　250 000

　　　　资本公积——资本溢价　　100 000

第三节　留存收益

一、留存收益概述

留存收益是指企业从历年实现的利润中提取或形成的留存于企业的内部积累，它来源于企业生产经营活动中所实现的净利润。包括盈余公积和未分配利润两部分。

利润分配是指企业根据国家有关规定和投资者的决议，对企业当年可供分配的利润所进行的分配。可供分配的利润，按下列顺序分配，如图 11－2 所示。

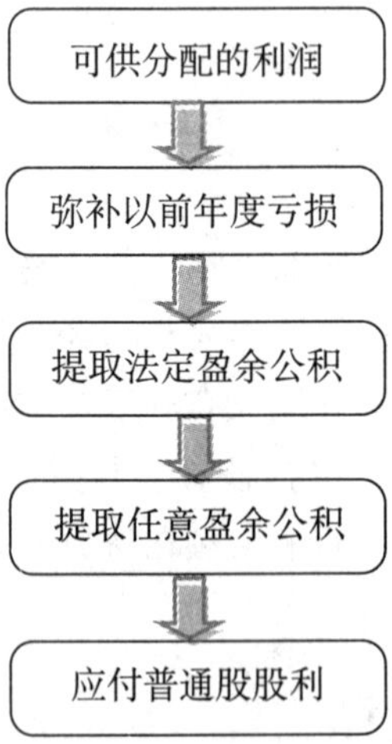

图 11－2　可供分配利润的分配顺序

（一）盈余公积的组成及用途

企业盈余公积包括法定盈余公积和任意盈余公积。如图 11－3 所示。

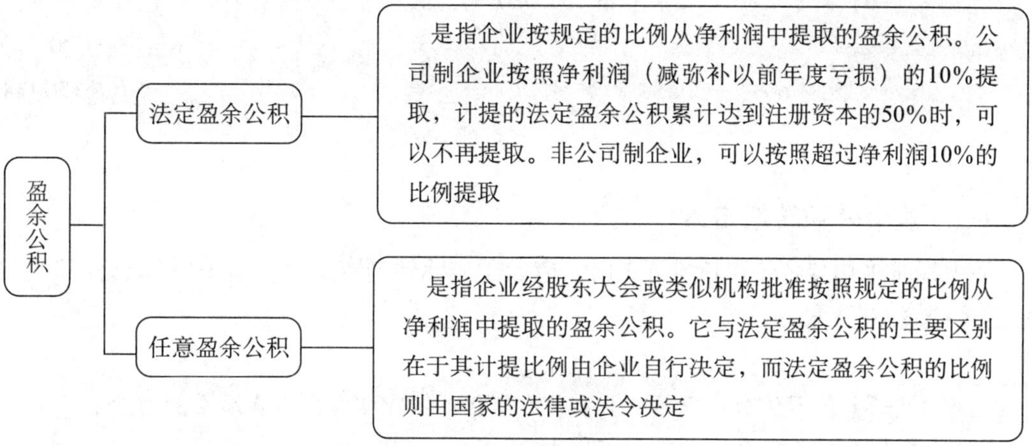

图 11－3　盈余公积的构成

企业提取的盈余公积可用于弥补亏损、转增资本(或股本)，在符合规定的条件下也可用于发放现金股利或利润。

(二)未分配利润的形成和用途

未分配利润是企业实现的净利润经过弥补亏损、提取盈余公积和向投资者分配利润后留存在企业的、历年结存的利润，通常用于留待以后年度向投资者进行分配。

二、留存收益的会计核算

(一)提取盈余公积

企业按规定提取盈余公积时，借记“利润分配——提取法定盈余公积、提取任意盈余公积”科目，贷记“盈余公积——法定盈余公积、任意盈余公积”科目。

【例 11－5】某零售企业按税后盈利 1 000 000 元提取法定盈余公积 10%。会计分录如下：

借：利润分配——提取法定盈余公积	100 000	
贷：盈余公积——法定盈余公积		100 000

(二)盈余公积弥补亏损

企业经董事会或类似机构决议批准，用盈余公积弥补亏损时，借记“盈余公积”科目，贷记“利润分配——盈余公积补亏”科目。

【例 11-6】某零售企业上年亏损 150 000 元，从盈余公积中弥补。会计分录如下：

借：盈余公积　150 000

　　贷：利润分配——盈余公积补亏　150 000

（三）盈余公积转增资本

企业经批准用盈余公积转增资本时，应当于实际转增资本时，借记“盈余公积”科目，贷记“实收资本”等科目。

【例 11-7】某零售企业以盈余公积 200 000 元转作增资，增资后企业盈余公积仍不少于注册资本的 25%。会计分录如下：

借：盈余公积　200 000

　　贷：实收资本　200 000

（四）用盈余公积分配现金股利或利润

企业经股东大会或类似机构决议批准，用盈余公积分配现金股利或利润时，借记“盈余公积”科目，贷记“应付利润”科目。

【例 11-8】某零售企业经批准用盈余公积分配现金利润 20 万元。会计分录如下：

借：盈余公积　200 000

　　贷：应付利润　200 000

（五）未分配利润

未分配利润是指“利润分配——未分配利润”账户的期末余额。年度终了，企业将全年实现的净利润，自“本年利润”账户转入“利润分配——未分配利润”账户贷方；如为净亏损，则作相反的会计分录。同时，将“利润分配”内的其他明细账户转入“利润分配——未分配利润”账户的借方，结转后“未分配利润”明细账户的借方余额即为未弥补的亏损，贷方余额为未分配的利润。

【例 11-9】某零售企业 2013 年年初未分配利润为 20 万元，2013 年度实现净利润 600 万元，当年提取法定盈余公积 60 万元，提取任意盈余公积 30 万元，应付利润 170 万元。会计分录如下：

借：本年利润　6 000 000

　　贷：利润分配——未分配利润　6 000 000

企业虚假注资的事实被发现。

分析：《公司法》中要求注册资本与实缴资本必须一致，这样，公司在成立之初就必须一次性缴清注册资本金，因而许多人想开公司而资金不足时都会想方设法虚假注资，待注册成功后再把资金抽走，钻法律的空隙。因为，企业只有在银行基本账户批下来后才能将投资款转到基本账户，这时候钱才可以动用。上述流程中缺少任何环节，投资人的款一般都是不能转走的。一些企业投资者投入的货币资金待验资后，反而以借款等名义达到变相抽走资本的目的。

第十二章　贯穿企业运营
——零售企业收入、费用、利润的核算

第一节　收入概述

一、收入的概念

收入是指企业在销售商品、提供劳务及让渡资产使用权等日常活动中形成的经济利益的总流入。如图 12－1 所示，收入具有如下基本特征。

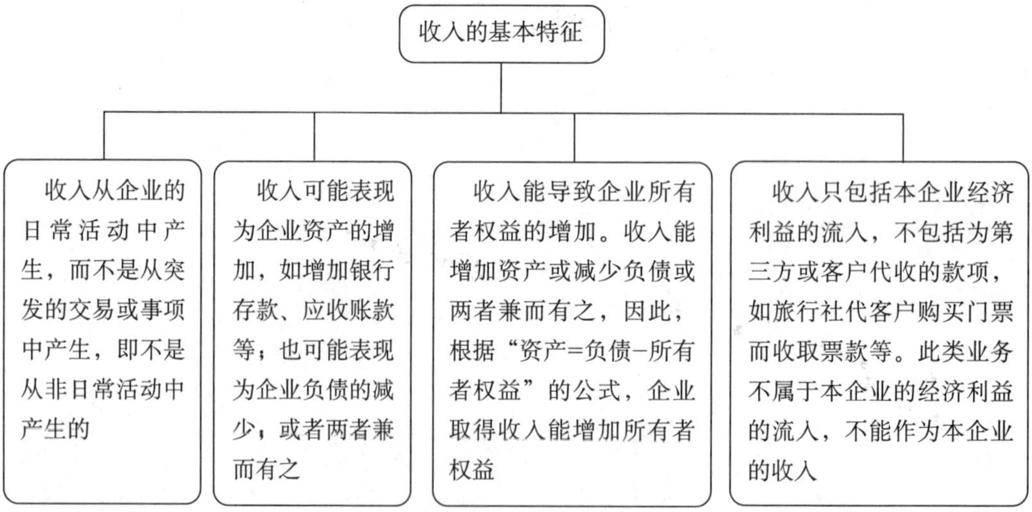

图 12－1　收入的基本特征

二、收入的分类

由于零售企业是以销售商品为主的企业，因此，其收入范围比较单一。零售企业可按不同的分类标准，对收入进行不同的分类，以便加强管理和核算。

零售企业因其经营的业务范围不同，主营业务收入的内容也就不同，一般包括：商品销售收入、配送收入、包装收入等。

零售企业收入的分类如表 12－1 所示。

表 12－1　收入的分类

分类标准	分类项目
按收入的经济内容分类	商品销售收入
	提供劳务收入
	提供他人使用本企业的资产等而取得的收入
按收入在企业生产经营活动中的主次程度分类	主营业务收入。主营业务收入一般占企业收入的比重比较大，相应地对企业经济利益产生的影响也较大
	其他业务收入。其他业务收入一般占企业收入的比重比较小，对企业经济利益产生的影响也较小

三、收入的确认原则

收入的确认是一个非常重要的问题，它不仅关系到流转税纳税时间的确定，还会影响成本、费用的正确结转，以至于影响利润和应纳税所得额及应纳所得税额计算的正确性。同时还应注意区分会计核算上的收入确认与税法上作为纳税依据的收入确认，二者不能混为一谈。

收入的确认实际上是指收入在什么时候入账，并在利润表上反映。《小企业会计准则》根据销售商品、提供劳务、让渡资产使用权分别规定了收入的确认原则。

（一）销售商品收入的确认

销售商品收入，是指企业销售商品（或产成品、材料，下同）取得的收入。

在通常情况下，企业应当在发出商品且收到货款或取得收款权利时，确认销售商品收入。在其他情况下，企业销售商品采用不同的方式，则确认收入的时点也不同。

（1）销售商品采用托收承付方式的，在办妥托收手续时确认收入。

（2）销售商品采取预收款方式的，在发出商品时确认收入。

（3）销售商品采用分期收款方式的，在合同约定的收款日期确认收入。

（4）销售商品需要安装和检验的，在购买方接受商品以及安装和检验完毕时确认收入。安装程序比较简单的，可在发出商品时确认收入。

（5）销售商品采用支付手续费方式委托代销的，在收到代销清单时确认收入。

（6）销售商品以旧换新的，销售的商品作为商品销售处理，回收的商品作为购进商品处理。

（7）采取产品分成方式取得的收入，在分得产品之日按照产品的市场价格或评估价值确定销售商品收入金额。

（二）提供劳务收入的确认和计量

零售企业提供劳务收入的情况很少，一般都是伴随着销售商品而产生的劳务收入，比如包装收入、送货收入等，由于金额较小，一般和商品销售收入合并计算即可。

（三）让渡资产使用权收入的确认和计量

企业因让渡资产使用权而发生的使用费收入，应于满足下列条件时确认，如表12－2所示。

表12－2　让渡资产使用权而发生的使用费收入的确认

确认条件	具体内容
与交易相关的经济利益能够流入本企业	这是在收入确认时必须要满足的一项重要原则，企业应根据对方的信誉情况、当年的效益情况以及双方就结算方式、付款期限等达成的协议等进行判断。如果企业估计收回的可能性不大，就不应确认为收入
收入的金额能够可靠地计量	只有当收入的金额能够可靠地计量时，企业才能进行确认。让渡资产使用权的收入应按企业与其资产使用者签订的合同或协议的收费时间和方法确定。如果合同或协议规定使用费一次支付且不提供后期服务的，应将该项资产的销售一次确认收入；如提供后期服务的，应在合同或协议规定的有效期内分期确认收入。如果合同或协议规定分期支付使用费的，应按合同或协议规定的收款时间和金额或合同、协议规定的收款方法计算的金额分期确认收入

四、收入核算的账户设置

企业应设置“主营业务收入”和“其他业务收入”账户，分别核算主营业务收入和其他业务收入的增减变动情况。“主营业务收入”账户的贷方登记企业取得的各项主营业务收入；借方登记期末结转“本年利润”账户的数额；期末结转后，该账户应无余额。其明细账应按主营业务的种类设置。

“其他业务收入”账户的结构与“主营业务收入”账户相同，贷方登记各项其他业务收入的发生数；借方登记期末结转“本年利润”账户的数额；期末结转后，该账户亦无余额。该账户应按其他业务的种类设置明细账，进行明细核算。

第二节　期间费用的会计核算

期间费用亦称期间成本，与一定期间相联系，是指直接从企业当期销售收入中扣除的费用。从企业的损益确定来看，期间费用与产品销售成本、产品销售税金及附加一起从产品销售收入中扣除后作为企业当期的营业利润。当期的期间费用是全额从当期损益中扣除的，其发生额不影响下一个会计期间。期间费用包括管理费用、销售费用和财务费用等。

一、管理费用的会计核算

(一)管理费用

管理费用是指企业为组织和管理企业生产经营所发生的费用，管理费用包括的内容较多，以零售企业为例具体包括以下内容，如表12－3所示。

表12－3　零售企业管理费用包括的具体内容

项目	具体内容
公司经费	即企业管理人员工资、福利费、差旅费、办公费、折旧费、修理费、物料消耗、低值易耗品摊销和其他经费
工会经费	即按职工工资总额的一定比例计提拨交给工会的经费
职工教育经费	即按职工工资总额的一定比例计提，用于职工培训学习以提高文化技术水平的费用
劳动保险费	即企业支付离退休职工的退休金或按规定交纳的离退休统筹金、价格补贴、医药费或医疗保险费、退职金、6个月以上病假人员工资、职工补助费及抚恤费、按规定支付离休人员的其他经费
董事会费	即企业董事会或最高权力机构及其成员为执行职能而发生的差旅费、会议费等
审计费	即企业聘请注册会计师进行查账、验资、资产评估等发生的费用
诉讼费	即企业因起诉或应诉而支付的各项费用
税金	即企业按规定支付的房产税、车船使用税、土地使用税、印花税等
无形资产摊销	即场地使用权、工业产权及专有技术和其他无形资产的摊销
递延资产摊销	即开办费和其他资产的摊销
坏账损失	即企业应收账款的损失
业务招待费	即企业为业务经营的合理需要在年销售净额一定比例之内支付的费用
咨询费	即企业向有关咨询机构进行科学技术经营管理咨询所支付的费用
广告宣传费	即酒店餐饮类企业为了扩大知名度，吸引客源，而通过各种媒体投放广告，进行宣传所支付的费用
礼品促销费	即酒店餐饮类企业为了招揽客户，对在本企业消费过的顾客赠送各种小礼品而支出的费用
装饰布置费用	即酒店餐饮类企业为了营造更好的消费环境，在节日期间对本企业的营业场所进行装饰布置，如摆花、贴画等所支出的各类费用
其他费用	即不包括在上述项目中的其他管理费用，如绿化费、排污费等

(二)管理费用账户

企业应设置“管理费用”科目，反映管理费用的发生及结转。发生管理费用时，借记该科目，贷记”库存现金”“银行存款”“(长期)待摊费用”“无形资产”“坏账准备”“存货跌价准备”“累计折旧”“应付职工薪酬”“应交税费”等科目；期末，应将该科目结转至“本年利润”科目，结转后该科目应无余额。商品流通企业可以不设“管理费用”科目，将上述管理费用的核算内容并入“销售费用”科目核算。“管理费用”应按费用项目设置明细科目，进行明细分类核算。

【例12-1】某零售企业2014年6月份发生的管理费用及会计分录如下：

(1)开出支票，支付本月业务招待费等费用6 900元。

借：管理费用　6 900

　　贷：银行存款　6 900

(2)按规定计提行政管理部门固定资产折旧费2 500元，结算行政管理部门人员工资8 000元，结转领用低值易耗品实际成本300元。

借：管理费用　10 800

　　贷：累计折旧　2 500

　　　　应付职工薪酬　8 000

　　　　低值易耗品　300

(3)摊销应由本月负担的保险费、报刊杂志费，共计560元。

借：管理费用　560

　　贷：待摊费用　560

(4)按规定预提行政管理部门用房的修理费1 520元。

借：管理费用　1 520

　　贷：预提费用　1 520

(5)期末结转管理费用19 780元。

借：本年利润　19 780

　　贷：管理费用　19 780

二、销售费用的会计核算

(一)销售费用

销售费用是指企业销售商品过程中发生的费用，包括运输费、装卸费、包装费、保险费、展览费和广告费，以及为销售本企业商品而专设的销售机构(含销售网点、售后服务网点等)的职工工资、类似工资性质的费用、业务费等管理费用。

在制造企业中，销售费用就是销售费用。而在商业性企业中，由于进货费用也全部作为期间费用，因此，销售费用不仅包括销售费用，还包括在购买商品过程中发生的运输费、装卸费、包装费、保险费、运输途中的合理损耗和入库前的挑选整理费等。

（二）销售费用账户

企业应设置"销售费用"账户，核算企业发生的各项销售费用。该账户的借方登记发生的销售费用，贷方登记期末转入"本年利润"账户的销售费用，"销售费用"账户结转"本年利润"后无余额。企业发生各项销售费用时，借记"销售费用"账户，贷记"库存现金""银行存款""应付职工薪酬"等账户；期末，将归集的销售费用全部转入本年利润时，借记"本年利润"账户，贷记"销售费用"账户。"销售费用"科目应按费用项目设置明细科目，进行明细分类核算。

【例12－2】某零售企业2014年5月份发生的销售费用及会计分录如下：

（1）开出转账支票，支付运输费、装卸费、广告费等8 760元。

借：销售费用	8 760	
贷：银行存款		8 760

（2）根据发料凭证汇总表，登记产品销售领用包装材料5 830元。

借：销售费用	5 830	
贷：原材料		5 830

（3）结转本月专设销售机构职工工资及福利费11 200元，其中：工资8 000元，福利费3 200元。

借：销售费用	11 200	
贷：应付职工薪酬——工资		8 000
——福利费		3 200

（4）期末结账销售费用。

借：本年利润	25 790	
贷：销售费用		25 790

三、财务费用的会计核算

（一）财务费用

财务费用，指企业筹集生产经营所需资金而发生的费用，包括利息支出（减利息收入）、汇兑损失、相关的手续费等。应注意的是，为购建固定资产的专门借款所发生的借款费用，在固定资产达到预定可使用状态前按规定应予资本化的部分，应计入有关固定资产的购建成本。

（二）财务费用账户

企业应设置“财务费用”账户核算企业发生的各项财务费用。该账户的借方登记发生的财务费用，贷方登记期末转入“本年利润”账户的财务费用，“财务费用”账户结转“本年利润”后无余额。企业发生的各项财务费用，借记“财务费用”账户，贷记“银行存款”“预提费用”等账户；企业发生利息收入、汇兑收益时，借记“银行存款”等账户，贷记“财务费用”账户。期末，将本期发生的财务费用全部由“财务费用”账户转入“本年利润”账户，计入当期损益。“财务费用”科目应按费用项目设置明细科目，进行明细分类核算。

【例12－3】某零售企业2014年6月份发生的财务费用及会计分录如下：

（1）用银行存款支付短期借款利息支出2 530元（该企业未预提借款利息）。

借：财务费用　　2 530

　　贷：银行存款　　2 530

（2）用银行存款支付银行手续费360元。

借：财务费用　　360

　　贷：银行存款　　360

（3）银行通知，第四季度银行存款利息收入530元。

借：银行存款　　530

　　贷：财务费用　　530

（4）期末结转财务费用2 360元。

借：本年利润　　2 360

　　贷：财务费用　　2 360

第三节　利润与利润分配

利润是企业在一定会计期间的经营成果，表现为企业净资产的增加，是反映企业经济效益的一个重要指标。

一、利润的构成

利润是由一定会计期间内生产经营活动所获得的各项收入抵减各项支出后形成的。相抵后若为正数，表示盈利；若为负数，则表示亏损。按其来源及构成的不同层次，可以将其分为营业利润、利润总额和净利润。

营业利润是指营业收入减去营业成本、营业税金及附加，减去销售费用、管理费用和财务费用，加上投资收益(或减去投资损失)后的金额。

利润总额，是指营业利润加上营业外收入，减去营业外支出后的金额。

净利润，是指利润总额减去所得税后的净额。其中：所得税是指企业应计入当期损益的所得税费用。

企业的上述利润构成可用公式表示如下：

营业利润 = 营业收入 - 营业成本 - 营业税金及附加 - 销售费用 - 管理费用 - 财务费用 + 投资净收益

利润总额 = 营业利润 + 营业外收入 - 营业外支出

净利润 = 利润总额 - 所得税

二、本年利润的会计核算

上述利润构成中的主营业务收入、主营业务成本、主营业务税金及附加、其他业务收入、其他业务支出、投资收益等内容，其核算方法大多已在前面有关章节中做过介绍，这里主要介绍营业外收入、营业外支出、所得税和本年利润等的核算。

(一)营业外收入的会计核算

营业外收入是指与企业生产经营活动无直接关系的各项非经常性收入，包括非流动资产处置净收益、政府补助、捐赠收益、盘盈收益、汇兑收益、出租包装物和商品的租金收入、逾期未退包装物押金收益、确实无法偿付的应付款项、已作坏账损失处理后又收回的应收款项、违约金收益等。企业应设置“营业外收入”科目，核算企业发生的与其生产经营无直接关系的各项收入，期末，应将该科目的余额转入“本年利润”科目，结转后该科目应无余额。该科目应按收入种类设置三栏式明细账，若企业营业外收入种类不多也可设置多栏式明细账，并按业务种类设置专栏进行明细分类核算。

1. 固定资产清理净收益

企业在生产经营期间，固定资产清理所取得的收益，应借记“固定资产清理”科目，贷记“营业外收入”科目。

【例 12-4】2013 年 4 月，某零售企业一项固定资产进行报废清理。该固定资产原价 50 000 元，累计折旧 48 000 元，发生清理费用 500 元，残余材料变价收入 4 000 元。则结转固定资产清理收益的会计分录如下：

借：固定资产清理	1 500	
贷：营业外收入		1 500

2. 固定资产盘盈收益

企业在清查过程中，对于查明的固定资产盘盈，按确定的价值，借记“固定资产”科目，贷记“待处理财产损溢——待处理非流动资产损溢”科目。处理时借记“待处理财产损溢——待处理非流动资产损溢”科目，贷记“营业外收入”科目。

【例 12－5】 某零售企业 2013 年 4 月盘盈一项固定资产，同类固定资产的市场价格为 50 000 元，按新旧程度估计其价值损耗为 27 000 元。会计分录如下：

借：固定资产	23 000	
贷：待处理财产损溢——待处理非流动资产损溢		23 000
借：待处理财产损溢——待处理非流动资产损溢	23 000	
贷：营业外收入		23 000

3. 转让固定资产净收益

企业转让固定资产取得的净收益，应借记“固定资产清理”科目，贷记“营业外收入”科目。

【例 12－6】 某零售企业 2014 年 4 月转让一项固定资产，其原价为 40 000 元，已提折旧为 28 000 元，取得转让收入为 18 000 元，发生清理费用和上缴税金共 2 500 元。则结转转让净收益的会计分录如下：

借：固定资产清理	3 500	
贷：营业外收入		3 500

4. 出售无形资产净收益

企业出售无形资产，按实际取得的转让收入，借记“银行存款”等科目；按无形资产的账面余额，贷记“无形资产”科目；按应支付的相关税费，贷记“应交税费”等科目；按实际取得的转让收入大于无形资产账面余额与相关税费之和的差额，贷记“营业外收入”科目。

【例 12－7】 某零售企业 2014 年 4 月转让一项无形资产，其账面余额为 120 000 元，取得转让收入为 160 000 元，按规定应交营业税 8 000 元、城市维护建设税 560 元、教育费附加 240 元。会计分录如下：

借：银行存款	160 000	
贷：无形资产		120 000
应交税费——应交营业税		8 000
——应交城市维护建设税		560
——应交教育费附加		240
营业外收入		31 200

5. 罚款净收入

企业取得的罚款净收入，借记“银行存款”等科目，贷记“营业外收入”科目。

(二)营业外支出的会计核算

营业外支出是与企业正常经营活动无直接关系的各项非经常性支出。包括：存货的盘亏、毁损、报废损失，非流动资产处置净损失，坏账损失，无法收回的长期债券投资损失，无法收回的长期股权投资损失，自然灾害等不可抗力因素造成的损失，税收滞纳金，罚金，罚款，被没收财物的损失，捐赠支出，赞助支出等

企业应设置“营业外支出”科目，核算所发生的营业外支出，并在发生该类支出时借记本科目，期末，应将该科目的余额转入“本年利润”科目，结转后该科目应无余额。该科目应按具体的支出项目设置明细账，进行明细核算。

1. 固定资产清理净损失

企业在生产经营期间进行固定资产清理所发生的损失，借记“营业外支出”科目，贷记“固定资产清理”科目。

2. 固定资产盘亏损失

企业在清查财产过程中查明的固定资产盘亏，借记“待处理财产损溢——待处理非流动资产损溢”“累计折旧”科目，贷记“固定资产”科目。处理时借记“营业外支出”科目，贷记“待处理财产损溢——待处理非流动资产损溢”科目。

【例12-8】某零售企业2013年12月进行财产清理，查明盘亏机器设备一台，原价22 000元，已提折旧15 000元。会计分录如下：

借：待处理财产损溢——待处理非流动资产损溢	7 000	
累计折旧	15 000	
贷：固定资产		22 000
借：营业外支出	7 000	
贷：待处理财产损溢——待处理非流动资产损溢		7 000

3. 罚款支出

企业在生产经营期间发生的罚款支出，借记“营业外支出”科目，贷记“银行存款”等科目。

【例12-9】某零售企业2013年4月因排污不达标，被有关部门处以3 500元罚款，以银行存款支付。会计分录如下：

借：营业外支出	3 500	
贷：银行存款		3 500

4. 非常损失

企业外购的物资在运输途中发生非常损失，借记“营业外支出”科目，贷记“在途物资”等科目。

【例12－10】2013年3月5日，某零售企业(一般纳税人)的一批正在运输途中的材料发生非常损失，其实际成本为50 000元，增值税进项税额为8 500元。会计分录如下：

借：营业外支出　58 500
　贷：在途物资　50 000
　　应交税费——应交增值税(进项税额转出)　8 500

5. 出售无形资产净损失

企业出售无形资产，按实际取得的转让收入，借记“银行存款”等科目；按无形资产的账面余额，贷记“无形资产”科目；按应支付的相关税费，贷记“应交税费”等科目；按实际取得的转让收入小于无形资产账面余额与相关税费之和的差额，借记“营业外支出”科目。

(三)本年利润的核算和结转

企业本年利润的计算和结转方法有表结法和账结法两种，小企业的本年利润一般采用账结法。

账结法的具体做法是：每期期末结出损益类科目的本月发生额和余额，然后编制记账凭证，将损益类科目的余额结转到“本年利润”科目，结转后损益类科目均无余额，最后利用“本年利润”科目计算确定本期利润和本年利润。

在期末结转利润时，应将“主营业务收入”“其他业务收入”“营业外收入”等科目的期末余额，分别转入“本年利润”科目，借记“主营业务收入”“其他业务收入”“营业外收入”等科目，贷记“本年利润”科目。将“主营业务成本”“营业税金及附加”“其他业务支出”“销售费用”“管理费用”“财务费用”“营业外支出”“所得税”等科目的期末余额，分别转入“本年利润”科目，借记“本年利润”科目，贷记“主营业务成本”“营业税金及附加”“其他业务支出”“销售费用”“管理费用”“财务费用”“营业外支出”“所得税”等科目。将“投资收益”科目的净收益，转入“本年利润”科目，借记“投资收益”科目，贷记“本年利润”科目；如为净亏损，编制相反会计分录。

年度终了，企业应将本年收入和支出相抵后结出的本年实现的净利润，转入“利润分配”科目，借记“本年利润”科目，贷记“利润分配——未分配利润”科目；如为净亏损，编制相反会计分录。结转后，“本年利润”科目应无余额。

【例12-11】某零售企业2013年年末，各损益类科目的期末余额如表12-4所示：

表12-4　损益类科目期末余额表

科目名额	借方	贷方
主营业务收入		300 000
主营业务成本	150 000	
营业税金及附加	9 700	
其他业务收入		17 500
其他业务支出	9 800	
销售费用	8 600	
管理费用	9 300	
财务费用	6 700	
投资收益		13 500
营业外收入		5 000
营业外支出	2 300	
所得税费用	34 900	

(1)结转各项收入和利得。

借：主营业务收入　300 000
　　其他业务收入　17 500
　　投资收益　13 500
　　营业外收入　5 000
　　贷：本年利润　336 000

(2)结转各项费用和损失。

借：本年利润　231 300
　　贷：主营业务成本　150 000
　　　　营业税金及附加　97 00
　　　　其他业务支出　9 800
　　　　销售费用　8 600
　　　　管理费用　9 300
　　　　财务费用　6 700
　　　　营业外支出　2 300
　　　　所得税费用　34 900

(3)结转本年利润至利润分配。

借：本年利润　104 700
　　贷：利润分配——未分配利润　104 700

三、利润分配的一般顺序

对于所取得的利润，企业均需按一定的程序进行分配。企业当年实现的净利润，加上年初未分配利润(或减去年初未弥补亏损)和其他转入后的余额，为可供分配的利润。可供分配的利润，按下列顺序分配，如图 12 –2 所示。

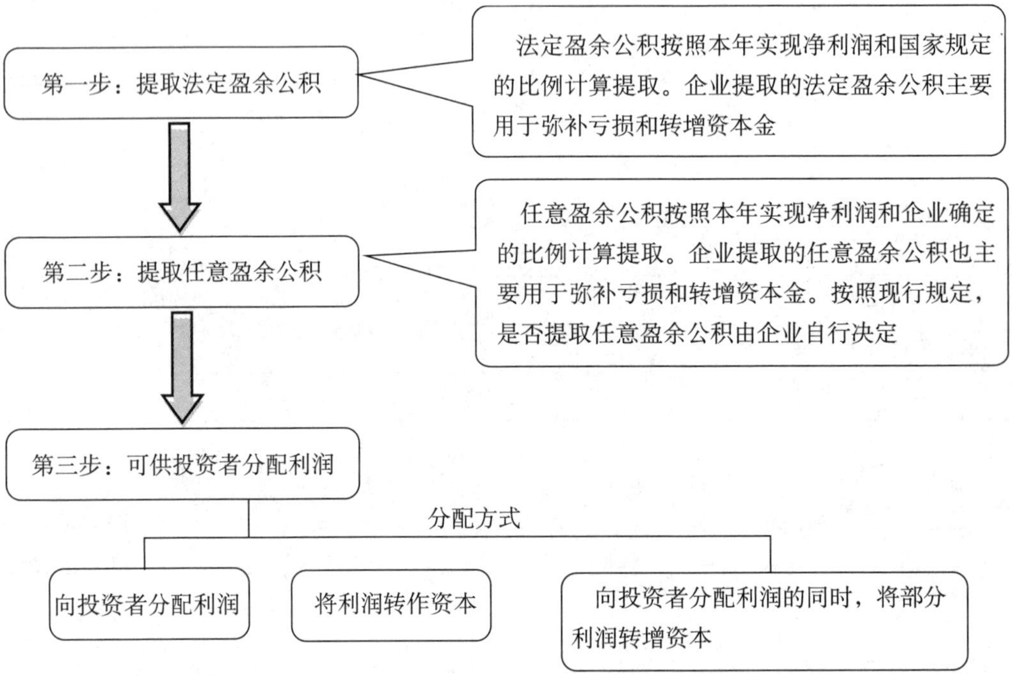

图 12 –2　利润分配的一般顺序

可供投资者分配的利润减去应付利润和转增资本的利润后，为未分配利润。

未分配利润可留待以后年度进行分配。企业如发生亏损，可以按规定由以后年度利润进行弥补。按现行税收政策规定，企业发生经营亏损，可以在以后的五年内用实现的利润在交纳所得税前进行弥补，在五年内弥补不完的部分应用交纳所得税后的利润再行弥补或者用提取的盈余公积进行弥补。

四、利润分配的核算

企业应当按照利润分配的去向设置如下明细科目，进行明细核算。如表 12 –5 所示。

表 12－5　“利润分配”科目的明细科目

明细科目名称	核算内容及方法
其他转入	用盈余公积弥补亏损时，借记“盈余公积”科目，贷记本科目
提取法定盈余公积	按规定从净利润中提取法定盈余公积和任意盈余积时，借记本科目(提取法定盈余公积、提取任意盈余公积)，贷记“盈余公积——法定盈余公积、任意盈余公积”科目
提取任意盈作公积	
应付利润	应当分配给投资者的利润，借记本科目，贷记“应付利润”科目
转作资本的利润	按董事会或类似机构批准的应转资本的金额，在办理增资手续后，借记本科目，贷记“实收资本”等科目
未分配利润	年度终了，将“本年利润”科目转入本科目，借记“本年利润”科目，贷记本科目；如为净亏损，编制相反会计分录。同时，将“利润分配”科目下的其他明细科目的余额转入本科目

【例 12－12】某零售企业 2014 年实现的净利润为 600 000 元，根据国家有关规定首先按净利润的 10% 提取法定盈余公积，再根据董事会决定，按净利润的 5% 提取任意盈余公积，最后确定应分配给投资者利润 100 000 元，转作资本的利润 200 000 元。有关会计分录如下。

(1)结转本年净利润：

借：本年利润　　600 000

　　贷：利润分配——未分配利润　　600 000

(2)提取法定盈余公积：

借：利润分配——提取法定盈余公积　　60 000

　　贷：盈余公积——法定盈余公积　　60 000

(3)提取任意盈余公积：

借：利润分配——提取任意盈余公积　　30 000

　　贷：盈余公积——任意盈余公积　　30 000

(4)应分配给投资者的利润：

借：利润分配——应付利润　　100 000

　　贷：应付利润　　100 000

(5)利润转增资本：

借：利润分配——转作资本的利润　　200 000

　　贷：实收资本　　200 000

(6)结转“利润分配”中除“未分配利润”明细科目外的其他明细科目的余额：

借：利润分配——未分配利润　　390 000

　贷：利润分配——提取法定盈余公积　　60 000

　　　　　　——提取任意盈余公积　　30 000

　　　　　　——应付利润　　100 000

　　　　　　——转作资本的利润　　200 000

经上述结转后，“利润分配——未分配利润”科目的贷方余额为210 000(600 000－390 000)元，为年末未分配利润。

【例12－13】某零售企业2013年发生经营净亏损160 000元，经董事会批准，用提取的法定盈余公积100 000元弥补部分亏损。有关会计分录如下：

(1)结转本年净亏损。

借：利润分配——未分配利润　　160 000

　贷：本年利润　　160 000

(2)用法定盈余公积弥补亏损。

借：盈余公积　　100 000

　贷：利润分配——盈余公积补亏　　100 000

(3)将“利润分配”科目中的“盈余公积补亏”明细科目余额转入“未分配利润”明细科目。

借：利润分配——盈余公积补亏　　100 000

　贷：利润分配——未分配利润　　100 000

结转后，“利润分配——未分配利润”科目的借方余额为60 000(160 000－100 000)元，为年末未弥补亏损。

第四节　收入、费用、利润涉及的税务问题

一、推迟确认收入偷逃税款

【例12－14】某超市为了达到少缴税款的目的，将2013年12月份的一笔500万收入未入账而是在2014年年初确认收入。这样在2013年就达到了少缴税的目的。

二、不得扣除支出未进行纳税调整的问题

【例12－15】A超市2013年1月由于使用假发票被当地税务机关查处，罚款20 000

元；8 月因为非法经营，被工商机关没收价值 20 000 元的物品：由于出纳失误，将本应在 10 月份缴纳的营业税拖至 11 月份才缴纳，同时补交滞纳金 12 000 元。该公司将上述资金全部记入“营业外支出”科目，年终则按实现的利润总额进行纳税申报并计缴所得税。

分析：在这个案例中，公司为了少缴所得税，将罚款、滞纳金及被没收的财物损失直接记入了“营业外支出”科目，而申报所得税也未作纳税调整。根据《中华人民共和国企业所得税法实施条例》第十条规定，在计算应纳税所得额时，下列支出不得扣除：

(1) 向投资者支付的股息、红利等权益性投资收益款项；

(2) 企业所得税税款；

(3) 税收滞纳金；

(4) 罚金、罚款和被没收财物的损失；

(5) 本法规定以外的捐赠支出；

(6) 赞助支出；

(7) 未经核定的准备金支出；

(8) 与取得收入无关的其他支出。

因此，该公司应调增应纳税所得额，补缴欠缴的所得税。

三、跨年度费用支出的纳税调整

【例 12－16】某超市在 12 月份发生费用支出，由于业务人员出差等特殊情况，发票不能在 12 月 31 日前取得并报销入账，对于这部分费用该如何进行会计处理和所得税处理呢？

分析：跨越年度取得发票入账，在税收方面主要影响企业所得税。由于企业所得税按年计算、分期预缴，在纳税年度内发票跨月入账，并不影响当年度所得税的计算。对跨越年度取得发票入账，虽然不过是时间性差异，但影响不同纳税年度的配比和应纳所得税额的计算，有关税法的要求是：

(1) 费用税前列支的一般原则：

①权责发生制原则。即纳税人应在费用发生时而不是实际支付时确认扣除。

②配比原则。即纳税人发生的费用应配比或应分配到当期申报扣除。纳税人某一纳税年度应申报的可扣除费用不得提前或滞后申报扣除。

(2) 以前年度应计未计费用的处理：企业纳税年度内应计未计扣除项目，包括各类应计未计费用、应提未提折旧等，不得移转以后年度补扣，是指年度终了，纳税人在规定的申报期申报后发现的应计未计、应提未提的税前扣除项目。

(3) 所得税汇算清缴期间发现漏计费用的处理：企业在所得税汇算清缴期限内，发现当年度所得税申报有误的，可在所得税汇算清缴期限内向主管税务机关重新办理年度所得税申报和汇算清缴。

(4) 对广告费扣除的限制：内资企业申报扣除的广告费支出，必须符合的条件包括：已实际支付费用，并已取得相应发票。即广告费支出没有取得发票一律不允许在所得税前列支。

从以上规定可以看出：

(1)按税法的要求，费用只能在所属年度扣除，不能提前或结转到以后年度扣除。

(2)当年的费用当年没有取得发票，并不意味着这笔费用就不能在当年的所得税前列支。

第五节 收入、费用、利润涉及的审计问题

一、隐匿收入

【例12－17】A公司被举报隐瞒收入，偷逃税款。税务机关根据举报，立即对问题进行了调查核实。税务人员发现，该公司费用水平比较均衡，都是每月10万元左右，而收入却呈现出前高后低的走势，即上半年和下半年收入差距比较明显，下半年根本没有收入。税务人员开始怀疑有隐瞒收入的情况，但经询问公司财务人员，得知公司下半年厂房在装修，又核对了相关票据和账务后排除了以上怀疑。税务人员要求公司提供装修合同，合同显示工期为6月25日至1月25日，整整7个月，装修款分3笔支付，最后一笔应在工程验收完后10天支付。但税务人员核对了付款依据，发现其中最晚一笔在10月5日支付。装修没有完成，为什么要提前付款？税务人员又在公司每月的工资清单上发现，10月份人员与9月份的相比，发生了很大变化，超过2成是新名字。面对种种疑问，该公司不得不承认，装修实际早在9月20日就已经完工，人员也是全部重新招聘的，10月1日正式生产，但是销售货物并未给客户提供发票，只提供收据。该公司提供的真正合同显示，工期为6月25日至9月25日，整整3个月。针对发现的问题，税务机关下达了处罚决定，要求企业补缴税款，并给予罚款。

分析：从该案例可以看出，该公司采取真装修、假工期的方式，利用假合同隐瞒真正工期，偷逃收入。采用这种方式的企业虽然不多，但是很有典型性。由于审计人员都是事后审计，企业完全有作弊的时间和空间，这就对审计人员提出了比较高的要求。在类似以人为延长工期、隐瞒收入的审计中，应重点关注小型企业在此期间相关费用的支出情况，尤其要仔细核对货币资金的变动，有无在工期内支付所有款项的依据。同时，要重视对人员薪酬的核实，尤其是采取提成工资的企业，一般工期内不可能有效益，如果在工期内发放高额的工资就要引起足够的怀疑。

二、销售收入记入应付账款

【例12－18】审计人员对A零售公司2013年度的销售收入进行分析性复核，发现本年度的销售收入比上年明显减少，对照在前期调查中的了解，A公司本年度生产销售情况是

历史上最好的，审计人员感到销售收入的真实性值得怀疑，于是抽查了8月份、10月份的会计凭证，发现其原始凭证中有发票的记账联反映的“应付账款”，共计120万元。审计人员针对这种情况，询问了当事人，并向应付账款的对方企业函证，结果发现A公司是将企业正常的销售收入反映在“应付款项”中，作为其他的暂存款处理。

分析：被审计单位的做法是错误的。企业将正常的销售收入反映在应付账款中作为其他企业暂存款处理，将记账联单独存放，达到收入减少、少交税款的目的。审计人员应当要求被审计单位及时进行改正。

三、期间费用核算不正确

【例12－19】审计人员在审计某零售公司在2013年2月份向银行借款500万元建设办公楼，应当资本化的的借款费用记入了“财务费用”科目，导致当年的费用增加、利润减少。

分析：期间费用包括管理费用、财务费用和销售费用。企业应当将发生的每笔与期间费用相关的事项及时计入当期的期间费用。该公司向银行借款500万元的利息费用应当予以资本化，计入固定资产的成本。

第十三章　不可不知的会计处理
——零售企业零售业务的会计核算

第一节　零售企业商品流通业务概述

一、零售企业商品流通的概念及特点

（一）零售企业零售业务的概念

零售企业是将商品流通到最终消费者手中的环节，它处于商品流通的终点，是指零售企业从批发企业或生产企业购进商品，并把商品销售给最终消费者或销售给企事业单位等用于生产和生活消费。

（二）零售企业零售业务的特点

零售企业商品流通与批发企业商品流通在业务经营和管理上不尽相同，它具有自己的特点，如图 13－1 所示。

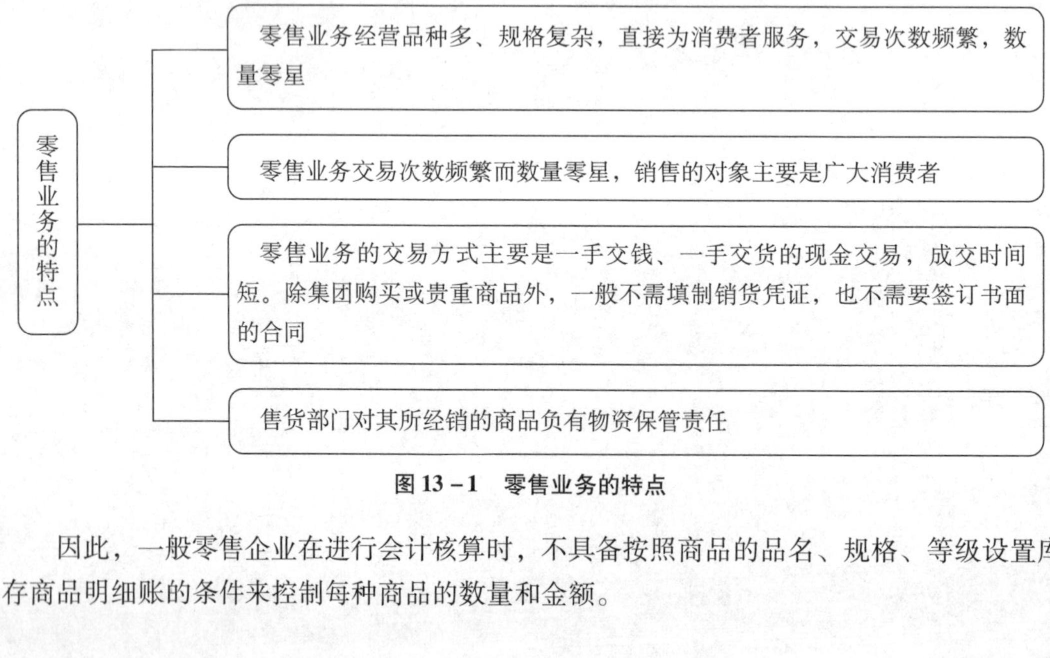

图 13－1　零售业务的特点

因此，一般零售企业在进行会计核算时，不具备按照商品的品名、规格、等级设置库存商品明细账的条件来控制每种商品的数量和金额。

二、零售企业商品流通业务的核算方法

在商品流通业务中，出于加强存货管理、提高经济效益的需要，财务部门既需要对存货的经济价值进行计量，有时候也需要对存货的物理数量进行计量。因此，按照是否对存货的数量进行计量、对存货的经济价值是按照进价还是售价进行计量，对商品的会计核算方法可以划分为以下四种：进价金额法、售价金额法、数量进价金额法、数量售价金额法。

按照零售商品经营的特点，一般采用售价金额核算，又称"拨货计价、实物负责制"，这是一种售价记账与实物负责相结合的核算准则。因此，零售商品按售价金额核算，不仅是一种核算方法也是一种商品管理准则。现以售价金额法为例，阐述零售企业商品流通业务的会计核算。售价金额核算，又称"售价核算，实物负责制"，其核算内容如表 13－1 所示。

表 13－1　售价金额核算法的核心内容

内容	具体解释
建立实物负责制	企业经营的商品，按商品品种和存放地点划分为若干实物负责小组并确定小组负责人，对小组所经营的商品数量、质量负全部经济责任。在实物负责小组内，要建立岗位责任制，明确每个成员的职责分工，对商品的购进、销售、调拨、调价、削价、溢缺等都要建立必要的手续准则，这是实行售价金额核算的基础
库存商品按售价记账	库存商品总分类账及其所属的明细分类账都必须按售价记账，并按实物负责小组设置库存商品明细分类账，以随时反映和掌握各实物负责小组对其经管商品所承担经济责任的情况，这是售价金额核算的核心。 零售企业售价记账的售价，从理论上讲应是商品的销售价格，然而在实际工作中，零售企业销售商品时在柜面上的标价却包括了销项税额。因此，售价记账的售价由销售价格和销项税额两部分组成，也就是说售价是含税价格
设置"材料采购"账户	该账户用以核算企业购入商品的采购成本。企业购入商品、支付货款及发生应计入成本的收购费用时，记入借方；商品验收入库时，记入贷方；余额在借方，表示企业在途商品的成本。该账户应按供货单位名称进行明细分类核算。通过"材料采购"账户，可以掌握企业购进商品总额
设置"商品进销差价"账户	由于库存商品按售价记账，而购进商品按进价付款，为了正确反映企业库存商品资金实际占用额，就必须设置"商品进销差价"账户，用来核算商品进价与售价之间的差额，并定期计算和分摊已销商品的进销差价
设置"库存商品"账户	该账户用以核算企业全部自有的库存商品。当购进、加工收回商品验收入库和发生盘盈时，记入借方；商品销售、发出加工和发生盘亏时，记入贷方；余额在借方，表示库存商品的结存数额

（续表）

内容	具体解释
加强商品盘点	由于库存商品明细分类账户只反映和控制库存商品的售价金额指标，不反映数量和进价金额指标，期末为了核实各实物负责小组库存商品的实有数额，每月必须进行一次全面盘点，计算出实际结存库存商品的售价金额，并与账面结存金额进行核对。发生不符时，要及时查明原因、进行处理，以达到账实相符、保护企业财产安全和完整的目的。对于有自然损耗的商品，应当核定损耗率作为考核的依据。此外，遇到实物负责人调动，必须进行临时盘点，以分清责任；遇到商品调价，必须通过商品盘点，才能确定调价金额，进行账面调整
严格价格管理	零售商品按售价金额入库，实物负责人所经营的商品以售价金额控制，如售价一有变动，就会直接影响库存商品总额。因此，必须严格价格管理，明码标价。 零售商品按售价核算，对于经营品种繁多、交易次数频繁的企业，可以简化核算手续。其不足之处是由于只记金额、不记数量，不能掌握实物进、销、存数量情况，一旦发生差错，难以查明原因

第二节　零售企业商品购进的会计核算

一、零售企业商品购进的程序

零售商品购进，一般由实物负责人根据商品库存和销售情况，自行组织进货。设有专职采购员的企业，可由实物负责小组提出要货计划，由采购员组织进货。

企业购进商品，一般以本地为主，从当地批发企业或生产单位购进，一些规模较大的企业为了扩大花色品种、增加货源，也有从外地购进商品的。

企业在本地购进商品，通常采用提货制和送货制，提货制由企业自行提货，送货制由供货单位根据企业要货单送货上门。不论是提货制还是送货制，其结算方式一般采用支票结算方式，通过购销双方协商，也可采用银行本票和商业汇票结算。

企业从外地购进商品，通常采用发货制，结算方式一般采用银行汇票、汇兑、委托收款和商业汇票等。

不论采用何种商品交接方式，在商品运达后，由实物负责人根据发票所列内容，逐一清点商品数量，检查商品质量，核对商品编号、品名、数量、质量、单价和金额无误后，填制“商品验收单”一式数联，分送有关部门入账。设有供配货中心的企业，商品运到后，应由仓库保管员负责验收。

二、零售企业商品购进一般业务的会计核算

商品零售在使用售价金额法对商品进行核算时，需要设置的科目包括“材料采购”“商品进销差价”“库存商品”等。

财会部门根据采购员交来的结算凭证和核价人员送来的专用发票(发票联)，复核无误后，按其所列明的货款借记“材料采购”科目；按其所列明的增值税税额，借记“应交税费”科目；按价税合计贷记“银行存款”“应付票据”“其他货币资金”等科目。根据实物负责小组送来的商品验收入库凭证复核无误后，按售价金额借记“库存商品”科目，按进价金额贷记“材料采购”科目，售价金额与进价金额之间的差额，则贷记“商品进销差价”科目。

【例 13－1】兴茂商贸有限公司向京华洗涤用品公司购进一批洗涤用品，根据京华洗涤用品公司的专用发票填制收货单如表 13－2 所示。

表 13－2 收货单

收货部门：洗涤用品专柜　　2014 年 5 月 12 日　　供货单位：京华洗涤用品公司

商品名称	购进价格				零售价格				进销差价
	单位	数量	单价	金额	单位	数量	单价	金额	
洗衣液	24 瓶/箱	120	96	11 520	瓶	2 880	6	17 280	5 760
洗洁净	24 瓶/箱	180	82	14 760	瓶	4 320	4	17 280	2 520
洁厕灵	24 瓶/箱	200	46	9 200	瓶	4 800	2.5	12 000	2 800
合计				35 480				46 560	11 080

(1)财会部门收到专用发票(发票联)，列明货款 35 480 元，增值税税额 6 031.60 元，当即签发转账支票付讫，分录如下。

借：材料采购——京华洗涤用品公司　　35 480.00

　　应交税费——应交增值税(进项税额)　　6 031.60

　　贷：银行存款　　41 511.60

(2)财会部门收到洗涤用品专柜转来的收货单，列明售价金额 46 560 元，商品已全部验收入库，结转商品采购成本，分录如下。

借：库存商品——洗涤用品专柜　　46 560

　　贷：材料采购——京华洗涤用品公司　　35 480

　　　　商品进销差价——洗涤用品专柜　　11 080

“商品进销差价”账户是资产类账户，它是“库存商品”账户的抵减账户，用以反映库存商品售价金额与进价金额之间的差额。

(1)企业购入、加工收回以及销售退回等增加的库存商品，按商品售价，借记“库存商品”科目；按商品进价，贷记“银行存款”“委托加工物资”等科目；按售价与进价之间的差额，贷记“商品进销差价”科目。

(2)期末分摊已销商品的进销差价，借记“商品进销差价”科目，贷记“主营业务成本”科目。

该科目的余额在贷方，表示期末库存商品的进销差价。期末“库存商品”账户余额减去“商品进销差价”账户余额，就是库存商品的进价金额。

三、零售企业商品购进特殊业务的会计核算

(一)进货退回的会计核算

零售企业购进商品，一般是整件整箱地验收入库，事后发现商品的品种、规格与专用发票所列不符或质量不符要求等情况，应及时与供货单位联系，经其同意后，由供货单位开出退货的红字专用发票，办理退货手续，然后将商品退还供货单位，作进货退出处理。

【例13-2】兴茂商贸有限公司发现日前购进的洗衣液中有100瓶质量不符要求，与京华洗涤用品公司联系，对方同意退货。该洗衣液每瓶进价4.00元，售价6.00元。

(1)商品退出后，根据洗涤用品转来的红字收货单，分录如下。

借：材料采购——京华洗涤用品公司　　400

　　商品进销差价——洗涤用品专柜　　200

　　贷：库存商品——洗涤用品专柜　　600

(2)收到对方开来退货的红字专用发票，应退货款400元，增值税68元，款项均未收到，分录如下。

借：应收账款——京华洗涤用品公司　　468

　　贷：材料采购——京华洗涤用品公司　　400

　　　　应交税费——应交增值税(进项税额)　　68

(二)购进商品发生溢余和短缺的会计核算

零售企业在购进商品时，必须严格坚持商品验收准则，认真负责地验收商品的数量和质量。营业柜组在验收过程中，发现商品数量有短缺或溢余时，应按照下面的规则处理，如图13-2所示。

购进商品发生溢余和短缺时的会计处理

- **发生溢余**：先按实收数入库，将溢余数按不含税进价转入“待处理财产损溢”账户。查明原因后，再分别情况进行处理。如系供货单位多发，在企业同意购进情况下，由供货单位补开发货单，补付货款；如果是运输途中的自然升溢，作减少商品损耗处理
- **发生短缺**：先按实收数入库，将短缺数和相应的进项税额一起转入“待处理财产损溢”账户，查明原因后再分别情况进行处理。如系供货单位少发，要求对方补货或退款；如系运输部门或有关经办人员责任事故，向对方索赔，转入“其他应收款”账户；如系自然损耗，作为商品损耗处理；如系意外事故，作非常损失处理

图 13－2 购进商品发生溢余和短缺时的会计处理

【例 13－3】兴隆超市向梅坞茶场购入散装绿茶 1 000 千克，每千克进价 54 元，售价 72 元，采用托收承付结算。

(1)2013 年 5 月 2 日，收到银行转来托收凭证，内附专用发票(发票联)计货款 54 000 元，增值税税额 9 180 元，运费凭证 400 元，查验与合同相符，予以承付，分录如下。

借：材料采购——梅坞茶场　54 000
　　应交税费——应交增值税(进项税额)　9 180
　　销售费用——运杂费　400
　　贷：银行存款　63 580

(2)2013 年 5 月 5 日，散装绿茶已运到，由饮料专柜验收，实收 949 千克，短缺 51 千克，原因待查。

①根据验收入库的收货单，结转商品采购成本，分录如下。

借：库存商品——饮料专柜　68 328
　　贷：材料采购——梅坞茶场　51 246
　　　　商品进销差价——饮料专柜　17 082

②根据商品购进短缺溢余报告单，分录如下。

借：待处理财产损溢——待处理流动资产损溢　2 754
　　贷：材料采购——梅坞茶场　2 754

③2013 年 5 月 10 日，查明短缺的散装绿茶中有 1 千克是自然损耗，经领导批准予以转销，分录如下。

借：销售费用——商品损耗　54
　　贷：待处理财产损溢——待处理流动资产损溢　54

(3)2013 年 5 月 12 日，经查明短缺的散装绿茶中有 50 千克是对方少发，经联系后，对方决定不再补发商品，开来红字专用发票，并汇来退货款 2 700 元，增值税税额 459 元，已存入银行。

① 根据红字专用发票冲销商品采购额和进项税额，作分录如下：

借：应收账款——梅坞茶场　　3 159

　　贷：应交税费——应交增值税(进项税额)　　459

　　　　待处理财产损溢——待处理流动资产损溢　　2 700

②根据银行收账通知，分录如下。

借：银行存款　　3 159

　　贷：应收账款——梅坞茶场　　3 159

(三)购进商品退补价的会计核算

零售企业购进商品后，有时会出现由于供货单位的原因出现计价错误的情形，这种情况下，会收到供货单位开来的更正发票，更正其开错的商品货款。更正商品货款有两种情况：一种是只更正购进价格；另一种是既更正购进价格，又更正零售价格。以下分别讲述这两种情况的会计核算方法。

1. 只需要更正购进价格的会计核算

当供货单位开来更正发票时，由于只更正购进价格，没有影响到商品的零售价格，因此，核算时应调整“商品进销差价”账户，而不能调整“库存商品”账户。若是供货单位退还货款，应根据其红字专用发票冲减商品采购额和进项税额，借记“应收账款”账户，贷记“材料采购”账户和“应交税费”账户；同时还要增加商品的进销差价，借记“材料采购”账户，贷记“商品进销差价”账户。若是供货单位补收货款，则应根据专用发票增加商品采购额和进项税额，借记“材料采购”账户和“应交税费”账户，贷记“应付账款”账户；同时还要减少商品的进销差价，借记“商品进销差价”账户，贷记“材料采购”账户。

【例 13-4】兴茂商贸有限公司日前从京华塑料制品有限公司购进塑料浴盆 1 000 个，每个购进单价 12 元，零售单价 15 元，商品已由塑料用品专柜验收入库，现收到供货单位更正专用发票，塑料浴盆每个批发单价应为 10.80 元，应退货款 1 200 元，增值税税额 204 元。

(1)冲减商品采购额和进项税额，分录如下。

借：应收账款——京华塑料制品有限公司　　1 404

　　贷：应交税费——应交增值税(进项税)　　204

　　　　材料采购——京华塑料制品有限公司　　1 200

(2)同时调整商品进销差价，分录如下。

借：材料采购——京华塑料制品有限公司　　1 200

　　贷：商品进销差价——塑料用品专柜　　1 200

2. 购进价格和零售价格同时更正的会计核算

当供货单位由于商品品种、等级搞错等原因而开错价格，事后开来更正发票需要更正批发价和零售价，如因更正价格而使供货单位应退还货款时，应根据更正专用发票冲减商品采购额和进项税额，其核算方法与只更正购进价格的会计核算方法相同；同时，还要冲减库存商品的售价金额和进价成本，按应退货款的数额借记“材料采购”账户，并按照更正后进销差价与原入账进销差价的差额借记“商品进销差价”账户；按更正后售价金额与原入账售价金额的差额贷记“库存商品”账户。如因更正价格而供货单位应补收货款时，应根据其开来的更正发票增加商品采购额和进项税额，其核算方法与只更正购进价格的会计核算方法相同；同时，还要增加库存商品的售价金额和进价成本。按更正后售价金额与原入账售价金额的差额，借记“库存商品”账户；按补收货款数额，贷记“材料采购”账户；按更正后进销差价与原入账进销差价的差额，贷记“商品进销差价”账户。

【例 13－5】兴茂商贸有限公司是一家日用百货零售企业，日前从金塑塑料制品贸易公司购进塑料整理箱 500 个，每个购进单价 11 元，零售单价 15 元，商品已由塑料制品专柜验收入库。

现收到供货单位更正专用发票，由于结算人员在结算时使用了错的价格，每个塑料整理箱购进单价为 8 元，零售单价为 14 元，应退货款 1 500 元，增值税税额 255 元。

(1) 当商品的购进单价发生错误时，需要调整与供货单位之间的结算款项。

应该调减的材料采购的金额 = (11 − 8) × 500 = 1 500(元)。

应该调减的材料采购的增值税进项税额 = 1 500 × 17% = 255(元)。

(2) 当售价变化时，因为该公司是采用售价对存货的成本进行核算，因此需要对库存商品和商品进销差价进行调整。

应该调整的库存商品 = 500 × (14 − 15) = −500(元)。

应该调整的商品进销差价 = (14 − 8) × 500 − (15 − 11) × 500 = 1 000(元)。

①冲减商品采购额和进项税额，分录如下。

借：应收账款——金塑塑料制品贸易公司	1 755	
贷：材料采购——金塑塑料制品贸易公司		1 500
应交税费——应交增值税(进项税额)		255

②同时冲减库存商品的售价金额和进价成本，分录如下。

借：材料采购——金塑塑料制品贸易公司	1 500	
贷：库存商品——塑料制品专柜		500
商品进销差价——塑料制品专柜		1 000

第三节　零售企业商品销售的会计核算

零售企业商品零售的过程是商品从流通领域进入消费领域的过程，也是商品价值实现的过程，这一过程是实现社会再生产的前提。而零售企业的销售对象，除少量销售给企事业单位外，绝大多数是销售给广大的个人消费者，零售企业的工作直接影响到人民的生活。因此，零售企业必须积极地组织货源，以满足市场需求。

一、零售商品销售的一般业务程序

零售商品销售过程是商品资金转化为货币资金的过程，只有实现商品销售，商品的价值才能真正得以实现。

零售商品销售的对象是广大消费者。其销售方式是以门市销售为主，一般为现款交易，具体有两种方式，如图 13 –3 所示。

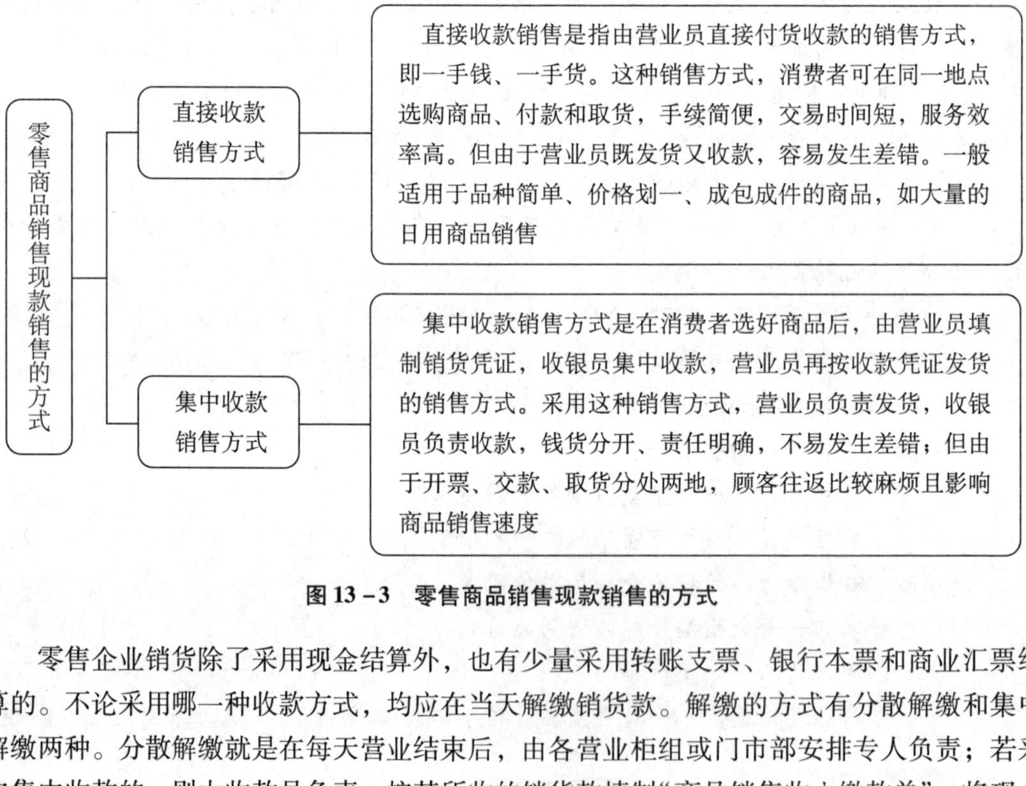

图 13 –3　零售商品销售现款销售的方式

零售企业销货除了采用现金结算外，也有少量采用转账支票、银行本票和商业汇票结算的。不论采用哪一种收款方式，均应在当天解缴销货款。解缴的方式有分散解缴和集中解缴两种。分散解缴就是在每天营业结束后，由各营业柜组或门市部安排专人负责；若采取集中收款的，则由收款员负责，按其所收的销货款填制“商品销售收入缴款单”，将现金直接解存银行，取得解款单回单后，将其送交财会部门 。“商品销售收入缴款单”的格式如表 13 –3 所示。

表 13－3　商品销售收入缴款单

缴款部门：副食品专柜　　　　　　　　2013 年 2 月 15 日

货款种类	张数	金额	货款种类	张数	金额
现金		14 600	银行卡签购单	6	15 600
面额 100 元	117	11 700	转账支票	2	3 900
面额 50 元	42	2 100	银行本票		
面额 20 元	36	720	银行汇票		
面额 10 元	4	40			
面额 5 元	3	15			
面额 2 元	5	10			
面额 1 元	15	15			
角币					
分币					
缴款金额人民币总额(大写)：叁万肆仟壹佰元整					¥34 100.00 元
其中：库存现金总额(大写)：壹万肆仟陆佰元整					¥14 600.00 元

商品销售收入缴款单一式两联，连同销货款一并送交财会部门，财会部门应当面点收，加盖“收讫”戳记，一联退还缴款部门，作为其缴款的依据；一联留在财会部门，作为收款的入账凭证。财会部门将各营业柜组或门市部的销货款集中汇总后填制解款单，将销货收入的现金全部解存银行。

以上两种方式，企业可根据具体条件，从有利于企业内部管理、方便顾客、提高工作效率出发选用。如超级市场销售的商品，出门时由收款员用收银机集中收款，手续简便、工作效率高。

不论采用什么销售方式，都必须加强销货款的管理准则。企业每日销货收入数，必须当天送交财会部门或直接送存银行，销售额大、收入款多的企业，可分次送存银行。每日营业终了，由实物负责人或收银员根据本人销货款收入，填制“内部交款单”和“商品进销存报告表”，连同当天的“商品验收单”和其他有关凭证，一并交财会部门作为记账依据。

财会部门在收到实物负责人“内部交款单”和“商品进销存报告表”后，根据有关凭证进行审核，并据以编制记账凭证。

二、零售企业商品销售一般业务的会计核算

零售商品销售的核算业务是通过“商品销售收入”“商品销售成本”和“商品进销差价”账户进行核算的。在实行售价金额核算的情况下，“库存商品”账户按零售价(含税)登记，

其售价与进价的差额及销项税额在“商品进销差价”账户中反映。因此，当已销商品在“库存商品”账户中转销后，理应同时转销这部分已销商品的进销差价，从而求得商品销售成本。但由于逐笔计算已销商品的进销差价，工作过于繁琐。所以，在实际工作中，一般是在月末一次计算转账。在平时，为了反映各实物负责人的库存商品收、付、存情况，在商品销售后，从“库存商品”账户上注销已销商品时，直接按零售价(含税)转入“商品销售成本”账户。这样处理的结果，通常使“商品销售收入”账户和“商品销售成本”账户平时的数额相等，到一定时期(一般是月末)，再通过一定的计算方法算出全月已销售商品实现的进销差价额后，一次转销“商品进销差价”账户和“商品销售成本”账户。经过调整后，“商品销售成本”账户所反映的是销售商品的进价成本。

【例13-6】A商业大厦是一家综合性百货商场，2014年2月15日各营业柜组商品销售及货款收入情况如表13-4所示。该商场为信用卡特约单位，信用卡结算手续费率为2‰。

表13-4 各营业柜组商品销售及货款收入情况表

2014年2月15日

柜组	销售金额	现金收入	银行卡签购单	转账支票	现金溢缺	合计
首饰专柜	20 500	6 200	12 600	1 700	20 500	
女装专柜	56 000	32 000	21 000	3 000	56 000	
体育用品专柜	19 000	13 000	1 700	4 300	19 000	
副食品专柜	34 100	14 600	15 600	3 900	34 100	
合计	129 600	65 800	50 900	12 900		129 600

(1)财会部门根据各营业柜组交来的商品销售收入缴款单及现金、签购单和转账支票，根据签购单编制计汇单，并与转账支票一并存入银行，分录如下。

借：库存现金　　65 800.00
　　银行存款　　63 672.65
　　财务费用　　127.35
　　贷：主营业务收入——首饰专柜　　20 500.00
　　　　　　　　　　——女装专柜　　56 000.00
　　　　　　　　　　——体育用品专柜　　19 000.00
　　　　　　　　　　——副食品专柜　　34 100.00

(2)将现金集中解存银行，取得解款单回单，分录如下。

借：银行存款　　65 800
　　贷：库存现金　　65 800

(3)同时转销本日销售的相应成本，分录如下。

借：主营业务成本——首饰专柜　20 500
——女装专柜　56 000
——体育用品专柜　19 000
——副食品专柜　34 100
贷：库存商品——首饰专柜　20 500
——女装专柜　56 000
——体育用品专柜　19 000
——副食品专柜　34 100

(4)同时，对本月销售的商品相对应的商品进销差价进行结转，假定各柜台的商品进销差价依次是：首饰专柜5 125元，女装专柜14 000元，体育用品专柜4 750元，副食品专柜8 525元。

借：商品进销差价——首饰专柜　5 125
——女装专柜　14 000
——体育用品专柜　4 750
——副食品专柜　8 525
贷：主营业务成本——首饰专柜　5 125
——女装专柜　14 000
——体育用品专柜　4 750
——副食品专柜　8 525

通过转销库存商品，可以及时反映各营业柜组经管商品的库存额和经济责任。采取集中收款方式的企业，每日营业结束后，收款员应将销货凭证或销货计数卡与收入现金进行核对，如有不符，应填制“销货款短缺溢余报告单”，其格式如表13－5所示。

表13－5　销货款短缺溢余报告单

部门：百货柜　　2014年2月15日

销售金额	9 321.60	溢缺原因	工作疏忽少收款
实收金额	9 319.60		
溢余款			
短缺款	2.00		
领导审批		部门意见	同意报销

销货款短缺溢余报告单一式数联，其中一联送交财会部门。财会部门对于短缺或溢余款，先列入“待处理财产损溢”账户，待查清情况并经领导批准后，再转入“管理费用”账户。如果确定应由责任人赔偿，则转入“其他应收款”账户。

三、零售企业商品销售成本的调整

零售企业由于平时按商品售价结转商品销售成本，月末为了核算商品销售业务的经营成果，就需要通过计算和结转已销商品的进销差价，将商品销售成本由售价调整为进价。正确计算已销商品进销差价是正确核算商品销售成本和期末库存商品价值的基础。

零售企业计算已销商品进销差价的方法有综合差价率推算法、分柜组差价率推算法和实际进销差价计算法三种。

(一)综合差价率推算法

综合差价率推算法是按全部商品的存销比例，推算本期销售商品应分摊进销差价的一种方法。具体的计算方法是先将期末结转前的“商品进销差价”账户余额，除以期末“库存商品”账户余额加上“受托代销商品”账户余额与本期商品销售收入之和，计算出本期商品的综合差价率，再乘以本期商品销售收入，计算出已销商品的进销差价，其计算公式如下：

综合差价率 = 结转前商品进销差价账户余额/(期末库存商品账户余额 + 期末受托代销商品账户余额 + 本期商品销售收入) ×100%

本期已销商品进销差价 = 本期商品销售收入 × 综合差价率

【例 13 -7】 A 商业大厦 2014 年 6 月 31 日有关账户的资料如下：

结转前商品进销差价账户余额	460 522 元
库存商品账户余额	1 256 000 元
主营业务收入账户本月发生额	650 200 元

用综合差价率推算法计算并结转已销商品进销差价：

综合差价率 =460 522 ÷ (1 256 000 +650 200) ×100% ≈24. 16%。

本期已销售商品进销差价 =650 200 ×24. 16% =157 088. 32(元)。

根据计算的结果，编制分录如下：

借：商品进销差价　　157 088. 32

　　贷：主营业务成本　　157 088. 32

(二)分柜组差价率推算法

分柜组差价率推算法是按各营业柜组或门市部商品的存销比例，推算本期销售商品应分摊进销差价的一种方法。这种方法要求按营业柜组分别进行计算，其计算方法与综合差价率推算法相同，财会部门可编制“已销商品进销差价计算表”进行计算。

【例 13 -8】A 商业大厦是一家采用分柜组差价率推算法的综合性百货商场，在 12 月 31 日有关各明细账户的资料如表 13 -6 所示。

表 13 -6　已销商品进销差价计算表

营业柜组	期末库存商品账户余额	期末受托代销商品账户余额	主营业务收入账户余额	本期存销商品合计额	结转前商品进销差价账户余额	差价率	已销商品进销差价	期末商品进销差价
(1)	(2)	(3)	(4)	(5) = (2) + (3) + (4)	(6)	(7) = (6) / (5)	(8) = (4) × (7)	(9) = (6) - (8)
首饰柜	125 000	45 000	56 000	226 000	65 200	28. 85%	16 155. 75	49 044. 25
女装柜	380 000	250 000	138 000	768 000	325 000	42. 32%	58 398. 44	266 601. 56
副食柜	205 600		108 600	314 200	53 600	17. 06%	18 526. 29	35 073. 71
合计	710 600	295 000	302 600	1 308 200	443 800	33. 92%	102 655. 47	341 144. 53

根据计算的结果，编制分录如下：

借：商品进销差价——首饰柜　16 155. 75
　　　　　　　——女装柜　58 398. 44
　　　　　　　——副食柜　18 526. 29
　贷：主营业务成本——首饰柜　16 155. 75
　　　　　　　　——女装柜　58 398. 44
　　　　　　　　——副食柜　18 526. 29

(三)实际进销差价计算法

实际进销差价计算法是一种先计算出期末商品的进销差价，进而计算已销商品进销差价的方法。

这种方法的具体做法是：期末由各营业柜组或门市部通过商品盘点，编制“库存商品盘存表”和“受托代销商品盘存表”，根据各种商品的实存数量，分别乘以销售单价和购进单价，计算出期末库存商品的售价金额和进价金额及期末受托代销商品的售价金额和进价金额。“库存商品盘存表”和“受托代销商品盘存表”一式数联，其中一联送交财会部门，复核无误后，据以编制“商品盘存汇总表”。期末商品和已销商品进销差价的计算公式如下：

期末商品进销差价 = 期末库存商品售价金额 - 期末库存商品进价金额 + 期末受托代销商品售价金额 - 期末受托代销商品进价金额

已销商品进销差价 = 结账前商品进销差价账户余额 - 期末商品进销差价

【例13-9】A商业大厦是一家综合性的商场，采用实际进销差价计算法对存货进行核算，2014年12月31日各有关资料如表13-7所示。

表13-7 库存商品盘存表

部门：生活用品专柜　　　　2014年12月31日

品名	规格	计量单位	盘存数量	销售价格		购进价格		进销差价
				单价	金额	单价	金额	
玻璃茶具	7件套	套	65	35	2 275	19	1 235	1 040
白瓷茶具	6件套	套	82	65	5 330	41	3 362	1 968
紫砂茶具	9件套	套	96	108	10 368	65	6 240	4 128
小计					17 973		10 837	7 136

女装柜和副食柜库存商品盘存表与生活用品专柜和女装柜的受托代销商品盘存表均从略。

根据各营业柜组的库存商品盘存表和受托代销商品盘存表编制商品盘存汇总表，如表13-8所示。

表13-8 商品盘存汇总表

2014年12月31日

部门	结转前商品进销差价	库存商品售价金额	库存商品进价金额	受托代销商品售价金额	受托代销商品进价金额	商品进销差价	本月销售商品应结转的商品进销差价
生活用品专柜	72 560	17 973	10 837	56 000	32 000	31 136	41 424
女装柜	290 260	125 680	62 000	190 000	82 690	170 990	119 270
副食柜	35 690	52 000	35 600	12 000	5 560	22 840	12 850
合计	398 510	195 653	108 437	258 000	120 250	224 966	173 544

根据计算的结果，编制分录如下：

借：商品进销差价——生活用品专柜　　41 424
　　　　　　　　——女装柜　　119 270
　　　　　　　　——副食柜　　12 850
　贷：主营业务成本——生活用品专柜　　41 424
　　　　　　　　——女装柜　　119 270
　　　　　　　　——副食柜　　12 850

从上面实例中可以看出，采用三种不同的计算方法计算已销商品的进销差价，产生了三种不同的结果。这是因为各营业柜组之间商品的差价率不同，在营业柜组内所经营的各种商品之间差价率也不同，而且各种商品之间的存销比例也不可能相同，因此，计算的结果是不相同的。三种计算方法的适用范围及优缺点总结如表 13－9 所示。

表 13－9　三种计算方法的适用范围及优缺点

项目	综合差价率推算法	分柜组差价率推算法	实际进销差价计算法
适用范围	适用于经营商品的差价率较为均衡的企业，或企业规模小、分柜组计算差价率确有困难的企业	适用于经营柜组间差价率不太均衡的企业，或需要分柜组核算其经营成果的企业	适用于经营商品品种较少的企业，或在企业需要反映其期末库存商品实际价值时采用
优缺点	计算与核算的手续最为简便，但计算的结果不够准确	计算较为简便，计算的结果较为准确，但与实际相比较仍有一定偏差	计算的结果最为准确，但计算起来工作量较大

在实际工作中，为了既简化计算手续，又准确地计算已销商品进销差价，往往在平时采取分柜组差价率推算法，到年终采用实际进销差价计算法，以保证整个会计年度核算资料的准确性。

四、零售企业商品销售收入的调整

由于零售企业平时在“主营业务收入”账户中反映的是含税收入，因此至月末就需要进行调整，将含税收入中的销项税额分离出来，使“主营业务收入”账户反映企业真正的销售额。含税收入的调整公式如下：

$$销售额＝含税收入/(1＋增值税率)$$

$$销项税额＝含税收入－销售额$$

【例 13－10】A 商业大厦是一家综合商场，在对“主营业务收入”核算中，出于提高效率的需要，每日对零售额的价税合计金额进行核算，每月月末，将价税合计的销售额换算为不含税的销售额即可。

月末“主营业务收入”账户余额为 117 000 元，增值税税率为 17%，调整商品销售收入，计算的结果如下：

销售额＝117 000/(1＋17%)＝100 000(元)。

销项税额＝117 000－100 000＝17 000(元)。

根据计算的结果，编制分录如下：

借：主营业务收入　　17 000
　　贷：应交税费——应交增值税(销项税额)　　17 000

采取分柜组核算库存商品的企业，对于商品销售收入也要分柜组进行调整。

第四节　零售企业商品储存的会计核算

商品储存与商品购进及商品销售是相互联系、相互制约的三个环节。零售企业为了使商品流通正常进行，满足市场的需求，就需要保持适当的商品储存。由于采用售价金额核算，因此，零售企业平时应特别加强对库存商品的管理和监督，以保护企业财产的安全与完整。

商品储存的会计核算，包括商品的盘点溢缺、调价、削价、内部调拨以及库存商品明细分类核算等内容。

一、零售企业商品盘点溢余、短缺的核算

零售商品在按售价金额核算的条件下，一般没有数量记载。通过对商品库存的盘点，使“库存商品”账户所反映的售价金额能够正确反映实存数量。零售商品在销售和储存过程中，由于商品性质不同以及经营管理方面等主客观因素，往往使商品的实存数量与账面数量发生差异，出现溢余或短缺的情况。

(一)商品盘点溢余的核算

商品盘点溢余是指商品盘存金额大于账面结存金额的差额。造成溢余的原因是多方面的，包括商品自然升溢和多收、少付的差错等因素。在未查明原因以前，为使账货相符，先调整账面，按溢余商品售价金额记入“库存商品”账户，同时按进销差价金额记入“待处理财产损溢——待处理流动资产损溢”和“商品进销差价”账户。待查明原因后进行处理，再从“待处理财产损溢”账户转入有关账户。

【例13-11】某零售企业月末盘点，××实物负责小组实际库存金额大于账面结存金额240元，按上月末分类差价率14%计算，进销差价金额为33.60元，原因待查，编制会计分录如下：

借：库存商品——××实物小组　　240.00
　　贷：待处理财产损溢——待处理流动资产损溢　　206.40
　　　　商品进销差价　　33.60

经查明原因，系商品自然升溢，经批准作营业外收入处理，编制会计分录如下：

借：待处理财产损溢——待处理流动资产损溢　　206.40
　　贷：营业外收入　　206.40

（二）商品盘点短缺的核算

商品盘点短缺是指商品盘存金额小于账面结存金额的差额。造成短缺的原因也是多方面的，包括商品自然损耗，少收、多付的差错以及贪污、盗窃等因素。在未查明原因以前，为使账货相符，应先调整账面，按短缺商品售价记入“库存商品”账户，同时按上月末进销差价率计算短缺商品的进价和进项税额以及进销差价金额，分别记入“应交税费——应交增值税（进项税额）”“待处理财产损溢——待处理流动资产损溢”和“商品进销差价”账户。待查明原因后，再从“待处理财产损溢”账户转入有关账户。

在实际工作中，为简化核算手续，对商品盘点中发生的溢余和短缺，在未查明原因前，也可先按售价金额转入“待处理财产损溢”账户；待查明原因后处理时，再调整“商品进销差价”账户。上项短缺商品经查明属于定额范围内自然损耗，经批准作增加管理费用支出处理。如果上项短缺商品原因属于自然灾害造成的损失，应将扣除残料价值和保险公司赔款后的净损失作“营业外支出——非常损失”处理。

【例 13－12】永新日用陶瓷商店杂货柜 2014 年 3 月 25 日盘点商品，发现短缺 30 元，填制商品盘点短缺溢余报告单如表 13－10 所示。

表 13－10　商品盘点短缺溢余报告单

部门：百货柜　　　　2014 年 3 月 25 日

账存金额	89 780.00	溢余金额		短缺或溢余原因	销货错发商品
实存金额	89 750.00	短缺金额	30.00		
上月本柜组差价率			25%		
溢余商品差价		溢余商品进价			
短缺商品差价	7.50	短缺商品进价	22.50		
领导批复			部门意见	要求作企业损失处理	

（1）财会部门根据商品盘点短缺溢余报告单，编制分录如下：

借：待处理财产损溢——待处理流动资产损溢　　22.50
　　商品进销差价——百货柜　　7.50
　　贷：库存商品——杂货　　30.00

（2）30 日，领导批复，将 25 日盘缺商品 22.50 元作企业损失处理，编制分录如下：

借：管理费用　　22.50
　　贷：待处理财产损溢——待处理流动资产损溢　　22.50

二、零售企业商品调价的会计核算

商品调价是指商品流通企业根据国家物价政策或市场情况，对某些正常商品的价格适当地调高或调低。

零售企业根据有关政策、市场情况，有时会对某些商品进行适当的调价。零售商品按售价核算，商品销售价格的变动直接影响库存商品的金额。因此，对于因调价而增值或减值的金额要在“库存商品”账户中作增减记录。商品调价时，由物价管理部门根据实际库存数量计算调整金额，填制一式数联的“调价商品差价调整单”，分送有关部门。财会部门接到调价单，经审核无误后，编制会计分录如下：

(1)调高销售价时，按调增的差价总额。

借：库存商品——××实物负责小组×××

　　贷：商品进销差价——×××

(2)调低销售价时，按调减差价总额。

借：商品进销差价——×××

　　贷：库存商品——××实物负责小组×××

【例 13-13】某商场商品调价差额调整单如表 13-11 所示。

表 13-11　商品调价差额调整单

填报部门：电器柜　　2015 年 4 月 5 日　　调价通知：调字第 11

品名	规格	计量单位	盘存数量	零售价格		调整单价差额		调高金额
				新价	原价	增加	减少	
荧光灯管	30W	支	180	6.5	5.2	1.3		234
荧光灯管	40W	支	212	7.5	6.0	1.5		318
合计								552

财会部门收到商品调价差额调整单，复核无误，编制分录如下：

借：库存商品——电器柜　　552

　　贷：商品进销差价——电器柜　　552

三、零售企业商品削价的会计核算

商品削价是对库存中呆滞、冷背、残损、变质的商品作一次性降价出售的措施。

零售企业由于盲目采购造成商品呆滞积压或运输不慎、保管不妥等因素，而发生了商品残损变质等情况，影响了商品内在与外观的质量。为了减少商品损失，应根据商品呆滞积压情况或残损变质的程度，按照规定的审批权限，报经批准后进行削价处理。

残损变质商品削价时，一般由有关营业柜组盘点数量后，填制“商品削价报告单”一式数联，报经有关领导批准后，进行削价处理。

商品削价后，根据削价减值金额借记“商品进销差价”账户，贷记“库存商品”账户，以调整其账面价值。

【例 13－14】新华商店削价处理羊毛衫 100 件，原进价每件 50 元，原售价 65 元，现因存量过多，削价为 45 元，编制会计分录如下：

商品进销差价＝(65－45)×100＝2 000(元)。

借：商品进销差价　　2 000

　　贷：库存商品——羊毛衫　　2 000

四、零售企业商品内部调拨的会计核算

商品内部调拨是指零售企业在同一独立核算单位内部各实物负责小组之间的商品转移。具体表现为各营业柜组或门市部之间为了调剂商品余缺所发生的商品转移；或设有专职仓库保管员，对在库商品单独进行核算和管理的企业，当营业柜组或门市部向仓库提取商品时，所发生的商品调拨转移。

调拨商品时，一般由调出单位填制一式数联“商品内部调拨单”，作为调拨双方办理商品交接、转账之用。财会部门接到商品调拨单及时调整账面记录，编制会计分录如下：

借：库存商品——××实物负责小组(调入方)

　　贷：库存商品——××实物负责小组(调出方)

借：商品进销差价——××实物负责小组(调出方)

　　贷：商品进销差价——××实物负责小组(调入方)

内部商品调拨，只是在企业内部各营业组之间的转移，因此，“库存商品”总分类账户余额不变，只是在“库存商品”明细账中进行调整。“商品进销差价”账户如果未按实物负责小组进行明细分类核算，也可不必进行调整。

【例 13-15】城南商厦新设立早晚服务部，从百货柜调入商品，百货柜填制商品内部调拨单如表 13-12 所示。

表 13-12 商品内部调拨单

调入部门：早晚服务柜 2014 年 5 月 4 日 调出部门：百货柜

品名	规格	计量单位	盘存数量	零售价格		购进价格	
				单价	金额	单价	金额
北京特效牙膏	90 克	支	400	1.47	588.00	1.10	440.00
裕华浴皂	100 克	块	150	0.90	135.00	0.67	100.50
家美洗衣粉	500 克	袋	500	2.34	1 170.00	1.76	880.00
合计					1 893.00		1 420.50

财会部门复核无误后，编制分录如下：

借：库存商品——早晚服务部 1 893.00

　　贷：库存商品——百货柜 1 893.00

采取分柜组差价率推算法分摊已销商品进销差价的企业，还要将商品进销差价转账，编制分录如下：

借：商品进销差价——百货柜 472.50

　　贷：商品进销差价——早晚服务部 472.50

五、零售企业库存商品明细分类核算

实行售价金额核算的零售企业，库存商品明细分类账是按营业柜组或门市部设置的，在账户中反映按售价计算的总金额，用以控制各营业柜组或门市部的库存商品数额。采取分柜组差价率推算法调整商品销售成本的企业，还必须按营业柜组或门市部设置“商品进销差价”明细账户。由于“商品进销差价”是“库存商品”账户的抵减账户，在发生经济业务时，这两个账户往往同时发生变动，为了便于记账，可以将“库存商品”与“商品进销差价”账户的明细账合在一起，设置“库存商品和商品进销差价联合明细分类账”，其格式如表 13-13 所示。

各营业柜组或门市部为了掌握本部门商品进、销、存的动态和销售计划的完成情况，便于向财会部门报账，每天营业结束后，应根据商品经营的各种原始凭证，编制“商品进销存日报表”一式数联，营业柜组或门市部自留一联，一联连同有关的原始凭证一并送交财会部门。财会部门复核无误后，据以入账。

表 13－13　库存商品和进销差价联合明细账

部门：百货柜　　　　　　　　　　　　　　　　　　　　单位：元

摘要	库存商品									商品进销差价			
	借方				贷方			借或贷	余额	借方	贷方	借或贷	余额
	购进	调入	调价增值	溢余	销售	调出	调价减值						
余额								借	36 400			贷	8 378
购入	4 800										1 152		
进货退出	200										48		
调入		1 000									240		
调价增值			100								100		
销售					2 240								
调出						750				180			
调价减值							40			40			
期末余额								借	39 470			贷	9 698

【例 3－16】 精艺陶瓷用品商店 2014 年 2 月 25 日编制“商品进销存日报表”，如表 13－14 所示。

表 13－14　商品进销存日报表

部门：瓷器柜　　　　　　2014 年 2 月 25 日　　　　　　编号：360

项目		金额	项目		金额
昨日结存		75 345.60	今日发出	销售	4 240.00
今日收入	购进	8 050.00		调出	
	调入			发出委托加工	
	加工成品收回			调价减值	
	调价增值	3 210.20		削价	224.00
	溢余			短缺	20.00
				今日结存	82 121.80

由于“商品进销存日报表”反映的是各营业柜组或门市部库存商品每天的收发变动和结存情况，其反映的内容与库存商品明细分类账核算的内容是一致的，因此，可以将该表分营业柜组或门市部按时间顺序装订成册，代替库存商品明细分类账，以简化核算手续。

第五节　实行存货电算化管理的零售企业商品流通业务的会计核算

一、存货电算化管理条件下商品购进业务的会计核算

在实行存货电算化条件下，取得商品时，应及时办理验收入库的工作。待所有商品入库之后，应及时将本次入库的信息及时录入(早期多采用人工录入进货单信息的方式，现在多采用扫描商品条形码的方式)商品进销存管理系统。待以上信息核对无误后，应及时打印本次进货详细数据，由财务部门进行会计处理。

小规模纳税企业，在购入货物时，按照货物的价款借记“库存商品”科目，贷记“银行存款”“应付账款”等科目。

【例 13－17】普客书店是一家小型零售企业，该企业是执行3%税率的增值税小规模纳税人，2014 年 5 月 8 日从某图书批发公司进货一批，具体的进货数目及金额如表 13－15 所示，已办理好入库手续，约定货款 2 个月后付清，库管人员已将当日的进货单交财务部门进行会计处理。

表 13－15　图书进货单

进货单位：××图书批发公司　　　　2014 年 5 月 8 日

书名	定价	进货折扣	结算金额	数量(本)	小计
三国演义	38.00	0.55	20.90	10	209.00
水浒传	36.00	0.55	19.80	50	990.00
红楼梦	45.00	0.65	29.25	30	877.50
西游记	32.00	0.55	17.60	20	352.00
合计				110	2 428.50

对此笔进货业务的账务处理如下：

借：库存商品——图书　　2 428.50

　贷：应付账款——××图书批发公司　　2 428.50

二、存货电算化管理条件下向供货方退换商品的会计核算

在零售企业中，由于一些采购的货物不一定会适销对路，经常会出现向供货方退换货的情况。所谓退货，是指在供货方同意的情况下，由零售企业退还已经入库的商品，由供

货方退还已支付的货款，或者同意减少支付未付账款的情况。而换货是指，供货方不同意退还货款，但允许零售企业以退还的货物换取同样金额的其他物品的情况。

在出现退货的情况下，零售企业应该按照退还货品后可收回的全部货款，借记“银行存款”等科目；按照退回的货物金额，贷记“库存商品”账户；对于退还货品相对应的增值税进项税额，贷记“应交税费——应交增值税（进项税额）”科目。

在出现换货的情况下，零售企业应该按照换回货品的进额，借记“库存商品——××存货”等科目；对于换回货品相对应的增值税进项税额，借记“应交税费——应交增值税（进项税额）”科目。按照换出的货物金额，贷记“库存商品——××存货”科目，对于退还货品相对应的增值税进项税额，贷记“应交税费——应交增值税（进项税额）”科目。

【例 13-18】 普客书店是一家零售企业，该企业是执行 3% 税率的增值税小规模纳税人，2014 年 5 月 12 日销售部门按照销售合同的约定，把一些销售不畅的图书退还给了××图书批发公司，图书批发公司同意减少该公司相应的未付货款。退还图书的情况如表 13-16 所示。

表 13-16　图书退货单

进货单位：××图书批发公司　　　　2014 年 5 月 8 日

书名	定价	退货折扣	退货单价	数量	退货金额	退货原因
简爱	38.00	0.55	20.90	2	41.80	滞销
呼啸山庄	36.00	0.55	19.80	3	59.40	滞销
嘉莉妹妹	45.00	0.65	29.25	1	29.25	缺页
双城记	32.00	0.55	17.60	5	88.00	缺页
合计				11	218.45	

对此项经济业务进行如下的账务处理：

借：应付账款　　218.45

　贷：库存商品　　218.45

三、存货电算化管理条件下销售业务的会计核算

对于零售企业而言，由于面对不同的个人客户进行销售，出于建立固定客户群的需要，经常会出现零售单价不固定、折扣不同的情况。例如，某书店规定，单次购书 100 元以上的客户享有 9.0 折优惠，单次购书 200 元以上的客户享受 8.8 折优惠。由于同一件商品往往会出现不同的售价，使用传统的商业企业会计收入核算方法是非常不方便的，但在采用了电算化存货进销存管理系统之后就非常好解决：

每日营业结束后，业务部门应及时编制并报送当日的“销售日报表”，详细地记录当日

销售的每一件产品的实际售价、相应的进货成本等数据，这对减轻财务人员的工作量、提高会计工作的效率与质量至关重要。

财务部门取得当日的销售日报表之后，应及时核对销售数据与实际收取的款项金额，待核对正确后，如果零售企业属于增值税一般纳税人，则应该把全部的销售收入划分为销售收入和增值税销项税额两个部分。按照实际收入的总金额，借记"库存现金""银行存款"等科目；按照应确认为收入的金额，贷记"主营业务收入"科目；按照应确认的增值税(销项税额)的金额，贷记"应交税费——应交增值税(销项税额)"科目。同时，应该结转销售成本，按照当日销售图书的成本，借记"主营业务成本"科目，贷记"库存商品"科目。

【例13-19】普客书店是一家小型零售企业，该企业是执行3%税率的增值税小规模纳税人，2014年5月12日销售人员将前一日的销售日报表及相应的收款请款上报财务人员，销售日报表的数据如表13-17所示，请进行相应的账务处理。

表13-17 图书销售日报表

销售单位：××门市　　　　2014年5月11日

书名	定价	销售数量	实际收款	单本成本	总成本	销售毛利
三国演义	38.00	3	110.00	20.90	62.70	47.30
水浒传	36.00	5	180.00	19.80	99.00	81.00
红楼梦	45.00	1	45.00	29.25	29.25	15.75
西游记	32.00	2	62.00	17.60	35.20	26.80
合计			397.00		226.15	170.85

首先计算主营业务收入中，应当缴纳增值税的部分金额：

应纳增值税金额 = 397.00 ÷ (1 + 3%) × 3% = 11.56(元)。

应确认的主营业务收入 = 397.00 ÷ (1 + 3%) = 385.44(元)。

对此笔进货业务的账务处理如下：

借：库存现金　397.00

　　贷：主营业务收入——图书销售　385.44

　　　　应交税费——应交增值税(销项税额)　11.56

借：主营业务成本　226.15

　　贷：库存商品——图书　226.15

第十四章　还有这些不得不关注的销售业务——零售企业特殊销售业务的会计核算

第一节　委托加工业务

零售企业为了增加货物品种、扩大货源、满足市场需要，有时会将库存商品或原材料进行加工或委托其他单位加工，改变其形态并增加商品价值。零售企业加工业务的方式如图 14－1 所示。

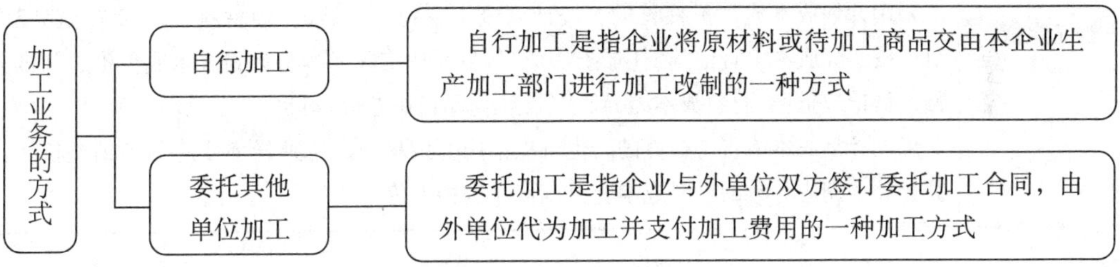

图 14－1　加工业务的方式

一、加工商品的一般业务程序

加工业务包括发料、支付加工费用、计算税金及附加以及变价出售下脚料等业务。发料时，应由业务部门根据加工合同规定（自行加工根据需要），填制一式数联“加工商品发料单”送交各有关部门，财会部门根据“加工发料单”进行转账。

二、委托加工物资的核算科目

为了反映和监督委托加工物资增减变动及其结存情况，企业应当设置“委托加工物资”科目，借方登记委托加工物资的实际成本，贷方登记加工完成验收入库的物资的实际成本和剩余物资的实际成本；期末余额在借方，反映企业尚未完工的委托加工物资的实际成本和发出加工物资的运杂费等。委托加工物资也可以采用计划成本或售价进行核算，其方法与库存商品相似。

三、委托加工物资的会计核算

与委托加工物资相关的业务主要包括加工材料的发出、加工费用的支付，以及委托加工物资的收回等，各项业务的账务处理方法如表 14－1 所示。

表 14－1 委托加工物资的会计核算

项目	内容
发出物资	企业发给外单位加工的物资，按实际成本，借记“委托加工物资”科目，贷记“原材料”“库存商品”等科目；按计划成本或售价核算的，还应同时结转材料成本差异或商品进销差价
支付加工费、运杂费等	支付加工费、运杂费等，借记“委托加工物资”科目，贷记“银行存款”等科目；需要交纳消费税的委托加工物资，由受托方代收代交的消费税，借记“委托加工物资”科目（收回后用于直接销售的）或“应交税费——应交消费税”科目（收回后用于继续加工的），贷记“应付账款”“银行存款”等科目
加工完成验收入库	加工完成验收入库的物资和剩余的物资，按加工收回物资的实际成本和剩余物资的实际成本，借记“原材料”“库存商品”等科目，贷记“委托加工物资”科目。 采用计划成本或售价核算的，按计划成本或售价，借记“原材料”或“库存商品”科目；按实际成本，贷记“委托加工物资”科目；按实际成本与计划成本或售价之间的差额，借记或贷记“材料成本差异”或贷记“商品进销差价”科目。 采用计划成本或售价核算的，也可以采用上期材料成本差异率或商品进销差价率计算分摊本期应分摊的材料成本差异或商品进销差价

【例 14－1】茂兴商贸有限公司委托丁公司加工商品一批 100 000 件，按照我国当前法规的要求，属于应该缴纳消费税的产品，有关经济业务如下：

（1）2014 年 1 月 20 日，发出材料一批，计划成本为 6 000 000 元，材料成本差异率为 －3%。应作如下会计处理：

①发出委托加工材料时。

借：委托加工物资　　6 000 000

　　贷：原材料　　6 000 000

②结转发出材料应分摊的材料成本差异时。

借：材料成本差异　　180 000

　　贷：委托加工物资　　180 000

（2）2014 年 2 月 20 日，支付商品加工费 120 000 元，支付应当交纳的消费税660 000 元，该商品收回后用于连续生产，消费税可抵扣，茂兴商贸有限公司和丁公司均为一般纳税人，适用增值税税率为 17%。应作如下会计处理：

借：委托加工物资　　120 000

　　应交税费——应交消费税　　660 000

　　　　——应交增值税（进项税额）　　20 400

　　贷：银行存款　　800 400

(3)2014年3月4日，用银行存款支付往返运杂费10 000元。

借：委托加工物资　10 000

　贷：银行存款　10 000

(4)2014年3月5日，上述商品100 000件(每件计划成本为65元)加工完毕，公司已办理验收入库手续。

借：原材料　6 500 000

　贷：委托加工物资　5 950 000

　　商品进销差价　550 000

需要注意的是，需要交纳消费税的委托加工物资，由受托方代收代交的消费税，收回后用于直接销售的记入“委托加工物资”科目，收回后用于继续加工的记入“应交税费——应交消费税”科目。

第二节　零售企业代购商品的会计核算

一、委托代购商品的会计核算

委托代购商品是零售企业委托其他单位代购商品。目前，零售企业的委托代购商品业务，主要是委托收购农副产品。这种业务一般发生在外地企业委托农副产品产地的商家代为收购，委托代购时，双方应签订代购合同，规定代购农副产品的品种、规格、费用负担、手续费标准、交接货方式以及结算办法等。

按照代购费用计算的方法不同，委托代购农副产品的核算有三种处理方法。

(一)代购费用实报实销

代购费用实报实销是指委托收购农副产品的收购费用(包括运杂费、保管费、包装费等)，先由受托单位代垫，再向委托单位按实报销，并另行收取代购手续费的处理办法。委托单位对这部分代购费用不计入商品进价，以“管理费用”账户列支。

【例14－2】某零售企业委托A单位代购兔毛1 000千克，收购价每千克5元，增值税税率17%，受托方代垫包装费200元。代购手续费按收购金额的3%计算。商品验收入库，价款及费用以银行存款支付。根据有关凭证，编制会计分录如下：

借：库存商品——兔毛　5 000

　应交税费——应交增值税(进项税额)　850

　管理费用——包装费　200

　　——手续费　150

　贷：银行存款　6 200

（二）代购费用定额包干

代购费用定额包干是指委托代购农副产品的代购费用按代购金额核定一个比例，由委托代销单位包干，另加手续费，委托单位将这部分包干费用计入商品进价的处理办法。

【例 14－3】若【例 14－2】中代购费用定额为5%，编制会计分录如下：

借：库存商品——兔毛	5 250.00
应交税费——应交增值税（进项税额）	892.50
管理费用——手续费	150.00
贷：银行存款	6 292.50

（三）作价交接

作价交接是指代购双方按代购合同商定的“交接价”办理结算手续的处理办法。“交接价”包括农副产品收购价、收购费用以及代购手续费等项。委托单位按“交接价”作为商品进价。

【例 14－4】设【例 14－2】中双方议定代购兔毛的交接价为每千克5.30元，共计5 300元，增值税税率17%，以银行存款支付，编制会计分录如下：

借：库存商品——兔毛	5 300
应交税费——应交增值税（进项税额）	901
贷：银行存款	6 201

二、受托代购商品的会计核算

受托代购商品是指企业代其他单位收购商品。日前，零售企业的受托代购业务主要有代购农副产品、代购进口商品等业务。受托代购商品的核算一般以不垫资金、收取手续费为主要形式。

【例 14－5】某零售企业接受外地甲单位代购商品一批，双方签订代购合同，手续费为代购金额的3%。预收代购资金30 000元。

（1）收到甲单位的代购资金30 000元，存入银行，编制会计分录如下。

借：银行存款	30 000.00
贷：应付账款——甲单位	30 000.00

（2）支付代购商品货款（包括增值税）28 500元。

借：应付账款——甲单位	28 500.00
贷：银行存款	28 500.00

(3)收取手续费855元(28 500×3%)。

借：应付账款——甲单位　855.00

　　贷：代购代销收入　855.00

(4)计算得出应交营业税(按收入5%计算)42.75元(855×5%)。

借：代购代销收入　42.75

　　贷：应交税费——应交营业税　42.75

(5)退还多余款。

借：应付账款——甲单位　645.00

　　贷：银行存款　645.00

如属受托单位垫付资金，则以“应收账款”账户列账。

第三节　零售企业代销商品的会计核算

一、委托代销商品的会计核算

零售企业除自行销售商品外，还可委托其他单位代为销售。代销前，企业与受托单位签订委托代销合同，订明代销商品的品种、规格、数量、售价以及代销手续费、结算时间、结算方式、保管商品责任等方面的内容。

企业发出代销商品，只是商品存放地点的转移，不转移商品所有权，不作销售处理，只是在“库存商品”账户中设“委托代销商品”明细账户进行核算。

委托代销商品的销售处理要以受托单位的代销清单及货款为依据，其销货款的结算和手续费的支付有两种处理方法。

(一)受托单位作为自购自销处理

受托单位将出售代销商品货款全部作商品销售处理，将扣除手续费后的货款与委托单位进行结算，同时将接收的代销商品作为购进处理。委托单位则以受托单位交来已扣除手续费后的货款作为商品销售收入。

【例14-6】某商业批发企业委托甲单位代销微型收录机100台，每台进价200元，代销价250元，手续费按代销金额的5%计算，在销货款中扣除的增值税税率为17%。

发出代销商品，不需要做核算。

收到甲单位送来代销商品清单，及扣除手续费后的货款开出增值税专用发票，编制会计分录如下：

借：银行存款　23 750.00

　　贷：主营业务收入　20 299.15

　　　　应交税费——应交增值税(销项税额)　3 450.85

同时，结转商品销售成本。

借：主营业务成本　　20 000.00

　　贷：库存商品——委托代销商品　　20 000.00

（二）受托单位不作自购自销处理

受托单位售出代销商品后，将全部销货款送交委托单位，收到委托单位的手续费以“代销收入”处理。委托单位接受托单位交来全部货款作为商品销售收入，手续费支出则以“管理费用”处理。

【例 14－7】承【例 14－6】，受托单位不作自购自销处理。

（1）收到甲单位送来代销商品清单及全部销货款及税额时，编制会计分录如下。

借：银行存款　　25 000.00

　　贷：主营业务收入　　21 367.52

　　　　应交税费——应交增值税（销项税额）　　3 632.48

同时，结转商品销售成本。

借：主营业务成本　　20 000.00

　　贷：库存商品——委托代销商品　　20 000.00

（2）支付甲单位代销手续费。

借：管理费用——代销手续费　　1 250.00

　　贷：银行存款　　1 250.00

二、受托代销商品的会计核算

零售企业为了扩大经营，可以接受其他单位委托代销商品，受托时，双方应签订合同，明确有关代销事项。

受托代销商品的核算是通过“受托代销商品”和“代销商品款”两个账户进行核算的。如表 14－2 所示。

表 14－2　受托代销商品的核算的账户

账户名称	账户性质和内容
“受托代销商品”账户	该账户属于资产类账户。用来核算企业接受其他单位委托代销或寄销的商品。借方登记代销、寄销商品的收入数，贷方登记代销、寄销商品的销出数，其借方余额表示代销、寄销商品的实存数
“代销商品款”账户	该账户属于负债类账户。用来核算企业接受代销、寄销商品的价款。贷方登记代销、寄销商品收入的价款，借方登记代销、寄销商品售出的进价款，其贷方余额表示尚未售出的代销、寄销商品的价款

受托代销商品核算也有两种方法。

（一）作为自购自销处理

作为自购自销处理时，账务处理与自营销售业务一致，只是把“库存商品”科目换为“受托代销商品”科目，“应付账款”科目替换为“代销商品款”科目即可。

【例 14-8】某零售企业接受乙单位委托代销电子计算器 200 只，每只接收价为 100 元，销售价为 120 元，增值税率为 17%。

(1)收到代销商品，财会部门根据盖有“受托代销商品”戳记的“收货单”，编制会计分录如下。

借：受托代销商品——电子计算器　　20 000

　　贷：代销商品款——乙单位　　20 000

(2)受托代销商品售出后，财会部门根据有关代销商品销售凭证及银行进账单，并向委托单位开出代销清单，编制会计分录如下。

借：银行存款　　28 080

　　贷：主营业务收入　　24 000

　　　　应交税费——应交增值税(销项税额)　　4 080

同时，按接收价结转商品销售成本，及核实应付给委托单位的货款，编制会计分录如下。

借：主营业务成本　　20 000

　　贷：受托代销商品——电子计算器　　20 000

借：代销商品款——乙单位　　20 000

　　贷：应付账款——乙单位　　20 000

(3)收到委托单位开具的增值税发票，编制会计分录如下。

借：应交税费——应交增值税(进项税额)　　3 400

　　贷：应付账款——乙单位　　3 400

(4)按接收价付还委托单位贷款，编制会计分录如下。

借：应付账款——乙单位　　23 400

　　贷：银行存款　　23 400

（二）采用收取手续费方式接受代销商品

采用这种模式代销商品时，取得商品时，借记“受托代销商品”科目，贷记“代销商品款”科目。待商品出售后，再抵销以上的分录，确认相关的收入以及双方的债务关系。

【例 14-9】 承【例 14-8】，设手续费为 5%。

(1)收到代销商品时，编制会计分录如下。

借：受托代销商品——电子计算器　　20 000

　　贷：代销商品款——乙单位　　20 000

(2)代销商品售出后，开出代销清单，编制会计分录如下。

销项税额 = 120 × 200 ÷ (1 + 17%) × 17% = 3 487.18(元)。

应付货款 = 24 000 − 3 487.18 = 20 512.82(元)。

借：银行存款　　24 000.00

　　贷：应付账款——乙单位　　20 512.82

　　　　应交税费——应交增值税(销项税额)　　3 487.18

同时，冲减"代销商品款"与"受托代销商品"账户。

借：代销商品款——乙单位　　20 000.00

　　贷：受托代销商品——电子计算器　　20 000.00

(3)收到委托单位开出的增值税专用发票，编制会计分录如下。

借：应交税费——应交增值税(进项税额)　　3 487.18

　　贷：应付账款——乙单位　　3 487.18

(4)计算代销手续费时，编制会计分录如下。

借：应付账款——乙单位　　1 200.00

　　贷：代购代销收入　　1 200.00

(5)付还受托单位代销商品款，编制会计分录如下。

借：应付账款——乙单位　　22 800.00

　　贷：银行存款　　22 800.00

(6)按代销收入 5% 计算应交营业税，编制会计分录如下。

借：代购代销收入　　60.00

　　贷：应交税费——应交营业税　　60.00

第四节　零售企业出租商品的会计核算

对于小型零售企业而言，出租与零售业务往往是一起经营的，如一些体育用品商店、玩具商店等，往往既开展零售业务也开展出租业务。

一、出租商品的账户设置

出租商品要与销售商品分别核算。专设"出租商品"科目进行核算，并按出租商品的品名、规格设置明细分类账或备查簿，以反映出租及收回情况。出租商品应按进价入账。

如果出租商品的业务不多且金额较少，也可以不单设“出租商品”科目，只在“库存商品”科目下设置二级科目“出租商品”就可以。

二、出租商品的会计核算

为加强出租商品的管理，商品出租时，应向租户收取押金，商品收回时退还押金。押金的收取或退还，通过“其他应付款”账户处理。所收取的租金在“其他业务收入”账户核算，所发生的出租商品的摊销、修理、废弃等业务在“其他业务支出”账户核算。

“其他业务收入”和“其他业务支出”账户都是损益类账户，用来核算除销售商品以外的其他销售收入和与此相关的成本、费用、税金及附加等支出。

【例14－10】某自行车专营店拨出自行车10辆对外出租，每辆进价480元，售价700元，该商店采用售价金额对库存商品进行核算。

(1)根据内部商品调拨单，编制会计分录如下。

借：出租商品——自行车　　4 800

　　商品进销差价　　2 200

　　贷：库存商品——自行车　　7 000

(2)月内收到出租商品租金1 000元，编制会计分录如下。

借：库存现金(或银行存款)　　1 000

　　贷：其他业务收入　　1 000

(3)月末进行摊销(设在2年内摊销，每月摊销200元)，并计算营业税(税率5%)，编制会计分录如下。

借：其他业务支出　　200

　　贷：出租商品——出租商品摊销　　200

借：其他业务支出　　50

　　贷：应交税费——应交营业税　　50

(4)本月有2辆自行车已不复使用，报废处理，这两辆自行车已摊销800元，编制会计分录如下。

借：出租商品——出租商品摊销　　800

　　其他业务支出　　160

　　贷：出租商品——自行车　　960

(5)出租时收取押金5 000元，编制会计分录如下。

借：库存现金(或银行存款)　　5 000

　　贷：其他应付款　　5 000

(6)收回出租商品退还押金，编制会计分录如下。

借：其他应付款　　5 000

　　贷：库存现金(或银行存款)　　5 000

第五节　鲜活商品零售业务的会计核算

经营鲜活商品的零售企业一般采用进价金额核算法。进价金额核算又称“进价记账、盘存计销”，是以进价总金额控制实物负责人(或柜组)经营商品进、销、存情况的一种核算方法。它的核算特点是：商品购进后，登记按实物负责人设置的库存商品明细账，只记进价金额，不记数量；商品销售后，按实际取得的销售收入，贷记“主营业务收入”账户，平时不结转商品销售成本，定期进行实地盘点，查明实存数量，用最后进价法计算并结转商品销售成本。

一、商品购进的会计核算

经营鲜活商品的零售企业，主要是向批发企业购进商品，也可以直接向农村专业户采购商品。商品的交接方式，一般采用“提货制”或“送货制”。货款结算方式主要采用转账支票结算。

商品购进的业务程序一般是：由购货单位委派采购员到供货单位采购商品，由供货单位填制专用发票。在采用“提货制”的情况下，采购员取得专用发票后，当场据以验收商品。商品运回后，由实物负责人(或柜组)根据采购员带回的专用发票，对商品进行复验。在采用“送货制”的情况下，则由采购员取回专用发票，直接交与实物负责人(或柜组)，由其负责验收。

不论采用何种商品交接方式，实物负责人(或柜组)验收商品后，都要填制“收货单”一式数联，其中一联连同供货单位的专用发票一并送交财会部门。财会部门审核无误后，根据专用发票和转账支票存根联，借记“材料采购”账户和“应交税费”账户，贷记“银行存款”账户；根据“收货单”，借记“库存商品”账户，贷记“材料采购”账户。库存商品一般按经营类别进行明细分类核算。

【例 14－11】光华副食品商店从上海肉类加工厂购入各种肉类一批，计货款 23 800 元、增值税税额 3 094 元，当即签发转账支票付讫，肉类由营业部门验收后，填制“收货单”如表 14－3 所示。

表 14－3　收货单

收货部门：肉食品类　　　　　　2014 年 2 月 1 日

品名	单位	应收数量	实收数量	单价	应收金额	实收金额	溢余金额	短缺金额	处理意见
鸡肉	千克	2 000	2 000	9.00	18 000.00	18 000.00			
牛肉	千克	400	400	9.50	3 800.00	3 800.00			
羊肉	千克	200	200	10.00	2 000.00	2 000.00			
合计	千克				23 800.00	23 800.00			

(1)根据供货单位的专用发票和转账支票存根审核无误，编制分录如下。

借：材料采购——上海肉类加工厂　23 800

　　应交税费——应交增值税(进项税额)　3 094

　　贷：银行存款　26 894

(2)根据营业部门转来的“收货单”审核无误，编制分录如下。

借：库存商品——肉食品类　23 800

　　贷：材料采购——上海肉类加工厂　23 800

另外，按照商品类别，以进价金额登记库存商品明细分类账。

企业验收商品时，如发生实收数量与应收数量不符，要及时查明原因。对于短缺商品，若确属供货单位少发，可以要求其补发商品或退回多收货款；若属途中损耗，则作为销售费用列支。对于溢余商品，若确属供货单位多发，应补作进货并补付供货单位货款，或者将其多发商品如数退回；若属途中升溢，则应冲减“销售费用”账户。

二、商品储存的会计核算

鲜活商品在储存过程中发生损耗、调价、削价等情况，不进行账务处理，月末体现在商品销售成本内。但发生责任事故时，应及时查明原因，以分清责任，在报经领导批准后，根据不同情况处理：若作为企业损失，应列入“管理费用”账户；若由当事人承担经济责任，则列入“其他应收款”账户。

“其他应收款”是资产类账户，用以核算企业除应收、预付账款以外的其他各种应收、暂付款项，发生时记入借方；收回时记入贷方；余额在借方，表示尚未收回的其他应收、暂付款项。该账户应按债务人进行明细分类核算。

【例14-12】光华副食品商店有20千克带鱼，每千克8元，全部变质报废。现查明是保管员失职，报经领导批准，其中60%作为企业损失处理，其余40%由保管员负责赔偿，编制分录如下：

借：管理费用　96

　　其他应收款——保管员　64

　　贷：库存商品——水产类　160

至期末，由各营业部门对实存商品进行盘点，将盘存商品的数量填入“商品盘存表”，以最后一次进货单价作为期末库存商品的单价，计算出各种商品的结存金额，进而计算出期末库存商品结存金额，然后采取逆推的方法计算商品销售成本。其计算公式如下：

$$\text{本期商品销售成本} = \text{期初结存商品金额} + \text{本期收入商品金额} - \text{本期非销售发出商品金额} - \text{期末结存商品金额}$$

【例 14－13】光华副食品商店 2014 年 5 月 31 日，编制商品销售成本计算表如表 14－4 所示。

表 14－4　商品销售成本计算表

2014 年 5 月

项目部门	期初结存商品金额	本期收入商品金额	本期非销售发出商品金额	期末商品结存金额	本期商品销售成本
(1)	(2)	(3)	(4)	(5)	(6) = (2) + (3) − (4) − (5)
肉食品类	9 200.00	126 000.00	8 000.00	9 400.00	117 800.00
水产类	6 000.00	74 000.00		5 800.00	74 200.00
禽蛋类	8 000.00	85 000.00	2 000.00	8 200.00	82 800.00
合计	23 200.00	285 000.00	10 000.00	23 400.00	274 800.00

财会部门据以结转商品销售成本，编制分录如下：

借：主营业务成本——肉食品类　117 800
　　　　　　　——水产类　74 200
　　　　　　　——禽蛋类　82 800
　贷：库存商品——肉食品类　117 800
　　　　　　——水产类　74 200
　　　　　　——禽蛋类　82 800

进价金额核算虽然核算手续简便，便于开展商品销售业务，但是由于平时不能反映出商品的实际库存，月末采用“盘存计销”的方法运算商品销售成本，将差错事故和商品损耗均计入了商品销售成本，不易发现企业在经营管理中存在的问题，因此，必须加强进货验收准则和严格销货款管理准则。

三、商品销售的会计核算

经营鲜活商品的零售企业，其销售方式主要是采用现金交易。当天营业结束后，由各营业部门根据实收销货款填制“商品销售收入缴款单”一式数联，连同当天的销货款一并送交财会部门。财会部门当面点收无误后，应由出纳员在“商品销售收入缴款单”上签收，并加盖现金收讫章，其中一联退回缴款部门留存备查，财会部门自留一联。然后，将各营业部门交来的销售款汇总后，全部解存银行。然而，企业取得的销货款是含税收入，其中包含了销项税额，因此，需要将含税收入调整为销售额。其计算公式如下：

销售额 = 含税收入/(1 + 增值税税率)

然后，根据“商品销售收入缴款单”及计算的结果，借记“库存现金”账户，贷记“主营业务收入”账户和“应交税费”账户；根据银行解款单回单，借记“银行存款”账户，贷记“库存现金”账户。

【例14-14】 2014年5月18日，光华副食品商店财会部门收到各营业部门缴来销货现金及商品销售收入缴款单。其中，肉食品类为8 658元，水产类为5 616元，禽蛋类为7 722元，增值税税率为13%，计算各类商品的销售额如下：

肉食品类销售额=8 658÷(1+13%)=7 661.95(元)。

水产类销售额=5 616÷(1+13%)=4 969.91(元)。

禽蛋类销售额=7 722÷(1+13%)=6 833.63(元)。

根据计算的结果，编制分录如下：

借：库存现金	21 996.00	
贷：主营业务收入——肉食品类		7 661.95
——水产类		4 969.91
——禽蛋类		6 833.63
应交税费——应交增值税(销项税额)		2 530.51

将上列现金全部解存银行，取得解款单回单，编制分录如下：

借：银行存款	21 996.00	
贷：库存现金		21 996.00

第十五章 手把手教你编报表
——零售企业的财务会计报告

第一节 财务会计报告概述

一、财务会计报告的意义

财务会计报告是指反映企业某一特定日期财务状况和某一会计期间经营成果及资金变动情况的总结性书面文件。它以账簿记录为依据，利用统一的货币计量单位，按照统一规定的格式、内容和编制方法，定期编制。

财务会计报告对于企业的管理者、投资者和潜在的投资者、债权人、国家税务机关等了解企业的财务经营状况等都具有重要的意义。

二、企业财务会计报告的构成

(一)按时间顺序编报

企业的财务报告从编报的时间上看，包括年度、半年度、季度和月度会计报告。

月度、季度财务会计报告是指月度和季度终了提供的财务会计报告，通常仅指会计报表。半年度财务会计报告是指在每个会计年度的前六个月结束后，对外提供的财务会计报告。半年度、季度和月度财务会计报告统称为中期财务会计报告；年度财务会计报告是指年度终了对外提供的财务会计报告。

(二)按内容编报

企业财务会计报告从内容上看是由会计报表、会计报表附注和财务情况说明书组成。具体的小企业财务会计报告的构成如图 15－1 所示。

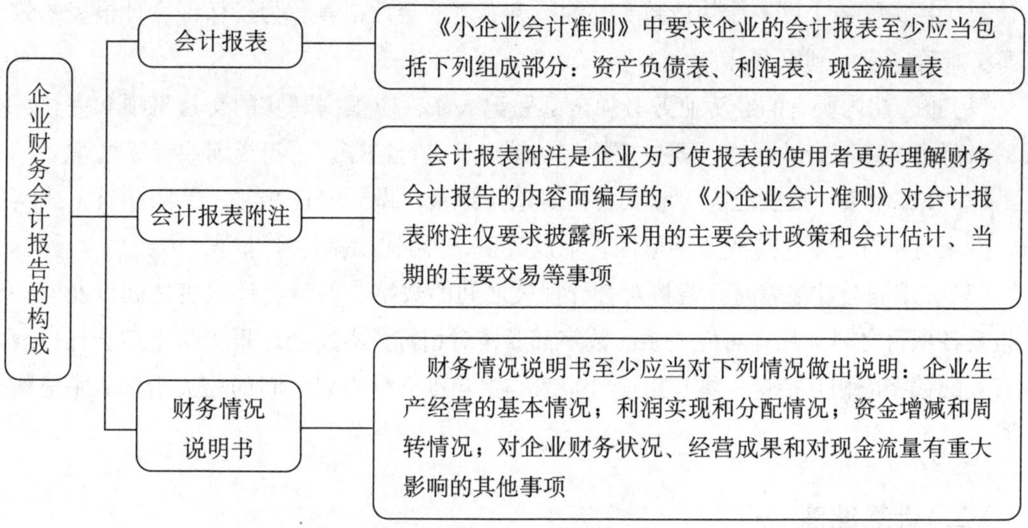

图 15－1 企业财务会计报告的构成

根据《小企业会计准则》的要求，企业的会计报表至少要包括：资产负债表、利润表、现金流量表。而且按照编报时间的不同，企业只需编制和报送年底和月度财务会计报告，对半年度和季度财务会计报告没有硬性要求。

企业年度财务会计报告除应包括《小企业会计准则》规定的基本会计报表外，同时也应提供会计报表附注的内容，它与企业会计报表共同构成企业财务会计报告体系。具体的企业财务会计报表体系如表 15－1 所示。

表 15－1 企业财务会计报表体系

编号	会计报表名称	编报期
会小企 01 表	资产负债表	月度报告、年度报告
会小企 02 表	利润表	月度报告、年度报告
会小企 03 表	现金流量表	月度报告、年度报告
报表附注		年度报告

三、财务会计报告的编制要求

为充分发挥财务会计报告的作用，达到利用会计报告有效地管理企业的目的，编制财务会计报告要做到“数字真实、计算准确、内容完整、报送及时”。

（一）数字真实

企业会计报表的各项指标必须真实可靠，如实地反映企业的财务和经营成果。为此，会计报表必须根据登记完整、核实无误的账簿记录和其他有关资料编制。不得以计划数或估计数代替实际数，更不能伪造数字、编造不真实的会计报表。为了保证会计报表的数字真实、准确，应做到以下几点：

(1)报告期内所有的经济业务必须全部登记入账，应根据真实的交易事项和完整、准确的账簿记录编制会计报表，要按照规定的结账日进行结账，不得提前或者延迟。

(2)在编制会计报表之前，应认真核对账簿记录，做到账证相符、账账相符、账实相符。发现有不符之处，应先查明原因，加以改正，再据以编制会计报表。

(3)在编制会计报表时，要核对会计报表之间的数字。各种会计报表之间以及同一会计报表各项目之间，凡有对应关系的数字都要核对相符；本期会计报表与上期会计报表之间有关的数字应相互衔接，本年度会计报表与上年度会计报表之间的相关指标数字应衔接一致。

(二)计算准确

企业会计报表的指标、数字，必须按规定进行计算，做到计算准确无误。由于会计报表上的数字多是账簿记录和其他有关资料加工计算得到的，这就要求编制报表时必须根据《小企业会计准则》规定的报表指标的计算方法或计算公式计算各有关报表指标，并确保正确，不得随意改变计算方法或任意估算数字。

(三)内容完整

企业编制的会计报表，其种类和内容必须完整。《小企业会计准则》规定的报表都应编制齐全，不得漏编；各种报表上规定填列的项目，不论是表内项目或补充资料，都应填列齐全，不得漏填；若某一项目无指标数字，应在项目内划"—"符号，以免误解。汇编部门在编制汇总报表时，对所属单位的报表，必须全部汇总，不得漏汇。

(四)报送及时

企业会计报表必须在规定的时间内及时上报。会计报表所反映的资料是重要的经济信息，各单位只有在会计期间结束后及时编制并报送报表，才能使有关方面迅速掌握信息，充分利用会计报表资料分析和解决问题。为此，应科学组织好会计日常核算工作，认真做好记账、算账、对账工作及财产清查工作。不能为赶编报表而提前结账或先编报表后记账、结账。

另外，企业不得违反规定，随意改变财务会计报告的编制基础、编制依据、编制原则和方法，不得随意改变《小企业会计准则》所规定的财务报告有关数据的会计口径。

第二节　资产负债表

一、资产负债表概述

（一）资产负债表的概念及内容

资产负债表是反映企业某一特定日期财务状况的会计报表，例如公历每年 12 月 31 日的财务状况。由于资产负债表反映的是某一时点的情况，所以，它又被称为静态报表。

通过资产负债表，可以反映某一日期资产总额及其结构，表明企业拥有或控制的经济资源及其分布情况；可以提供某一日期的负债总额及其结构，表明企业未来需要用多少资产或劳务清偿债务以及清偿时间；可以反映所有者所拥有的权益，表明投资者在企业资产中所占的份额。资产负债表是企业最基本的财务会计报表，它的主要内容如图 15－2 所示。

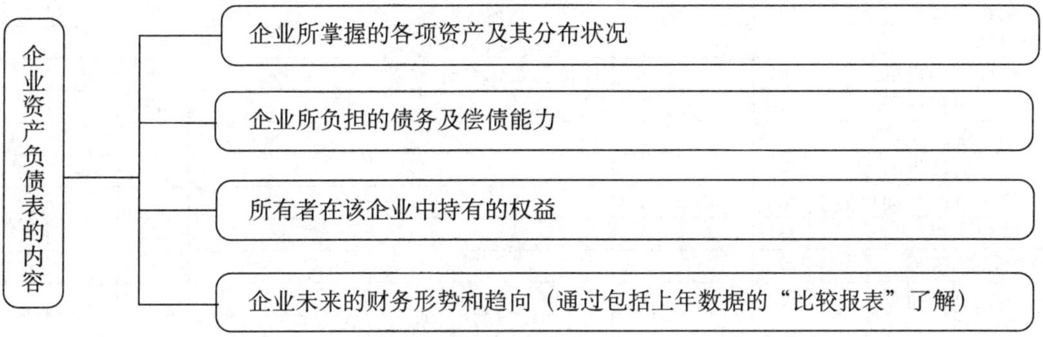

图 15－2　企业资产负债表的内容

（二）资产负债表的格式

资产负债表的基本格式分为“报告式”和“账户式”两种。《小企业会计准则》规定，资产负债表的格式采用“账户式”格式。账户式资产负债表的结构是左右结构，左边列示资产项目，右边列示负债和所有者权益项目，从而使资产负债表左右平衡。这种报表便于报表使用者对企业的财务状况进行分析。账户式资产负债表的简化格式如表 15－2 所示。

表 15－2 资产负债表

会小企 01 表

编制单位：　　　　　＿＿＿＿年＿＿＿＿月＿＿＿＿日　　　　　单位：元

资产	行次	期末数	年初数	负债和所有者权益	行次	期末数	年初数
流动资产：				流动负债：			
货币资金	1			短期借款	31		
短期投资	2			应付票据	32		
应收票据	3			应付账款	33		
应收账款	4			预收账款	34		
预付账款	5			应付职工薪酬	35		
应收股利	6			应交税费	36		
应收利息	7			应付利息	37		
其他应收款	8			应付利润	38		
存货	9			其他应付款	39		
其中：原材料	10			其他流动负债	40		
在产品	11			流动负债合计	41		
库存商品	12			非流动负债：			
周转材料	13			长期借款	42		
其他流动资产	14			长期应付款	43		
流动资产合计	15			递延收益	44		
非流动资产：				其他非流动负债	45		
长期债券投资	16			非流动负债合计	46		
长期股权投资	17			负债合计	47		
固定资产原价	18						
减：累计折旧	19						
固定资产账面价值	20						
在建工程	21						
工程物资	22						
固定资产清理	23						
生产性生物资产	24			所有者权益(或股东权益)：			
无形资产	25			实收资本(或股本)	48		
开发支出	26			资本公积	49		
长期待摊费用	27			盈余公积	50		
其他非流动资产	28			未分配利润	51		
非流动资产合计	29			所有者权益(或股东权益)合计	52		
资产总计	30			负债和所有者权益（或股东权益)总计	53		

注：本表中各项目之间的勾稽关系为：

行 9≥行 10＋行 11＋行 12＋行 13；

行 15＝行 1＋行 2＋行 3＋行 4＋行 5＋行 6＋行 7＋行 8＋行 9＋行 14；

行 29＝行 16＋行 17＋行 20＋行 21＋行 22＋行 23＋行 24＋行 25＋行 26＋行 27＋行 28；

行 20＝行 18－行 19；

行 30＝行 15＋行 29；

行 41＝行 31＋行 32＋行 33＋行 34＋行 35＋行 36＋行 37＋行 38＋行 39＋行 40；

行 46＝行 42＋行 43＋行 44＋行 45；

行 47＝行 41＋行 46；

行 52＝行 48＋行 49＋行 50＋行 51；

行 53＝行 47＋行 52；

行 30＝行 53。

二、资产负债表的编制方法

资产负债表内各项目金额，应按统一规定填列年初数和期末数。

（一）“年初数”的填列方法

企业资产负债表中的金额栏包括“年初数”和“期末数”两栏。其中，表中的“年初数”栏内各项数字，应根据上年年末资产负债表“期末数”栏内所列数字填列。因此，掌握了“期末数”的填列方法，“年初数”的填列问题也就自然而然地解决了。如果本年度资产负债表规定的各个项目的名称和内容同上年度不相一致，应对上年年末资产负债表各项目的名称和数字按照本年度的规定进行调整，填入资产负债表中的“年初数”栏内。

（二）“期末数”的填列方法

“期末余额”栏内各项数字，应根据各科目余额分析填列，具体规定如下。

（1）“货币资金”项目，反映企业库存现金、银行存款的合计数。本项目应根据“库存现金”和“银行存款”科目的期末余额合计填列。

（2）“短期投资”项目，反映企业购入的各种能随时变现并准备随时变现的、持有时间不超过 1 年（含 1 年）的股票、债券和基金的余额。本项目应根据“短期投资”科目的期末余额填列。

（3）“应收票据”项目，反映企业收到的未到期收款也未向银行贴现的应收票据，包括商业承兑汇票和银行承兑汇票。本项目应根据“应收票据”科目的期末余额填列。

（4）“应收账款”项目，反映企业因销售商品、提供劳务应向购买单位或个人收取的销货款。本项目应根据“应收账款”的期末余额减去“坏账准备”的金额填列。

（5）“预付账款”项目，反映企业按照合同规定预付的款项，包括根据合同规定预付的购货款、租金。本项目应根据“预付账款”科目的期末余额填列。

（6）“应收股利”项目，反映企业因股权投资而应收取的现金股利。本项目应根据“应收股利”科目的期末余额填列。

（7）“应收利息”项目，反映企业因债权投资而应收取的利息。企业购入到期一次还本付息债券应收的利息，不包括在本项目内。本项目应根据“应收利息”科目的期末余额填列。

（8）“其他应收款”项目，反映企业对其他单位和个人应收和暂付的除销货款外的各种款项。本项目应根据“其他应收款”科目的期末余额填列。

（9）“存货”项目，反映企业期末在库、在途和在加工中的各项存货的成本，包括各种原材料、在产品、半成品、产成品、商品、包装物、低值易耗品、消耗性生物资产等。本项目应根据“在途物资”“原材料”“生产成本”“库存商品”“包装物”“低值易耗品”“消耗性生物资产”等科目的期末余额合计填列。

（10）“其他流动资产”项目，反映企业除以上流动资产项目外的其他流动资产。本项目应根据有关科目的期末余额填列。

（11）“长期债券投资”项目，反映企业不准备在1年内（含1年）变现的各种债权性质的投资成本。本项目应根据“长期债权投资”科目的期末余额填列。

（12）“长期股权投资”项目，反映企业不准备在1年内（含1年）变现的各种股权性质的投资成本。本项目应根据“长期股权投资”科目的期末余额填列。

（13）“固定资产原价”和“累计折旧”项目，反映企业的各种固定资产原价及累计折旧。这两个项目应根据“固定资产”科目和“累计折旧”科目的期末余额填列。

（14）“固定资产账面价值”项目，反映企业固定资产原价扣除累计折旧后的余额。本项目应根据“固定资产”科目的期末余额减去“累计折旧”科目的期末余额后的金额填列。

（15）“在建工程”项目，反映企业尚未完工或虽已完工，但尚未办理竣工决算的工程成本。本项目应根据“在建工程”科目的期末余额填列。

（16）“工程物资”项目，反映企业为在建工程准备的各种物资的成本。本项目应根据“工程物资”科目的期末余额填列。

（17）“固定资产清理”项目，反映企业因出售、毁损、报废等原因转入清理但尚未清理完毕的固定资产的净额，以及固定资产清理过程中所发生的清理费用和变价收入等各项金额的差额。本项目应根据“固定资产清理”科目的期末借方余额填列，如“固定资产清理”科目期末为贷方余额，以“－”号填列。

（18）“生产性生物资产”项目，反映企业生产性生物资产的账面价值。本项目应根据“生产性生物资产”科目的期末余额减去“生产性生物资产累计折旧”科目的期末余额后的金额填列。

（19）“无形资产”项目，反映企业无形资产的账面价值。本项目应根据“无形资产”科目的期末余额填列。

（20）“开发支出”项目，反映企业正在进行的无形资产研究开发项目满足资本化条件的支出。本项目应根据“研发支出”科目的期末余额填列。

（21）“长期待摊费用”项目，反映企业尚未摊销的摊销期限在1年以上的各种费用。本项目应根据“长期待摊费用”科目的期末余额填列。

（22）“其他非流动资产”项目，反映企业除以上非流动资产以外的其他非流动资产。本项目应根据有关科目的期末余额填列。

（23）“短期借款”项目，反映企业借入尚未偿还的1年期以下（含1年）的借款。本项目应根据“短期借款”科目的期末余额填列。

（24）“应付票据”项目，反映企业因购买材料、商品和接受劳务等日常生产经营活动开出、承兑的商业汇票（银行承兑汇票和商业承兑汇票）尚未到期的票面金额。本项目应根据“应付票据”科目的期末余额填列。

（25）“应付账款”项目，反映企业购买原材料、商品和接受劳务供应等应付给供应单位或个人的购货款。本项目应根据“应付账款”科目的期末余额填列。

（26）“预收账款”项目，反映企业根据合同规定销售产品、商品、提供劳务，预收购买单位或个人的购货款。本项目应根据“预收账款”科目的期末余额合计填列。

（27）“应付职工薪酬”项目，反映企业应付未付的职工薪酬。本项目应根据“应付职工薪酬”科目期末贷方余额填列。

(28)“应交税费”项目，反映企业期末未交、多交或未抵扣的各种税费。本项目应根据“应交税费”科目的期末贷方余额填列，如“应交税费”科目期末为借方余额，以“－”号填列。

(29)“应付利息”项目，反映企业尚未支付的借款利息。本项目应根据“应付利息”科目的期末余额填列。

(30)“应付利润”项目，反映企业尚未向投资者支付的利润。本项目应根据“应付利润”科目的期末余额填列。

(31)“其他应付款”项目，反映企业所有应付和暂收其他单位和个人的款项。本项目应根据“其他应付款”科目的期末余额填列。

(32)“其他流动负债”项目，反映企业除以上流动负债以外的其他流动负债。本项目应根据有关科目的期末余额填列。

(33)“长期借款”项目，反映企业借入、尚未偿还的1年期以上(不含1年)的借款本金。本项目应根据“长期借款”科目的期末余额减去“1年内到期的长期借款”的金额填列。

(34)“长期应付款”项目，反映企业除长期借款以外的其他各种应付未付的长期应付款项。包括：应付融资租入固定资产的租赁费、以分期付款方式购入固定资产发生的应付款项等。本项目应根据“长期应付款”科目的期末余额分析填列。

(35)“递延收益”项目，反映企业收到的应在以后期间计入收入的款项。本项目应根据“递延收益”科目的期末余额填列。

(36)“其他非流动负债”项目，反映企业除以上非流动负债项目以外的其他非流动负债。本项目应根据有关科目的期末余额填列。

(37)“实收资本(或股本)”项目，反映企业各投资者实际投入构成注册资本的资本总额。本项目应根据“实收资本”科目的期末余额填列。

(38)“资本公积”项目，反映企业资本公积的期末余额。本项目应根据“资本公积”科目的期末余额填列。

(39)“盈余公积”项目，反映企业盈余公积的期末余额。本项目应根据“盈余公积”科目的期末余额填列。

(40)“未分配利润”项目，反映企业尚未分配的利润。本项目应根据“本年利润”科目和“利润分配”科目的余额计算填列。未弥补的亏损，在本项目内以“－”号填列。

概括以上填列方式，可总结为以下几种方式，如表15－3所示。

表15－3　资产负债表项目填列方式一览表

序号	填列方式	资产负债表项目
1	根据总账科目余额直接填列	如：应收票据、短期借款等
2	根据总账科目余额计算填列	如：货币资金、存货等
3	根据明细科目余额计算填列	如：应收账款、应付账款等
4	根据总账和明细科目余额分析计算填列	如：长期待摊费用、长期借款等
5	根据科目余额减去其备抵项目后的净额填列	如：应收账款等

三、资产负债表编制实例

【例15－1】M公司是一家零售企业，2013年12月31日各账户期末余额如表15－4所示，请根据账户余额表中的金额编制该企业的资产负债表。

表15－4 账户余额表

2013年12月31日

单位：万元

总账科目	明细科目	借方余额	贷方余额	总账科目	明细科目	借方余额	贷方余额
库存现金		500		短期借款			30 000
银行存款		8 500		应付账款			5 000
短期投资		7 000			A工厂		3 500
应收账款		11 500			B工厂	2 500	
	甲公司	5 000			C工厂		4 000
	乙公司		1 000	预收账款			500
	丙公司	7 500			A单位		2 000
预付账款		2 350			B单位	1 500	
	甲单位	2 500		其他应付款			4 500
	乙单位		150	应付职工薪酬			17 350
其他应收款		500		应交税费			30 000
原材料		13 500		应付利润			11 500
生产成本		4 000		长期借款			15 000
库存商品		10 000		其中一年内到期的长期借款			5 000
长期债券投资		100 000		实收资本			140 000
固定资产		200 000		盈余公积			11 040
累计折旧			10 000	利润分配	未分配利润		84 960
无形资产		0					
长期待摊费用		2 000					

根据上述资料，编制2013年12月31日资产负债表，见表15－5。

表 15 - 5　资产负债表

会小企 01 表

编制单位：M 公司　　2013 年 12 月 31 日　　单位：万元

资产	行次	期末余额	年初余额	负债和所有者权益	行次	期末余额	年初余额
流动资产：				流动负债：			
货币资金	1	9 000		短期借款	31	30 000	
短期投资	2	7 000		应付票据	32	0	
应收票据	3	0		应付账款	33	5 000	
应收账款	4	11 500		预收账款	34	500	
预付账款	5	2 350		应付职工薪酬	35	17 350	
应收股利	6	0		应交税费	36	30 000	
应收利息	7	0		应付利息	37	0	
其他应收款	8	500		应付利润	38	11 500	
存货	9	27 500		其他应付款	39	4 500	
其中：原材料	10	13 500		其他流动负债	40	5 000	
在产品	11	4 000		流动负债合计	41	103 850	
库存商品	12	10 000		非流动负债：			
周转材料	13	0		长期借款	42	10 000	
其他流动资产	14	0		长期应付款	43	0	
流动资产合计	15	57 850		递延收益	44	0	
非流动资产：				其他非流动负债	45	0	
长期债权投资	16	100 000		非流动负债合计	46	10 000	
长期股权投资	17	0		负债合计	47	113 850	
固定资产原价	18	200 000					
减：累计折旧	19	10 000					
固定资产账面价值	20	190 000					
在建工程	21	0					
工程物资	22	0					
固定资产清理	23	0					
生产性生物资产	24	0		所有者权益(或股东权益)：			
无形资产	25	0		实收资本(或股本)	48	140 000	
开发支出	26	0		资本公积	49	0	
长期待摊费用	27	2 000		盈余公积	50	11 040	
其他非流动资产	28	0		未分配利润	51	84 960	
非流动资产合计	29	292 000		所有者权益(或股东权益)合计	52	236 000	
资产总计	30	349 850		负债和所有者权益(或股东权益)合计	53	349 850	

第三节　利润表

一、利润表的性质、作用及结构

(一)利润表的性质和作用

利润表，是指反映企业在一定会计期间的经营成果的会计报表。

利润表主要提供有关企业经营成果方面的信息，它的作用如图15－3所示。

利润表的作用

- 反映企业一定会计期间的收入实现情况，即实现的主营业务收入有多少、实现的其他业务收入有多少、实现的投资收益有多少、实现的营业外收入有多少等
- 反映一定会计期间的费用耗费情况，即耗费的主营业务成本有多少，主营业务税金有多少，销售费用、管理费用、财务费用各有多少，营业外支出有多少等
- 反映企业生产经营活动的成果，即净利润的实现情况，据以判断资本保值、增值情况
- 将利润表中的信息与资产负债表中的信息相结合，提供进行财务分析的基本资料，如将赊销收入净额与应收账款平均余额进行比较，计算出应收账款周转率；将销货成本与存货平均余额进行比较，计算出存货周转率；将净利润与资产总额进行比较，计算出资产收益率等，可以表现企业资金周转情况以及企业的盈利能力和水平，便于会计报表使用者判断企业未来的发展趋势，做出经济决策

图15－3　利润表的作用

(二)利润表的结构

利润表按其计算利润的过程不同可分为两种方式，即单步式和多步式。

1. 单步式

单步式是用企业一定时期的收入合计减去相关的成本费用合计，得出利润(或亏损)。其理论依据是收入与费用的配比原则，用公式表示为：

$$利润=收入-费用$$

2. 多步式

多步式是在表中经过多个步骤的不同收入与成本费用相配比计算出企业的利润总额。这种方式充分反映出收入与费用配比原则，即不同性质的收入应与不同性质的成本费用相配比，分不同层次计算出企业的利润。《小企业会计准则》规定，利润表的标准格式为多步式，如表 15－6 所示。

表 15－6　利润表

会小企 02

编制单位：　　　　　　　　　　　　＿＿＿年＿＿＿月　　　　　　　　　　　　单位：元

项目	行次	本年累计金额	本月金额
一、营业收入	1		
减：营业成本	2		
营业税金及附加	3		
其中：消费税	4		
营业税	5		
城市维护建设税	6		
资源税	7		
土地增值税	8		
城镇土地使用税、房产税、车船税、印花税	9		
教育费附加、矿产资源补偿费、排污费	10		
销售费用	11		
其中：商品维修费	12		
广告费和业务宣传费	13		
管理费用	14		
其中：开办费	15		
业务招待费	16		
研究费用	17		
财务费用	18		
其中：利息费用（收入以“－”号填列）	19		
加：投资收益（损失以“－”号填列）	20		
二、营业利润（亏损以“－”号填列）	21		
加：营业外收入	22		
其中：政府补助	23		
减：营业外支出	24		
其中：坏账损失	25		

（续表）

项目	行次	本年累计金额	本月金额
无法收回的长期债券投资损失	26		
无法收回的长期股权投资损失	27		
自然灾害等不可抗力因素造成的损失	28		
税收滞纳金	29		
三、利润总额（亏损总额以“－”号填列）	30		
减：所得税费用	31		
四、净利润（净亏损以“－”号填列）	32		

在多步式利润表中，净利润分三个步骤计算，如图 15－4 所示。

第一步，计算营业利润：
营业利润＝营业收入－营业成本－营业税金及附加－销售费用－管理费用－财务费用+投资收益

↓

第二步，计算利润总额：
利润总额＝营业利润＋营业外收入－营业外支出

↓

第三步，计算净利润：
净利润＝利润总额－所得税

图 15－4　净利润的计算步骤

二、利润表的编制方法

（一）利润表的编制依据

利润表的编制依据主要是当期各有关损益账户的发生额。利润表各项目均需填列“本年累计金额”和“本月金额”两栏，其中“本月金额”栏反映各项目的本月实际发生额；“本年累计金额”栏反映各项目自年初起至报告期末止的累计实际发生额。在编报年度财务报表时，应将“本月金额”栏改为“上年金额”栏，填列上年全年实际发生额。

（二）利润表各项目的内容及填列方法

1.“营业收入”项目

反映企业销售商品和提供劳务所实现的收入总额。本项目应根据“主营业务收入”科目和“其他业务收入”科目的发生额合计填列。

2.“营业成本”项目

反映企业所销售商品的成本和所提供劳务的成本。本项目应根据“主营业务成本”科目和“其他业务成本”科目的发生额合计填列。

3.“营业税金及附加”项目

反映企业开展日常生产活动应负担的消费税、营业税、城市维护建设税、资源税、土地增值税、城镇土地使用税、房产税、车船税、印花税和教育费附加、矿产资源补偿费、排污费等。本项目应根据“营业税金及附加”科目的发生额填列。

4.“销售费用”项目

反映企业销售商品或提供劳务过程中发生的费用。本项目应根据“销售费用”科目的发生额填列。

5.“管理费用”项目

反映企业为组织和管理生产经营发生的其他费用。本项目应根据“管理费用”科目的发生额填列。

6.“财务费用”项目

反映企业为筹集生产经营所需资金发生的筹资费用。本项目应根据“财务费用”科目的发生额填列。

7.“投资收益”项目

反映企业股权投资取得的现金股利（或利润）、债券投资取得的利息收入和处置股权投资和债券投资取得的处置价款扣除成本或账面余额、相关税费后的净额。本项目应根据“投资收益”科目的发生额填列。如为投资损失，以”－”号填列。

8.“营业利润”项目

反映企业当期开展日常生产经营活动实现的利润。本项目应根据营业收入扣除营业成本、营业税金及附加、销售费用、管理费用和财务费用，加上投资收益后的金额填列。如为亏损，以”－”号填列。

9.“营业外收入”项目

反映企业实现的各项营业外收入金额。包括：非流动资产处置净收益、政府补助、捐赠收益、盘盈收益、汇兑收益、出租包装物和商品的租金收入、逾期未退包装物押金收益、确实无法偿付的应付款项、已作坏账损失处理后又收回的应收款项、违约金收益等。本项目应根据“营业外收入”科目的发生额填列。

10. “营业外支出”项目

反映企业发生的各项营业外支出金额。包括：存货的盘亏、毁损、报废损失，非流动资产处置净损失，坏账损失，无法收回的长期债券投资损失，无法收回的长期股权投资损失，自然灾害等不可抗力因素造成的损失，税收滞纳金，罚金，罚款，被没收财物的损失，捐赠支出，赞助支出等。本项目应根据“营业外支出”科目的发生额填列。

11. “利润总额”项目

反映企业当期实现的利润总额。本项目应根据营业利润加上营业外收入减去营业外支出后的金额填列。如为亏损总额，以”-”号填列。

12. “所得税费用”项目

反映企业根据《中华人民共和国企业所得税法》确定的应从当期利润总额中扣除的所得税费用。本项目应根据“所得税费用”科目的发生额填列。

13. “净利润”项目

反映企业当期实现的净利润。本项目应根据利润总额扣除所得税费用后的金额填列。如为净亏损，以”-”号填列。

三、利润表编制实例

【例15-2】M公司2013年截至12月份损益类科目的有关资料，如表15-7所示。

表15-7　M公司损益类科目2013年度累计发生净额

编制单位：M公司　　2013年12月　　单位：元

科目名称	借方发生额	贷方发生额
主营业务收入		1 250 000
其他业务收入		50 000
主营业务成本	750 000	
营业税金及附加	2 900	
其他业务成本	30 000	
销售费用	20 000	
管理费用	157 100	
财务费用	41 500	
投资收益		31 500
营业外收入		50 000
营业外支出	19 700	
所得税费用	85 300	

根据上述资料，编制M公司2013年度利润表，如表15－8所示。

表15－8　利润表

会小企02表

编制单位：M公司　　2013年　　单位：元

项目	本期金额	上期金额
一、营业收入	1 300 000	
减：营业成本	780 000	
营业税金及附加	2 900	
销售费用	20 000	
管理费用	157 100	
财务费用	41 500	
加：投资收益	31 500	
二、营业利润	330 000	
加：营业外收入	50 000	
减：营业外支出	19 700	
三、利润总额	360 300	
减：所得税费用	85 300	
四、净利润	275 000	

第四节　现金流量表

一、现金流量表概述

现金流量表是反映企业在一定会计期间内现金流入和流出情况的报表。其中，现金是指广义的现金，不仅包括企业的库存现金，还包括可以随时用于支付的银行存款和其他货币资金。

（一）现金流量

现金流量是某一段时期内企业现金流入和流出的数量。如企业销售商品、提供劳务、出售固定资产、向银行借款等取得现金，形成企业的现金流入；购买原材料、接受劳务、购建固定资产、对外投资、偿还债务等而支付现金等，形成企业的现金流出。现金流量能够表明企业经营状况是否良好，资金是否紧缺，企业偿付能力大小，从而为投资者、债权人、企业管理者提供非常有用的信息。应该注意的是，企业现金形式的转换不会产生现金的流入和流出，如企业从银行提取现金，是企业现金存放形式的转换，并未流出企业，不构成现金流量；同样，现金与现金等价物之间的转换也不属于现金流量。不同活动产生的现金流量如表15－9所示。

表15－9　不同活动产生的现金流量

不同活动产生的现金流量	内容
经营活动产生的现金流量	它包括了企业投资活动和筹资活动以外的所有交易和事项，就工商企业来说，经营活动主要包括：销售商品、提供劳务、经营性租赁、购买商品、接受劳务、广告宣传、推销产品、交纳税款等。各类企业由于行业特点不同，对经营活动的认定存在一定差异，在编制现金流量表时应根据企业的实际情况，对现金流量进行合理的归类
投资活动产生的现金流量	投资活动是指企业长期资产的购建和不包括在现金等价物范围内的投资及其处置活动。这里所指的长期资产是指固定资产、在建工程、无形资产、其他资产等期限在一年或一个营业周期以上的资产。投资活动主要包括：取得和收回投资，购建和处置固定资产、无形资产和其他长期资产等
筹资活动产生的现金流量	是指导致企业资本及债务规模和构成发生变化的活动。这里所说的资本，包括实收资本（股本）和资本溢价（股本溢价）。与资本有关的现金流入和流出项目，包括吸收投资、发行股票、分配利润等

（二）现金流量表的内容

现金流量表应当分别经营活动、投资活动和筹资活动列报现金流量，每类活动又分为各具体项目。现金流量应当分别按照现金流入和现金流出总额列报。

1. 经营活动现金流量

经营活动，是指企业投资活动和筹资活动以外的所有交易和事项。经营活动产生的现金流量应当单独列示反映下列信息的项目：

（1）销售产成品、商品、提供劳务收到的现金；

（2）购买原材料、商品、接受劳务支付的现金；

（3）支付的职工薪酬；

（4）支付的税费。

2. 投资活动现金流量

投资活动，是指企业固定资产、无形资产的购建和短期投资、长期债券投资、长期股权投资及其处置活动。投资活动产生的现金流量应当单独列示反映下列信息的项目：

(1)收回短期投资、长期债券投资和长期股权投资收到的现金；

(2)取得投资收益收到的现金；

(3)处置固定资产和无形资产收回的现金净额；

(4)短期投资、长期债券投资和长期股权投资支付的现金；

(5)购建固定资产和无形资产支付的现金。

3. 筹资活动现金流量

筹资活动，是指导致企业资本及债务规模和构成发生变化的活动。筹资活动产生的现金流量应当单独列示反映下列信息的项目：

(1)取得借款收到的现金；

(2)吸收投资者投资收到的现金；

(3)偿还借款本息支付的现金；

(4)分配利润支付的现金。

(三)现金流量表的结构

根据企业业务活动的性质和现金流量的来源，现金流量表在结构上将企业一定期间产生的现金流量分为三类：经营活动产生的现金流量、投资活动产生的现金流量和筹资活动产生的现金流量。现金流量表的具体格式如表 15 - 10 所示。

表 15 - 10　现金流量表

会小企 03 表

编制单位：　　　　　　　　　　______年______月　　　　　　　　　　单位：元

项目	行次	本期金额	上期金额
一、经营活动产生的现金流量：			
销售产成品、商品、提供劳务收到的现金	1		
收到其他与经营活动有关的现金	2		
购买原材料、商品、接受劳务支付的现金	3		
支付的职工薪酬	4		
支付的税费	5		
支付其他与经营活动有关的现金	6		
经营活动产生的现金流量净额	7		
二、投资活动产生的现金流量：			
处置固定资产和无形资产收回的现金净额	8		
收回短期投资、长期债券投资和长期股权投资收到的现金	9		
取得投资收益收到的现金	10		
购建固定资产和无形资产支付的现金	11		

（续表）

项目	行次	本期金额	上期金额
短期投资、长期债券投资和长期股权投资支付的现金	12		
投资活动产生的现金流量净额	13		
三、筹资活动产生的现金流量：			
取得借款收到的现金	14		
吸收投资者投资收到的现金	15		
偿还借款本金支付的现金	16		
偿还借款利息支付的现金	17		
分配利润支付的现金	18		
筹资活动产生的现金流量净额	19		
四、现金净增加额	20		
加：期初现金余额	21		
五、期末现金余额	22		

注：本表中各项目之间的勾稽关系为：

行7＝行1＋行2－行3－行4－行5－行6；

行13＝行8＋行9＋行10－行11－行12；

行19＝行14＋行15－行16－行17－行18；

行20＝行7＋行13＋行19；

行22＝行20＋行21。

二、现金流量表的编制

（一）经营活动产生的现金流量

（1）“销售产成品、商品、提供劳务收到的现金”项目，反映企业本期销售产成品、商品、提供劳务收到的现金。本项目可以根据“库存现金”“银行存款”和“主营业务收入”等科目的本期发生额分析填列。

（2）“收到其他与经营活动有关的现金”项目，反映企业本期收到的其他与经营活动有关的现金。本项目可以根据“库存现金”和“银行存款”等科目的本期发生额分析填列。

（3）“购买原材料、商品、接受劳务支付的现金”项目，反映企业本期购买原材料、商品、接受劳务支付的现金。本项目可以根据“库存现金”“银行存款”“其他货币资金”“原材料”“库存商品”等科目的本期发生额分析填列。

（4）“支付的职工薪酬”项目，反映企业本期向职工支付的薪酬。本项目可以根据“库存现金”“银行存款”“应付职工薪酬”科目的本期发生额填列。

（5）“支付的税费”项目，反映企业本期支付的税费。本项目可以根据“库存现金”“银行存款”“应交税费”等科目的本期发生额填列。

(6)“支付其他与经营活动有关的现金”项目，反映企业本期支付的其他与经营活动有关的现金。本项目可以根据“库存现金”“银行存款”等科目的本期发生额分析填列。

(二)投资活动产生的现金流量

(1)“处置固定资产和无形资产收回的现金净额”项目，反映企业处置固定资产、无形资产取得的现金，减去为处置这些资产而支付的有关税费等后的净额。本项目可以根据“库存现金”“银行存款”“固定资产清理”“无形资产”“生产性生物资产”等科目的本期发生额分析填列。

(2)“收回短期投资、长期债券投资和长期股权投资收到的现金”项目，反映企业出售、转让或到期收回短期投资、长期股权投资而收到的现金，以及收回长期债券投资本金而收到的现金，不包括长期债券投资收回的利息。本项目可以根据“库存现金”“银行存款”“短期投资”“长期股权投资”“长期债券投资”等科目的本期发生额分析填列。

(3)“取得投资收益收到的现金”项目，反映企业因权益性投资和债权性投资取得的现金股利或利润和利息收入。本项目可以根据“库存现金”“银行存款”“投资收益”等科目的本期发生额分析填列。

(4)“购建固定资产和无形资产支付的现金”项目，反映企业购建固定资产、无形资产支付的现金。包括：购买机器设备、无形资产、生产性生物资产支付的现金、建造工程支付的现金等现金支出，不包括为购建固定资产、无形资产而发生的借款费用资本化部分和支付给在建工程和无形资产开发项目人员的薪酬。为购建固定资产、无形资产而发生借款费用资本化部分，在“偿还借款利息支付的现金”项目反映；支付给在建工程和无形资产开发项目人员的薪酬，在“支付的职工薪”项目反映。本项目可以根据“库存现金”“银行存款”“固定资产”“在建工程”“无形资产”“研发支出”“生产性生物资产”“应付职工薪酬”等科目的本期发生额分析填列。

(5)“短期投资、长期债券投资和长期股权投资支付的现金”项目，反映企业进行权益性投资和债权性投资支付的现金。包括：企业取得短期股票投资、短期债券投资、短期基金投资、长期债券投资、长期股权投资支付的现金。本项目可以根据“库存现金”“银行存款”“短期投资”“长期债券投资”“长期股权投资”等科目的本期发生额分析填列。

(三)筹资活动产生的现金流量

(1)“取得借款收到的现金”项目，反映企业举借各种短期、长期借款收到的现金。本项目可以根据“库存现金”“银行存款”“短期借款”“长期借款”等科目的本期发生额分析填列。

(2)“吸收投资者投资收到的现金”项目，反映企业收到的投资者作为资本投入的现金。本项目可以根据“库存现金”“银行存款”“实收资本”“资本公积”等科目的本期发生额分析填列。

(3)“偿还借款本金支付的现金”项目，反映企业以现金偿还各种短期、长期借款的本金。本项目可以根据“库存现金”“银行存款”“短期借款”“长期借款”等科目的本期发生额分析填列。

(4)“偿还借款利息支付的现金”项目，反映企业以现金偿还各种短期、长期借款的利息。本项目可以根据“库存现金”“银行存款”“应付利息”等科目的本期发生额分析填列。

(5)“分配利润支付的现金”项目，反映企业向投资者实际支付的利润。本项目可以根据“库存现金”“银行存款”“应付利润”等科目的本期发生额分析填列。

三、现金流量表编制实例

在具体编制现金流量表时，可以采用工作底稿法或T型账户法编制，也可以直接根据有关账户记录分析填列。在此，我们主要介绍直接根据有关账户记录分析填列的方法。

【例15-3】WCM公司2013年部分经济业务如下：

(1)本期现销主营业务收入为1 000万元；收回应收账款120万元；预收账款50万元。

(2)本期现购材料成本为700万元；支付去年应付账款50万元；预付账款110万元。

(3)本期发放的职工工资总额为100万元，其中生产经营及管理人员的工资70万元，奖金15万元；在建工程人员的工资12万元，奖金3万元。工资及奖金全部从银行提取现金发放。

(4)本期所得税费用为160万元；未交所得税的年初数为120万元，年末数为100万元。(无调整事项)

(5)为建造厂房，本期以银行存款购入工程物资100万元，支付增值税17万元。

(6)购入股票100万股，每股价格5.2元，其中包含的已宣告而尚未领取的现金股利每股0.2元，作为短期投资核算。

(7)到期收回长期债券投资，面值为100万元，3年期，利率3%，一次还本付息。

(8)对一台管理用设备进行清理，该设备账面原价120万元，已计提折旧80万元，以银行存款支付清理费用2万元，收到变价收入13万元，该设备已清理完毕。

(9)借入短期借款240万元，借入长期借款460万元，当年以银行存款支付利息30万元。

(10)向股东支付上年现金股利50万元。

根据上述计算结果，编制现金流量表，如表15-11所示。

表15-11 现金流量表

会小企03表

编制单位：WCM公司　　　　2013年度　　　　单位：万元

项目	行次	本期金额	上期金额
一、经营活动产生的现金流量：			
销售产成品、商品、提供劳务收到的现金	1	1 340	
收到其他与经营活动有关的现金	2	0	
购买原材料、商品、接受劳务支付的现金	3	0	
支付的职工薪酬	4	85	
支付的税费	5	180	
支付其他与经营活动有关的现金	6	979	
经营活动产生的现金流量净额	7	96	
二、投资活动产生的现金流量：			
处置固定资产和无形资产收回的现金净额	8	11	
收回短期投资、长期债券投资和长期股权投资收到的现金	9	100	
取得投资收益收到的现金	10	9	
购建固定资产和无形资产支付的现金	11	132	
短期投资、长期债券投资和长期股权投资支付的现金	12	520	
投资活动产生的现金流量净额	13	-532	
三、筹资活动产生的现金流量：			
取得借款收到的现金	14	700	
吸收投资者投资收到的现金	15		
偿还借款本金支付的现金	16	0	
偿还借款利息支付的现金	17	30	
分配利润支付的现金	18	50	
筹资活动产生的现金流量净额	19	620	
四、现金净增加额	20	184	
加：期初现金余额	21		
五、期末现金余额	22		

（1）“销售产成品、商品、提供劳务收到的现金”项目 $=1\ 000\times(1+17\%)+120+50=1\ 340$（万元）。

（2）“购买原材料、商品、接受劳务支付的现金”项目 $=700\times(1+17\%)+50+110=979$（万元）。

(3)“支付的职工薪酬”项目 =70 +15 =85(万元)。

(4)“支付的税费”项目 =120 +160 -100 =180(万元)。

(5)“购建固定资产和无形资产支付的现金”项目 =100 +17 +12 +3 =132(万元)。

(6)“短期投资、长期债券投资和长期股权投资支付的现金”项目 =100 ×5.2 = 520(万元)。

(7)“收回短期投资、长期债券投资和长期股权投资收到的现金”项目 =100(万元)。

(8)“取得投资收益收到的现金”项目 =100 ×3% ×3 =9(万元)。

(9)“处置固定资产和无形资产收回的现金净额”项目 =13 -2 =11(万元)。

(10)“取得借款收到的现金”项目 =240 +460 =700(万元)。

(11)“偿还借款利息支付的现金”项目 =30(万元)。

(12)“分配利润支付的现金”项目 =50(万元)。

第五节　会计报表附注及财务情况说明书

一、会计报表附注

(一)会计报表附注的作用

会计报表附注，是为便于会计报表使用者理解会计报表的内容而对会计报表的编制基础、编制依据、编制原则和方法及主要项目等所做的解释。一般在编制年度、半年度财务报表时编制。国家统一的会计制度规定季度、月度会计报表需要编制会计报表附注的，从其规定。

会计报表附注包括所有在会计报表内未提供的与企业财务状况、经营成果及现金流量有关的、有助于报表使用者更好地了解会计报表且可以随同会计报表一同报出的重要信息。会计报表附注一般包括企业简介、不符合基本会计假设的说明、主要的会计政策、会计报表项目注释、分部情况和重要事项揭示等内容。编制时，没有统一的格式及要求。

(二)会计报表附注的内容

会计报表附注一般应包括：企业简介；主要会计政策和会计估计说明、重要事项说明；重要会计报表项目注释等。根据《企业财务报表条例》的规定，会计报表附注至少应当包括下列内容，如图15 -5 所示。

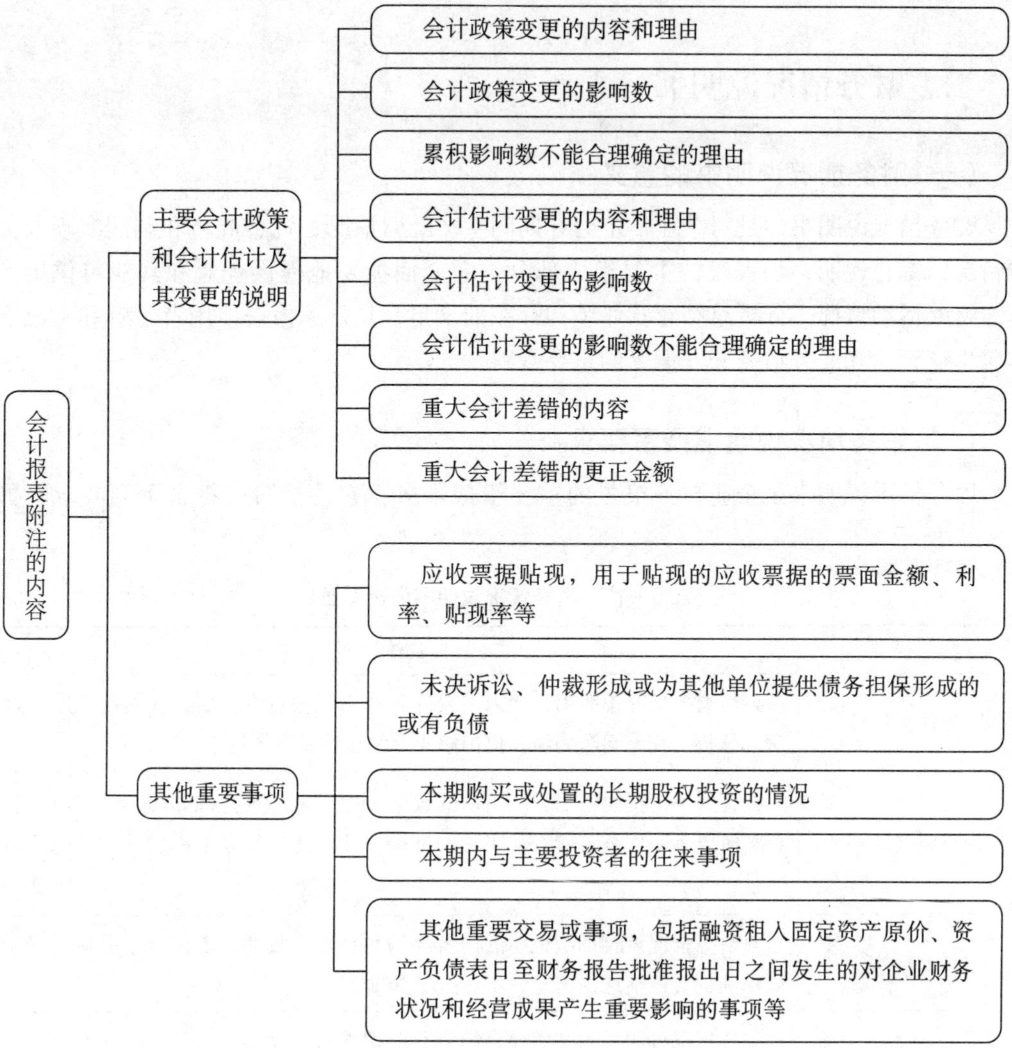

图 15－5　会计报表附注的内容

（三）会计报表附注的形式

会计实务中，会计报表附注一般采取以下方式，如图 15－6 所示。

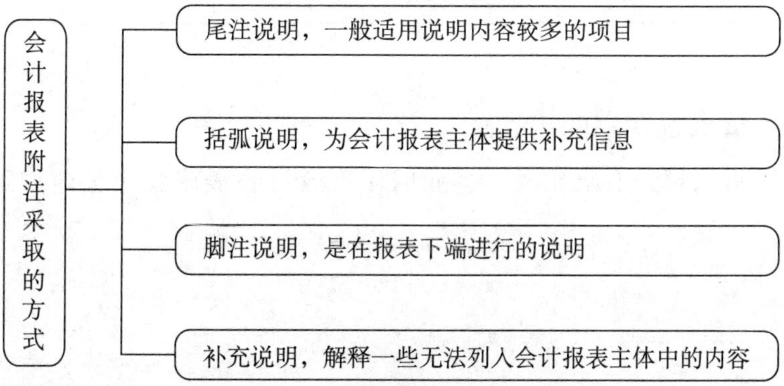

图 15－6　会计报表附注采取的方式

二、财务情况说明书

（一）财务情况说明书的意义

财务情况说明书，是对企业一定会计期间生产经营情况、资金周转和利润实现及分配等情况的综合说明，是报表的重要组成部分。它全面扼要地提供企业和其他单位生产经营、财务活动情况，分析总结经营业绩和存在的不足，是财务报表使用者了解和考核有关单位生产经营和业务活动开展情况的重要资料。

（二）财务情况说明书撰写要求

财务情况说明书是企业财务报告的重要组成部分，它的撰写应符合下列要求，如表15－12所示。

表15－12　财务情况说明书的撰写要求

撰写要求	具体说明
抓住关键	撰写财务情况说明书，要以主要问题作为陈报重点，要抓住关键问题，进行深入分析，找出问题症结，提出解决办法，切忌事无巨细
原材料要正确	撰写财务情况说明书，所引用的数字和原材料必须正确详实，运用数字和原材料时要逐一审核，检查数字是否准确，计算的口径是否前后一致，防止盲目搬抄
详略适当	对财务情况需要详细说明的内容要写得详细、具体，不得过于简单，对于一般性问题要概括地说清楚，不得过于繁琐
文字简练	财务情况说明书的文字要言简意赅，切忌语言罗嗦，而降低财务情况说明书的效果
编报及时	财务情况说明书与会计报表一样，时效性很强。应在保证质量的前提下，在规定期限内编写完毕，与会计报表同时报出，使其真正起到对会计报表各项目指标进行必要注释说明的作用

（三）财务情况说明书的内容

除法律、行政法规另有规定外，企业的年度会计报表附注应披露如下内容，如图15－7所示。

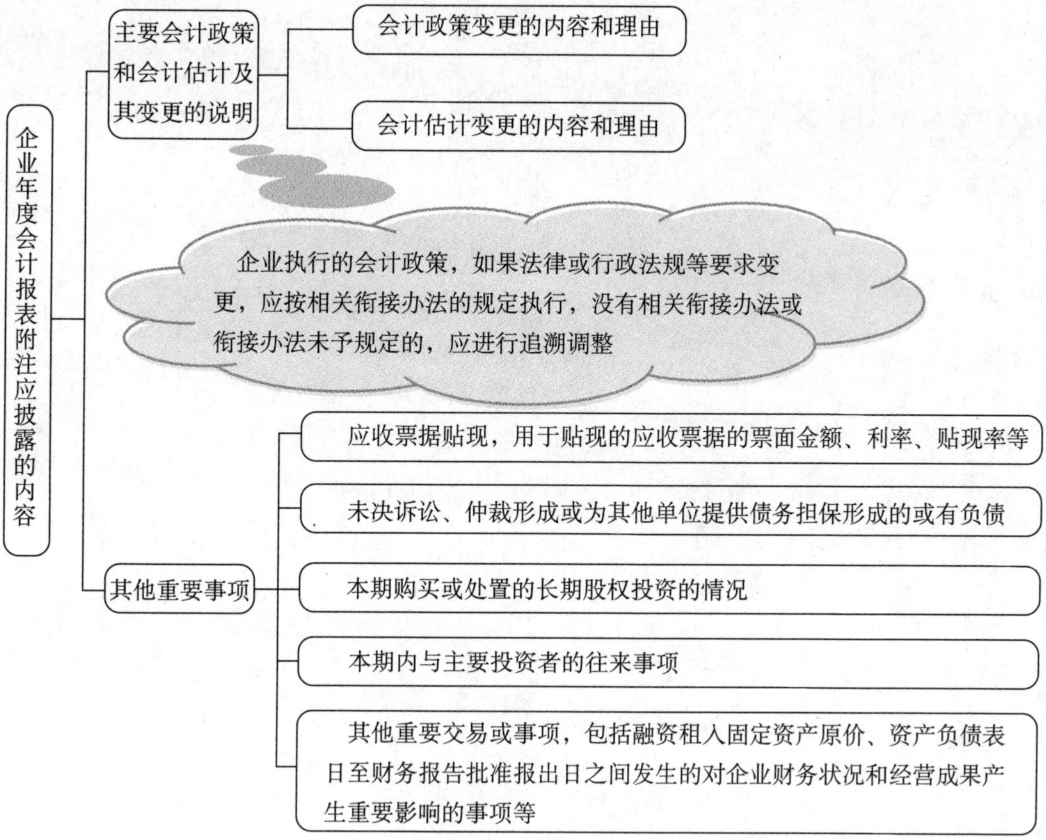

图 15－7　企业年度会计报表附注应披露的内容